U0759368

朝鲜族研究论丛

CHAOXIANZUYANJIULUNCONG

【第九辑】

高承龙 朴今海 主编

辽宁民族出版社

图书在版编目（CIP）数据

朝鲜族研究论丛. 第九辑 / 高承龙，朴今海主编. —沈阳：辽宁民族出版社，2018.5

ISBN 978-7-5497-1848-1

Ⅰ. ①朝…　Ⅱ. ①高…　②朴…　Ⅲ. ①朝鲜族—研究—中国—丛刊　Ⅳ. ①K281.9-55

中国版本图书馆CIP数据核字（2018）第158198号

朝鲜族研究论丛. 第九辑

CHAOXIANZU YANJIU LUNCONG. DIJIUJI

出版发行者：辽宁民族出版社
地　　　址：沈阳市和平区十一纬路25号　邮编：110003
印　刷　者：辽宁鼎籍数码科技有限公司
幅 面 尺 寸：170mm×240mm
印　　　张：17.25
字　　　数：330千字
出 版 时 间：2018年5月第1版
印 刷 时 间：2018年5月第1次印刷
责 任 编 辑：张学林
封 面 设 计：杜　江
责 任 校 对：王宏伟

标准书号：ISBN 978-7-5497-1848-1
定　　价：68.00元

网　　址：www.lnmzcbs.com　　邮购热线：024-23284335
淘宝网店：http://lnmz2013.taobao.com
如有印装质量问题，请与出版社联系调换　联系电话：024-23284340

目录

民族理论与政策

民族历史

人口流动与社会发展

民族教育与文化

研究生论文

民族理论与政策

民族政策与中华民族共同体意识的建构

赵　刚*

摘　要：自近代中华民族觉醒以来，中华民族共同体意识就体现出建构上的政治性、内容上的多元一体性和发展上的继承性特点。民族政策是建构中华民族共同体意识的重要手段，在中华民族“自在”时期的民族政策维护了中华民族的“多元一体”；在中华民族“觉醒”时期的民族政策赋予中华民族共同体意识以民族国家内涵；而在中华民族处于“民族—国家”建构时期的民族政策则是维护了中华民族团结友爱的大家庭。为了更好地推动中华民族共同体意识的建构，民族政策要致力于维护中华民族的命运共同体意识、经济共同体意识、政治共同体意识和文化共同体意识。民族政策在历史时代下的不断创新才是完成上述“共同体”意识的关键。

关键词：中华民族共同体；民族政策；多元一体；历史性；时代性

在当前学界，关于“民族政策”与“中华民族共同体意识”的内在关联问题，有一种观点认为我国现行民族政策在增强少数民族意识的同时会弱化中华民族共同体意识，据此有些学者提出了我国民族政策要使“族群问题去政治化”①、要制定“第二代民族政策”②、要将“民族—国家”理论转变为“国家—民族”理论③等等，这些政策设计是对我国现行民族理论政策的颠覆。然

---

* 作者简介：赵刚，延边大学马克思主义学院，民族学博士生导师。研究方向：民族理论政策；马克思主义中国化。

［基金项目］吉林省教育厅“十三五”社会科学研究项目“影响中国朝鲜族树立中华民族共同体意识的民族政策研究”（吉教科文合字［2016］第262号）；国家社会科学基金项目“中国朝鲜族中华民族共同体意识与民族政策研究”（15XMZ013）。

① 马戎．理解民族关系的新思路——少数族群问题的“去政治化”［C］// 谢立中．理解民族关系的新思路：少数族群问题的去政治化［M］．北京：社会科学文献出版社，2010.

② 胡鞍钢，胡联合．第二代民族政策：促进民族交融一体和繁荣一体［J］．新疆师范大学学报，2011（5）．

③ 张继焦，尉建文，殷鹏，刘波．换一个角度看民族理论：从“民族—国家”到“国家—民族”的理论转型［J］．广西民族研究，2015（3）．

而，在2014年党中央民族工作会议上，党中央却明确指出“党的民族理论和方针政策是正确的，中国特色解决民族问题的道路是正确的”[①]，这就不得不让人思考我国民族政策与中华民族共同体建构的内在关联。笔者认为，从中华民族共同体形成和发展来看，民族政策能够促进中华民族共同体意识的形成和发展，但在民族政策选择上一定要结合民族问题的实际和时代特征来进行科学的制定。

一、中华民族共同体意识的建构特点

一般而言，关于“民族”有原生论和现代论（工具论）两种论点，人们既可以把古老的人群看成“民族”，也可以把“民族主义看成是现代化的产物和现代特征”[②]。民族意识也是如此，既可以把民族意识看成是先天就具有的，也可以把民族意识看成是民族的自我认知模式，是后天才发现和形成的，因此，无论如何，民族意识都存在着一个让人产生和认知的过程，即被构建出来的过程，这种过程有时是主动完成的，有时则是被动完成的。中华民族意识就是如此，“中华民族作为一个自觉的民族实体，是近百年来中国和西方列强对抗中出现的，但作为一个自在的民族实体则是几千年的历史过程所形成的”[③]。民族意识由“自在”发展到“自觉”，需要政治和文化等多种手段，盖尔纳将其表述为“能够使人们自由沟通的符号文字文化、社会成员和可接受性”[④]，德森则认为是“资本主义、印刷科技与人类语言宿命的多样性重合”促成了民族意识的起源[⑤]。中华民族共同体意识的建构也是与民族符号、政治运动和文化宣传等分不开的，在时间上，它是在鸦片战争后，尤其是甲午战争之后，随着中华民族危

① 转引自，丹珠昂奔．沿着中国特色解决民族问题的道路前进［N］．中国民族报，2014-11-07.

② ［英］安东尼·D. 史密斯．民族：是真实的还是想象的［C］//［英］爱德华·莫迪默，罗伯特·法恩．刘泓，黄海慧，译．人民·民族·国家——族性与民族主义的含义［M］．北京：中央民族大学出版社，2009：59.

③ 费孝通等．中华民族多元一体格局［M］．北京：中央民族学院出版社，1989.

④ ［英］厄内斯特·盖尔纳．亚当的肚脐：“原生主义者”对“现代主义者”［C］//［英］爱德华·莫迪默，罗伯特·法恩．刘泓，黄海慧，译．人民·民族·国家——族性与民族主义的含义［M］．北京：中央民族大学出版社，2009：54.

⑤ ［美］本尼迪克特·安德森．吴叡人，译．想象的共同体—民族主义的起源与散布［M］．上海：上海人民出版社，2005：38.

机的日益加深，中华各民族构建出共休戚、共存亡、共荣辱、共命运的民族意识。中华民族共同体意识"觉醒"后，就与国家、主权、领土结合起来，由此进入到国家进一步构建中华民族的历史进程，这正如霍布斯鲍姆所说，是"国家和民族主义创造了民族"[①]。纵观中华民族共同体意识的"觉醒"和国家对其的建构历程，中华民族共同体意识在建构上表现出"觉醒"上的"政治性"、内容上的"多元一体性"和发展上的"继承性"特征。

其一，中华民族共同体意识在"觉醒"上具有政治性建构的特点

一般地说，"民族主义是一种社会建构"，"民族主义主要关涉政治范畴"[②]。中华民族共同体意识的"觉醒"是与政治权力、政治秩序、政治组织相关联的。首先，"中华民族"的族裔符号是由政治精英人物构建出来的。最初是由资产阶级立宪派代表人物梁启超在《论中国学术思想变迁之大势》一文中正式提出了"中华民族"。在梁氏的论证中"中华民族"有时指代汉族，有时又是指中国的所有民族。在其后立宪派的杨度用"文化"来识别"民族"的边界，他把中华民族归之为文化族名，把"中华民族"看成是汉、满、蒙古、回、藏一体化发展的最终方向。资产阶级革命派的章太炎是用西方民族国家理论来看"民族"，他将"中华民族"解释为以"汉族中心"，设想"中华民国"由汉人承担建构。中国民主革命的伟大先驱孙中山是将排"满"革命发展为反对清王朝政权，将"中华民族"独立建国发展为"五族共和"。中国共产党人李大钊、陈独秀和毛泽东在五四运动前后也频繁地使用"中华民族"这一概念。尽管当时"中华民族"的内涵并不明确，但是这些政治精英的讨论本身，反映着"中国传统民族观念开始走向现代"[③]。其次，中华民族意识是与主权国家建立相伴随发展的。在帝国主义入侵前，中国不存在着现代国家观念，是用"天下主义"和"夷夏之辨"来诠释中华民族处于"自在"时期的"国家"与"民族"的整合运动。西方民族主义理论宣扬民族身份与利益的神圣性，将民族和国家相对应，并把民族国家利益视为至高无上，这种思想传入中国后推动着王朝中国向近代国家转型，而要转型为近代主权国家就得唤醒"民族主义"。孙中山曾指出：

---

① [英] 埃里克·霍布斯鲍姆．李金梅，译．民族与民族主义 [M]．上海：上海人民出版社，2006：9.

② [美] 迈克尔·赫克特．韩如颖，译．遏制民主族主义 [M]．北京：中国人民大学出版社，2012：6.

③ 徐杰舜，刘冰清，罗树杰．中华民族认同论 [M]．银川：宁夏人民出版社，2014：25.

“民族主义这个东西，是国家图发达和种族图生存的宝贝。”[①]孙中山将中华民国与中华民族相结合，“国家之本，在于人民，合汉、满、蒙、回、藏诸地为一国，即合汉、满、蒙、回、藏诸族为一人。是曰民族之统一”[②]。中华民国的建立是中华民族独立建国和中华民族共同体意识进一步发展的标志。最后，中华民族意识是在反抗帝国主义的政治革命中深入人心的。梁启超说：“何谓民族意识？谓对他而自觉为我，凡遇一他族而立刻有‘我中国人’之一观念浮于其脑际者，此人即中华民族之一员也。”[③]在近代，中华各民族在反抗西方帝国主义的革命运动中，形成了一致对外，争取民族共同体独立、解放和维护自身发展的权利和尊严意识，如1913年蒙古王公在抗击沙俄时提出了“我蒙同系中华民族”的口号[④]；在1937年开始的抗日战争时期，中华民族的民族意识进一步觉醒，“中华民族是整个的”（傅斯年)、“中国是一个多民族国家”(杨松)、“中华民族是一个”（顾颉刚）成为社会的主流意识，因此，抗日战争时期是中华民族意识空前加强的历史时期，也是“他族”“我族”辩证运动，实现“我族”认识急剧上升的历史时期。

其二，中华民族共同体意识在内涵上具有“多元一体”性特点

费孝通先生提出，中华民族是指代中国疆域内的所有中国人，“它所包括的50多个民族是多元，中华民族是一体，它们虽则都称‘民族’，但层次不同”[⑤]。中华民族是一民族实体，它“不是把56个民族加在一起的总称”，“56个民族是基层，中华民族是高层”[⑥]。“多元一体”既是对中华民族实体结构的描绘，又是对中华民族意识结构的概括。首先，中华民族中的“多元”意识是中华民族意识的源泉，“多元”意识不仅包括56个族体单位的民族意识，还包括56个族体单位内部的不同群体的意识（或可叫族群意识)。周星先生认为中华民族的“多元”是“一体”的前提，“在‘一体’之中，并不是绝对的同质，在族源、结构和层次上的各民族‘多元’，恰恰构成了中华民族文化创造的源

---

① 孙中山全集（第九卷）[M]．北京：中华书局，1986：210.

② 魏新柏．孙中山著作选编（上）[M]．北京：中华书局，2011：158.

③ 梁启超．梁启超全集（第六册）[M]．北京：北京出版社，1999：34-35.

④ 黄兴涛．现代“中华民族”观念形成的历史考察——兼论辛亥革命与中华民族认同之关系［J］．浙江社会科学，2002（1)：136.

⑤ 费孝通，等．中华民族多元一体格局［M］．北京：中央民族学院出版社，1989：1.

⑥ 费孝通．简述我的民族研究经历和思考［J］．北京大学学报，1997（2)：10.

泉”[①]。差异性是“多元”意识的基本特征，求“同”存“异”是构建中华民族“一体”意识的脉络和主题。其次，中华民族中的“一体”意识既是民族实体意识，又是文化认同意识，还是国族主义意识。认同中华民族是“实体”而不是“虚体”是形成“一体”意识的重心，民族实体理论认为“民族意识的实质是对自身民族生存、交往、发展的地位、待遇和权利、利益的享有和保护”[②]，近代中国中华民族意识觉醒的过程恰恰是对民族实体理论的反映。对民族文化的认同是实现民族实体认同的阶梯，中华民族文化是复合型文化，是多种文化杂糅的结果，“中华民族上下五千年中，各民族之间分分合合，合合分分，坎坎坷坷，但最终走向多元一体，其中重要原因就是中华民族的文化基因在起作用”[③]。除此之外，中华民族的“一体”意识在觉醒后被赋予国族主义意识也是重要原因，这时的“一体”意识已经递进到56个民族以文化意识为纽带，通过构建国族意识的整体性来实现着国家的统一性。因此，“‘中华民族’即中国具有文化象征意义的‘国族’或‘文化国族’”[④]。总之，“多元一体”的民族意识结构，既体现了中华民族意识的整体性，又体现了中华民族意识从“多元”意识发展到“一体”意识的过程性，而这本身也正说明了中华民族共同体意识的可构建性。

其三，中华民族共同体意识在发展上具有继承性特点

众多研究都表明，民族意识具有稳定性和时代性的特征，民族意识“一经形成便具有相对的独立性和稳定性。轻易地使一个民族改变意识是十分困难的”。但它并不是一成不变的，“民族意识无不带有所处时代的社会意识的痕迹和色彩”[⑤]。中华民族共同体意识的“稳定性”是指“自在”时期的中华民族的“一体”意识会延续到“自觉”时期，甚至延续到现在和将来，比如费孝通先生所概括的“共休戚、共存亡、共荣辱、共命运的感情和道义”就一直延续到现在。此外，“稳定性”还指中华民族的“多元”意识也会自古到今的延续，这些延续的“多元”意识既包括能够促进民族发展和民族关系协调“正能量”的民

① 周星．关于“中华民族多元一体格局”的学术评论［M］．北京大学学报，1990(4)：5.

② 金炳镐．民族理论通论（修订本）［M］．北京：中央民族大学出版社，2007：112.

③ 徐杰舜，刘冰清，罗树杰．中华民族认同论［M］．银川：宁夏人民出版社，2014：94.

④ 柏贵喜．民族认同与中华民族认同浅论［J］．西南民族大学学报（人文社会科学版），2011（11）：36.

⑤ 逯广斌．民族意识初探［J］．黑龙江民族丛刊，1991（4）：8.

族意识，也包括那些可能会影响到民族发展和民族关系协调的“负能量”的民族意识，比如当前中国一些民族内部存在的民族分裂主义民族意识就是从历史上延续下来的。虽然民族意识能够延续，但是每个时代都会产生基于那个时代和反映客观存在着的民族发展变化的民族意识。中华民族的“一体”意识在反帝国主义时代下得以“觉醒”，在表征上主要体现为团结御辱和中华民族要成为“一个”。而在新中国成立之后，中华民族的“一体”意识更多地改变为如何发展自己，要求经济进步的意识更为强烈。中华民族的“多元”意识一直以来都以强化本族群（汉族、蒙古族、藏族等）的族体意识为主要表征，然而，在不同时代其族群意识也会发生改变，比如东北跨界移居的朝鲜族，在1949年之前，朝鲜族移民认同的是“朝鲜半岛是老家”；1980年之前中国朝鲜族形成了“家乡朝鲜”的认同；而在1980年以后中国朝鲜族形成的则是“韩国是故国”的认同①。在某种意义上，民族意识的“时代性”是对“稳定性”的“修正”，它会使民族意识朝着更有利于民族更美好前途的方向发展，但是，有时民族意识也会在时代的影响下出现历史性倒退，比如中华人民共和国成立后我国一些族群的独立意识已经淡化，然而在当前的世界民族主义浪潮下，个别族群的独立意识又有所增强。

中华民族共同体意识的建构特点，凸显了中国政治力量的重要性。从王朝国家到近现代国家乃至社会主义国家对“中华民族共同体”的理解、调控，影响着中华民族共同体意识的走向。中华民族作为复合型民族，民族意识的核心内容是“多元一体”，这将存在长久的历史时期，而且历史上的民族意识会以稳定性和时代性的表征延续到现在，因此，对中华民族共同体意识的调控始终存在着对“一体”民族意识的时代创新和对“多元”民族意识的取其“精华”、去其“糟粕”。

二、影响中华民族共同体意识建构的民族政策

中华民族共同体意识“觉醒”后，中国政治力量对其的构建，是中华民族共同体意识进一步被人们认同的关键。中国政治力量构建中华民族共同体意识的重要手段是民族政策，“这里所说的民族政策，是指国家的民族政策。就总体而言，国家的民族政策是国家处理国内民族关系的手段和方式”②。民族政策在调整民族关系时都是基于一定的民族理论而形成，而民族理论都是“从阶级根

① 金烨．朝鲜族族群认同的变化［J］．黑龙江史志，2010（18）：46.
② 周平．民族政治学（第二版）［M］．北京：高等教育出版社，2007：85.

本利益出发，按照不同的历史条件和具体情况解决民族问题”[①]。因此，每个时代都有既独特又会与其他时代相联系的民族理论与民族政策，这在中华民族共同体意识由“自在”发展到“自觉”的整个时期都是如此。

首先，在中华民族共同体处于“自在”时期的民族政策促成了中华民族共同体意识的“多元一体”结构。

在中国古代，统治阶级形成的是“夷夏有别”和“天下主义”的民族思想和国家思想。华夏族（汉族）在历朝历代都以本民族为尊，其他民族为卑，信奉的是“夷不乱华”“先华夏后夷狄”。在国家观念上，古代中国是大一统的思想观念，“溥天之下，莫非王土；率土之滨，莫非王臣”。自秦朝统一以来，“无论哪一个‘族类’群体入主中原，都会承袭、认同和维护大一统体制”[②]。基于这样的民族和国家思想观念，古代中国在历朝历代都会注意各少数民族地区的复杂性和特殊性，从实际出发，因势利导，施行不同的政策，比如在不同时期都曾采用过征伐、联姻、封赐、朝贡、尊重其宗教和风俗，以及发展边疆生产的政策等。这些民族政策的特点是“开拓性、怀柔性、羁縻性、同化性、因俗性”[③]。羁縻性因俗而治是中国古代民族政策的总方针，这种政策对中华民族的“一体”和内部“多元”都产生了重要影响。首先，中国古代民族政策承认了华夏族（汉族）与少数民族及各少数民族之间的相互“他者”，为他们之间的交流和共存提供了基础，这在客观实际上有助于各民族的经济文化交流。其次，中国古代民族政策蕴含着强大的“大一统”国家（天下）观念。“天无二日，土无二王，家无二主，尊无二上”，在这一观念下任一中央政权都会千方百计地将领土和子民纳入自己的“天下”和“君臣”序列之中，这就造成华夏族（汉族）与少数民族虽然有别，但相互离不开的观念已然形成，这是中华民族由多元形成一体的重要原因。当然，中国古代民族政策也存在着一些不利于中华民族形成发展的“杂质”，主要是大民族主义思想所产生的歧视性民族政策，民族压迫和民族剥削是古代民族政策不可避免的历史“糟粕”，它反向性地造成各少数民族都会竭力维护本民族共同体，使各少数民族的族群意识增强，然而，这种少数民族族群意识的增强，并不能掩盖古代民族政策调整民族关系的主流方向，那就是形成各民族相互交融的中华民族共同体。

---

① 编写组．马克思恩格斯列宁斯大林论民族问题［M］．北京：中国社会科学出版社，1978：135.

② 郝时远．中国特色解决民族问题之路［M］．北京：中国社会科学出版社，2016：44.

③ 徐杰舜．关于中国民族政策史的若干问题［J］．黑龙江民族丛刊，1998（2）：18.

其次，在中华民族共同体处于“觉醒”时期的民族政策赋予了中华民族共同体意识的民族国家内涵。

在近代中国，传统的“夷夏之辨”和“天下主义”民族观，逐步让位给了“一族一国”“民族主义”“民族国家”等西方民族理论。严复、梁启超、康有为、章太炎、汪精卫、孙中山等政治精英将“西方经典民族形成理论的中国化”[①]，为我们带来了“保国保种”“爱国爱种”的思想意识，“建立复合种族（汉种、满种、蒙古种等）之国还是建立单一种族（汉种）之国的两种论争，成为近代中国民族论的争论焦点”[②]。1912年中华民国成立，孙中山宣布“五族共和”，确立了“复合种族”建国的基本原则，虽然后来甚至连孙中山自己都走回到“汉族建国”的单一种族建国论，但是，民国成立以来整个社会的思想意识更多地倾向于多民族“共和”建国，这时期，“中华民族”开始从单指汉族逐渐发展为包含各民族的“国家民族”。在这一过程中，国家民族政策起到了维护中华民族共同体和推动中华民族共同体意识觉醒的作用。首先，在中国各民族关系上，民国历届政府都制定过民族平等政策，其中，1924年广州革命政府制定的“一则中国民族自求解放；二则中国境内各民族一律平等”[③]，国共两党所代表的社会各界广泛认同。其次，在民族与国家关系上，民国历届政府都制定过维护国家统一和领土完整的政策。孙中山制订了“二十二行省、内外蒙古、西藏、青海”联合建国方案；蒋介石制订了“五族联邦”方案；中共制定了由“民族自决”“联邦制”发展到“民族区域自治”的建国方案。再次，在中国各民族的前途问题上，孙中山提出过“振兴中华”的目标，他制定的新旧“三民主义”纲领，推动了中华民族独立和富强的历史进程。蒋介石曾提出过“民族复兴”口号，制订过“复兴民族文化”的规划，构建了由“家族—宗族—中华民族—国族”的宗族观。中共制定了彻底地反帝反封建的民族民主革命纲领，中华民族独立与国家富强是中共民族政策的基本原则。最后，在中国各民族实体问题上，民国历届政府都制定过尊重少数民族宗教信仰和风俗习惯的政策，允许少数民族使用本民族语言和发展本民族教育事业，中共在根据地和解放区也贯彻着这样的政策。通过上述四大类的民族政策，致力于维护国家和中华民族整体性的意图充分显现，中华民族独立和建立主权国家伴随着中华民族“自

① 张淑娟．民族主义与近代中国民族理论［M］．北京：光明日报出版社，2011：160.

② ［日］松本真澄．鲁忠慧，译．中国民族政策之研究——以清末至1945年的“民族论”为中心［M］．北京：民族出版社，2003：42.

③ 魏新柏．孙中山著作选编（下）［M］．北京：中华书局，2011：656.

觉”的历史进程。

最后，在中华民族共同体处于“民族—国家”整合时期的民族政策推动了中华各民族友爱合作大家庭意识的形成。

中华人民共和国成立，中华民族共同体进入到完全意义上的“民族—国家”整合的历史时期。在这样的历史时期，多民族国家必须“将组成多民族国家的各个民族维持在统一的国家政治共同体中和巩固、强化各个民族的政治结合”[①]。中华人民共和国要想进行这种“政治结合”，就得面对“中国拥有漫长的统一的多民族国家历史”“承认多样的国家意志”和民族意志[②]。民族区域自治政策正是把民族感情和社会主义国家结合起来的政策[③]，这种政策“是为了经过民族合作，民族互助，求得共同的发展、共同的繁荣”[④]。新中国成立后，以民族区域自治为核心的民族政策对中华民族共同体意识的发展起到了积极的推动作用，首先，民族区域自治政策力主“合”而不是“分”，这顺应了中华民族共同体自古以来“一体”意识的历史趋势。民族区域自治不同于“联邦制”，也不同于西方的“保留地”，它是打造各民族共同团结奋斗、共同繁荣发展的政治基础[⑤]。“共同团结奋斗”和“共同繁荣发展”是自古以来就有的中华民族共同体意识。其次，民族区域自治政策是通过“差别化”政策措施来实现“一体化”，这符合中华民族是由“差别”的多民族经过“杂糅”达到“一体”的发展规律。民族区域自治政策的“差别化”政策措施（又可称为对少数民族的优惠政策）蕴含的平等价值、人权价值、正义价值和秩序价值，使我国各民族的“和谐表征为民族差异性得到承认，利益诉求的多元性受到应有尊重，各民族群体及其成员的合法权益得到保障和实现，‘多元一体，和而不同’成为一种现实可能”[⑥]。最后，民族区域自治政策能够对中华民族内部的“多元”民族意识加以引导，因为我国民族政策既反对大民族主义，又反对地方民族主义，民族区

① 周平．多民族国家的族际政治整合［M］．北京：中央编译出版社，2012：50.

② 郝时远．中国特色解决民族问题之路［M］．北京：中国社会科学出版社，2016：137.

③ 国家民族事务委员会政策研究室．中国共产党主要领导人论民族问题［M］．北京：民族出版社，1994：154.

④ 国家民族事务委员会政策研究室．中国共产党主要领导人论民族问题［M］．北京：民族出版社，1994：177.

⑤ 王希恩．也谈在我国民族问题上的“反思”和“实事求是”［C］// 谢立中．理解民族关系的新思路：少数族群问题的去政治化［M］．北京：社会科学文献出版社，2010：112.

⑥ 雷振扬，等．社会转型期民族政策专题研究［M］．北京：民族出版社，2015：171.

域自治的实行是为了“各民族完全平等和自愿联合”[①]，无产阶级专政和中国共产党领导下，各民族的民族意识中会不断增强对伟大祖国、对社会主义道路、对中国共产党和对中华民族共同体的认同。

然而，任何事物皆有两面，当我们看到了自古以来的民族政策能够推动中华民族共同体意识建构的同时，也应看到民族政策对中华民族共同体意识产生抑制的一面。比如，在中国古代，“各民族之间特别是统治者和被统治民族之间，如果能平等相待，相互尊重，民族之间就能和平共处，社会就能稳定，政治能得以巩固；反之，如果统治者实行民族歧视政策，则会出现族群的分裂和对抗，社会就一定会出现战争和动荡”[②]。就是现当代中国的民族政策也是如此，近些年来有些学者非常坚定地认为，我国民族政策会弱化中华民族共同体意识。例如，周平教授就认为：“‘民族主义’取向的民族政策势必强化各民族的民族意识。我国的民族政策从同情、关心、帮助少数民族的价值取向出发，不断地重申和强调少数民族的权益，无形中也就强化了民族的概念和意识。”[③]言外之意是少数民族的民族意识增强会弱化中华民族共同体意识，因此，周平教授建议要将民族政策的“民族主义”价值取向更改为“国家主义”。殊不知，即使是更改为被称之为“国家主义”的民族政策，在某些时候少数民族的民族意识增强也是不可避免的，之所以如此，究其原因主要在于中华民族共同体意识与民族政策之间既有相关性的一面，又有独立性发展的一面。在民族国家时代，如果追求二者之间的协调，就必须正确处理好二者之间的历史性与时代性问题。

三、从历史与时代的统一中把握中华民族共同体意识与民族政策的辩证关系

中华民族共同体意识与民族政策皆有历史性与时代性问题，认清中华民族共同体意识的时代表征，是继承古往今来中华民族共同体意识源源不息的需要；而积极推动民族政策的时代创新，则是中华民族共同体在自古以来的发展中不断调整民族关系和处理民族问题的需要。列宁指出：“马克思的社会主义把

① 李维汉．统一战线问题与民族问题［M］．北京：人民出版社，1982：572.

② 韦良云．中国古代民族关系与民族政策的特点［J］．才智，2013（33）：265.

③ 周平．民族政策的价值取向及我国民族政策价值取向的调整［J］．学术探索，2002（6）：61.

民族问题和国家问题也放在同样的历史基础上，这就是说不仅仅限于解释过去，而且大胆地预察未来，并勇敢地用实际活动来实现未来。”[①]在中国特色社会主义道路上，中华民族共同体意识在继承“历史基础”的前提下，日益表现为中华民族的命运共同体意识、经济共同体意识、政治共同体意识和文化共同体意识，而中国特色社会主义的民族政策也不能局限于解释过去的中华民族问题，也应勇敢地在时代的创新中来实现中华民族的“未来”。

第一，为巩固中华民族的命运共同体意识，民族政策应该继续体现承认“多元”与维护“一体”的统一。

“命运共同体”是你中有我、我中有你、水乳交融、唇齿相依之意。中华民族在漫长的历史长河之中，创造了灿烂的中华文明，形成了各民族在分布上的交错杂居、文化上的兼收并蓄、经济上的相互依存和情感上的相互亲近，在近代“血”与“火”的洗礼之中，让各民族人民深刻认识到，中华民族是一个命运共同体。中华民族作为一个“命运共同体”，在结构上表现为“多元一体格局”，在民族意识上是“共休戚、共存亡、共荣辱、共命运的情感和道义”，此外，也是平等互信的民族关系意识、凝聚共同利益的经济交往意识和包容互鉴的文化交融意识。在我国民族政策中，充分体现和维护中华民族命运共同体意识的民族政策主要是指民族区域自治政策。民族区域自治政策尊重中华民族命运共同体意识形成和发展的历史过程，力主各民族的“合”，而不是“分”。民族区域自治政策是将民族因素与区域因素相结合，将国家统一与民族自治相结合，它实现着中国最广大人民和56个民族的共同心愿。

在和平与发展的时代主题下和中国特色社会主义道路上，民族区域自治政策要想更好地发挥维护中华民族命运共同体的历史使命，就必须正确处理好国家治理与民族自治的辩证关系，在国家治理体系现代化面前，完善民族区域自治制度实属必要，特别是实行区域自治民族的自治权在国家政令统一、国家管理一体化诉求下极易被否定、被忽视，我们说中华民族结成了命运共同体，但不等于说各民族之间差异的消失，恰恰相反国家治理和社会治理都非常注重民族所赋予人群之间的差异，因此，“求同存异”“和谐共生”才是国家治理现代化的正途，为此，要完善民族区域自治制度的运行机制，各民族区域自治地方要制定好自治条例和单行条例，完善维护民族区域自治的各项法律措施，从而实现通过法律体系来维护“多元”和谐的目的。要通过民族干部培养和使用机

① 王希恩．马克思恩格斯列宁斯大林论民族［M］．北京：中国社会科学出版社，2013：118.

制来发挥少数民族的自治权，要建立起少数民族干部与汉族干部双向交流机制和岗位轮换机制。实践证明，国家的各民族干部作为国家建设的精英，增强他们的中华民族自豪感对维护中华民族命运共同体至关重要。

第二，为巩固中华民族的经济共同体意识，需要继续发挥帮助性民族政策的作用。

中华民族经济共同体的形成，是“历史上汉族凭借其在经济和文化上较国内其他各族为先进的优势，已经长期深入其他民族聚居的区域，建立了沟通各民族的经济渠道。汉族聚居的商业据点分散在几乎所有的少数民族聚居区，遍布全国，构成了巨大的经济流通网络，起着汉族吸收和传播各族物质和精神文化的作用，逐年累月地把各族捆成一个高层次的共同体”[①]。历史上汉族长期占据中原，经济发展较快，少数民族被迫退居边疆，经济发展落后。依据马克思主义民族平等原则，社会主义中国必须“改变历史上遗留下来的各少数民族在政治上、经济上和文化上的落后状态”[②]，“我们要帮助各兄弟民族的繁荣”，“我们社会主义的民族政策，就是要使所有的民族得到发展、得到繁荣”的政策[③]，因此，“帮助性”民族政策是社会主义中国维护中华民族经济共同体的重要举措。

当前，中华民族经济共同体意识仍然是以共同繁荣为核心，但在现阶段尤其表现在“全面建成小康社会，一个民族都不能少”问题上。在全面建成小康社会的征程上，我国民族地区与发达地区的差距仍然存在，而且越来越呈现出民族性与区域性相交织的特点，这就要求改变以往不加区分地以“特定民族”来施行民族政策优惠的做法。帮助性民族政策在实施中要坚持具体情况具体分析，比如在民生、扶贫、环境等问题上，应用区域性帮助政策来代替民族性帮助政策。在少数民族物质文化遗产和非物质文化遗产保护，新闻出版、广播影视等文化产业上，还须保留以民族划界的优惠扶持政策。实践证明，我国帮助性民族政策对推动落后民族地区的快速发展意义重大。国家通过帮助和扶持使少数民族和民族地区快速发展起来，能够增强少数民族与汉族、少数民族与少数民族之间的经济文化联系，不使任一民族产生被遗忘之感，使各民族共同感受中华民族大家庭的温暖，这有利于少数民族增强中华民族共同体意识，因

---

① 费孝通．简述我的民族研究经历和思考［J］．北京大学学报，1997（2）：8.

② 李维汉．统一战线问题与民族问题［M］．北京：人民出版社，1982：516.

③ 国家民族事务委员会政策研究室．中国共产党主要领导人论民族问题［M］．北京：民族出版社，1994：179.

此，在现阶段有些人主张取消帮助性民族政策和认为帮助性民族政策已经过时的论调是错误的。

第三，为巩固中华民族的政治共同体意识，民族政策必须继续彰显社会主义的价值取向。

中华民族共同体意识自觉醒以来，中华民族就是指取得了民族国家形式的民族（nation），它“实际上就是一个与中国的民族国家紧密联系在一起的不可分割的整体”[①]，此时，中华民族已上升为国家民族，这是中华民族的政治属性。中华民族作为“政治共同体”是与国家主权、领导阶级、执政党以及社会发展道路等政治符号紧密相关的。随着中国阶级革命的完成，社会主义制度的确立，中华民族共同体进入依托拥有独立主权的中华人民共和国来构建国家民族的历史时期，坚持中国共产党领导，坚定地走中国特色社会主义发展道路是中华民族共同体建构的应有之义，因此，增强中华民族成员对伟大祖国，对中国共产党和对中国特色社会主义道路的认同，就成为中华民族政治共同体的政治发展意识。

我国民族政策是国家为调整中华民族内部的民族关系和解决其中的问题而制定的，因此，在宗旨上我国民族政策必须要增强中华民族成员对伟大祖国、对中国共产党和对中国特色社会主义道路的认同。然而，在当前却有很多人认为我国民族政策在实践上恰恰是弱化了这些方面的认同，力主将民族政策的价值取向由“民族主义”调整为“国家主义”。笔者认为，民族政策的价值取向不能严格区分哪是取向“少数民族”，哪是取向“国家”，因为，只要说一项政策是民族政策，那么它必然是承认民族差异，而承认民族差异就必然是“优待”少数民族，此外，民族政策都是国家制定的，它的本意都是为了维护国家稳定，因此，民族政策的价值取向不能简单地划分为“民族主义”或是“国家主义”。在社会主义的中国，民族政策的价值取向应是社会主义[②]，因为社会主义是我国的国家制度和意识形态，是社会生产生活等各方面的行动规则，只有符合社会主义方向的民族政策才能被社会主义国家所制定，才能被执政的中国共产党所执行。习近平总书记在2014年中央民族工作会议上所强调的“党的民族理论和方针政策是正确的，中国特色解决民族问题的道路是正确的”和“取消

---

① 陆海发．民族国家视阈下的中华民族共同体建设研究［J］．云南民族大学学报，2016（2）：13.

② 赵刚．试析中国共产党民族政策的价值取向［J］．中央社会主义学院学报，2013（5）：64.

民族区域自治制度这种说法可以休矣”[①]，是对我国现行民族政策社会主义价值取向的肯定和注解，因此，充分彰显我国民族政策的社会主义价值取向对维护中华民族政治共同体是非常有意义的。

第四，为巩固中华民族的文化共同体意识，民族政策必须继续推动各民族文化的大发展和大繁荣。

中华民族是一个“文化共同体”，中华文化是一个由多元文化构成的文化实体，这个文化实体的核心是汉文化，中国少数民族文化是中华文化不可缺少的组成部分。在历史的长河之中，“由各民族共同缔造的，并由各民族文化构成的中华文化，既是中华文化的历史沉淀的结果，又是中华文化不断升华的结晶”[②]。中华文化在现时代是以中国特色社会主义文化为时代表征，是面向现代化、面向世界和面向未来的文化，也是民族的科学的和大众的文化。发展中华文化，在当前的时代课题是构建中华民族共有精神家园和应对思想文化多元化的挑战，在对古典文化取其“精华”和去其“糟粕”之中，不断地发展社会主义先进文化。

民族政策推动着中华文化的发展，它以帮助少数民族发展文化教育、语言文字和尊重少数民族风俗习惯和宗教信仰自由为宗旨，使少数民族文化在社会主义时期有了长足的进步。然而，在文化现代化和文化全球化面前，少数民族文化日益“商品化”和“展览化”，少数民族传统文化遗失的速度非常快。民族政策要改变以往物质性帮助少数民族发展文化的策略，要在政策上引导少数民族文化的创新，既鼓励少数民族学习和掌握现代文化，又推动少数民族传统文化形式和内容的全面创新。民族政策在推动少数民族文化发展的过程中，要坚持社会主义核心价值观，要增强各民族人民对中华文化的认同，要树立中华文化之同是各民族文化的集大成之同，汉文化不等同于中华文化，那种忽视少数民族文化，把少数民族文化自外于中华文化和缺乏对中华文化的认同都是错误的。文化认同是中华民族共同体意识的根基，建构中华民族共同体意识最重要的一点就在于构建和发展好中华民族文化，民族政策在推动中华民族文化发展过程中必须深刻把握中华民族文化共同体的新特点，继承与创新、繁荣与进步是中华民族文化的主题，也是民族政策推动中华民族文化发展的主题。

① 丹珠昂奔．沿着中国特色解决民族问题的道路前进［N］．中国民族报，2014-11-07.

② 徐杰舜，刘冰清，罗树杰．中华民族认同论［M］．银川：宁夏人民出版社，2014.

四、余　论

用民族政策调控中华民族共同体意识只是建构中华民族共同体意识多种手段中的一个方面。在新中国成立之初，毛泽东就指出："我们必须搞好汉族和少数民族的关系，巩固各民族的团结，来共同努力于建设伟大的社会主义祖国。"①就是说我国的民族问题是与国家结合在一起的，国家的各方面问题都与我国的民族问题息息相关，因此，社会主义国家的各方面建设都会影响到中华民族共同体意识。从这一思路出发，有时我们不能过分"苛求"民族政策对维护中华民族共同体的作用，如果你只看到中华民族共同体的"一体"，你就会对民族政策"百般挑剔"，所谓"国民一体化"就会成为你的主张。如果你只看到中华民族共同体的"多元"，你就会千方百计地要求民族政策的"照顾"，甚至否认中华民族的存在。而这两种极端论证的调和点只能是用历史和时代的视角去看待中华民族共同体与民族政策的辩证统一，既不能对二者进行割裂，也不能对二者进行互否。

参考文献：

[1] 马戎．理解民族关系的新思路——少数族群问题的"去政治化"[C] // 谢立中．理解民族关系的新思路：少数族群问题的去政治化 [M]．北京：社会科学文献出版社，2010.

[2] 胡鞍钢，胡联合．第二代民族政策：促进民族交融一体和繁荣一体 [J]．新疆师范大学学报，2011 (5)．

[3] 张继焦，尉建文，殷鹏，刘波．换一个角度看民族理论：从"民族—国家"到"国家—民族"的理论转型 [J]．广西民族研究，2015 (3)．

[4] 丹珠昂奔．沿着中国特色解决民族问题的道路前进 [N]．中国民族报，2014-11-07.

[5] [英] 安东尼·D. 史密斯．民族：是真实的还是想象的 [C] // [英] 爱德华·莫迪默，罗伯特·法恩．刘泓，黄海慧，译．人民·民族·国家——族性与民族主义的含义 [M]．北京：中央民族大学出版社，2009.

[6] 费孝通，等．中华民族多元一体格局 [M]．北京：中央民族学院出版社，1989.

[7] [英] 厄内斯特·盖尔纳．亚当的肚脐："原生主义者"对"现代主义者"[C] //

① 毛泽东文集（第七卷）[M]．北京：人民出版社，1999：34.

[英] 爱德华·莫迪默，罗伯特·法恩. 刘泓，黄海慧，译. 人民·民族·国家——族性与民族主义的含义 [M]. 北京：中央民族大学出版社，2009.

[8] [美] 本尼迪克特·安德森，吴壑人，译.想象的共同体——民族主义的起源与散布 [M].上海：上海人民出版社，2005.

[9] [英] 埃里克·霍布斯鲍姆. 李金梅，译. 民族与民族主义 [M]. 上海：上海人民出版社，2006.

[10] [美] 迈克尔·赫克特. 韩如颖，译. 遏制民主族主义 [M]. 北京：中国人民大学出版社，2012.

[11] 徐杰舜，刘冰清，罗树杰. 中华民族认同论 [M]. 银川：宁夏人民出版社，2014.

[12] 孙中山全集（第九卷）[M]. 北京：中华书局，1986.

[13] 魏新柏. 孙中山著作选编（上）[M]. 北京：中华书局，2011.

[14] 梁启超. 梁启超全集（第六册）[M]. 北京：北京出版社，1999.

[15] 黄兴涛. 现代“中华民族”观念形成的历史考察——兼论辛亥革命与中华民族认同之关系 [J]. 浙江社会科学，2002（1）.

[16] 费孝通. 简述我的民族研究经历和思考 [J]. 北京大学学报，1997（2）.

[17] 周星. 关于“中华民族多元一体格局”的学术评论 [M]. 北京大学学报，1990（4）.

[18] 金炳镐. 民族理论通论（修订本）[M]. 北京：中央民族大学出版社，2007.

[19] 柏贵喜. 民族认同与中华民族认同浅论 [J]. 西南民族大学学报，2011（11）.

[20] 逯广斌. 民族意识初探 [J]. 黑龙江民族丛刊. 1991（4）.

[21] 金烨. 朝鲜族族群认同的变化 [J]. 黑龙江史志，2010（18）.

[22] 周平. 民族政治学（第二版）[M]. 北京：高等教育出版社，2007.

[23] 编写组.马克思恩格斯列宁斯大林论民族问题 [M]. 北京：中国社会科学出版社，1978.

[24] 郝时远. 中国特色解决民族问题之路 [M]. 北京：中国社会科学出版社，2016.

[25] 徐杰舜. 关于中国民族政策史的若干问题 [J]. 黑龙江民族丛刊，1998（2).

[26] 张淑娟. 民族主义与近代中国民族理论 [M]. 北京：光明日报出版社，2011.

[27] [日] 松本真澄. 鲁忠慧，译.中国民族政策之研究——以清末至1945年的“民族论”为中心 [M]. 北京：民族出版社，2003.

[28] 魏新柏.《孙中山著作选编》（下）[M]. 北京：中华书局，2011.

[29] 周平.多民族国家的族际政治整合 [M]. 北京：中央编译出版社，2012.

[30] 国家民族事务委员会政策研究室. 中国共产党主要领导人论民族问题 [M]. 北京：民族出版社，1994.

[31] 王希恩. 也谈在我国民族问题上的“反思”和“实事求是”[C] // 谢立中. 理解民族关系的新思路：少数族群问题的去政治化 [M]. 北京：社会科学文献出版社，2010.

[32] 雷振扬，等. 社会转型期民族政策专题研究 [M]. 北京：民族出版社，2015.

[33] 李维汉. 统一战线问题与民族问题 [M]. 北京：人民出版社，1982.

[34] 韦良云. 中国古代民族关系与民族政策的特点 [J]. 才智，2013 (33).

[35] 周平. 民族政策的价值取向及我国民族政策价值取向的调整 [J]. 学术探索，2002 (6).

[36] 王希恩. 马克思恩格斯列宁斯大林论民族 [M]. 北京：中国社会科学出版社，2013.

[37] 陆海发. 民族国家视阈下的中华民族共同体建设研究 [J]. 云南民族大学学报(哲学社会科学版)，2016 (2).

[38] 赵刚. 试析中国共产党民族政策的价值取向 [J]. 中央社会主义学院学报，2013 (5).

[39] 毛泽东文集（第七卷）[M]. 北京：人民出版社，1999.

马克思主义民族团结理论与延边地区的民族团结工作

彭怀彬*

摘　要：民族团结理论是马克思主义的重要组成部分，也是延边地区开展民族团结工作的重要指导。延边地区是全国最大的朝鲜族聚居区和东北地区唯一的少数民族自治州，60多年来延边地区的民族团结工作取得了辉煌的成就，形成了宝贵的经验；同时延边地区的民族团结工作也面临着新的考验，需要我们在马克思主义民族团结理论指导下以有创新性的举措去应对。

关键词：马克思主义民族团结理论；延边朝鲜族地区；民族团结

一、前言：本选题的目的及意义

民族团结问题是我们党和国家工作大局的一个重要问题，也是当前世界上的热点和难点问题之一。“国家的统一、民族的团结，国内各民族的团结，是我们的事业必定要胜利的基本保证。”① 民族团结问题始终与政治、经济、文化、社会等各方面问题交织在一起，任何一种社会关系都有可能会体现在民族关系上，任何一个社会问题都有可能会引申为民族团结问题。加强民族团结，维护祖国统一是中华民族的最高利益，也是各民族人民的共同愿望。在革命、建设、改革的实践中，我们党注重把马克思主义民族团结理论同我国民族问题具体实际相结合，走出了一条符合我国国情、具有中国特色的解决民族团结问题的正确道路②。这其中延边朝鲜族自治州更是成为我国民族团结的典范。

然而，我们也清醒地看到民族团结工作还面临着复杂化和多样化的趋势，这不仅使民族团结工作更加复杂和艰巨，也对民族团结理论研究的深化提出了

---

* 作者简介：彭怀彬，男，博士，延边大学马克思主义学院。研究方向：中共党史、社会工作、社会治理及农村社会发展等研究。

① 毛泽东．关于正确处理人民内部矛盾的问题．人民日报，1957.6.19.（1）.

② 张荣臣，等．中央政治局集体学习若干重大问题解读，红旗出版社，2005：337.

新的要求。尤其是对中华人民共和国成立60多年来中国的民族团结、特别是各民族地区的民族团结从理论高度进行全面、系统和深入的研究显得尤为重要。因此，如何进一步加强和改进民族团结，促进各民族共同发展繁荣、共同和谐稳定就成为理论和实践必须回答的重大课题。

二、马克思主义民族团结理论

马克思主义民族团结思想由马克思、恩格斯共同创立，后被列宁、斯大林发展，它是马克思主义民族理论的一个重要组成部分。马克思主义经典作家认为，民族团结既包括国内各民族之间的团结，也包括国际各民族特别是被压迫民族之间的团结，还包括民族内部的团结；强调“全世界无产者联合起来”，强调民族平等是民族团结的前提和基础，民族团结是民族平等的体现和结果，是进一步实现各民族真正平等的保证。两者之间是辩证的关系，没有真正的民族平等，就不会有真正意义上的民族团结。并从经济发展的角度分析各民族无产阶级团结的物质根源，总结出只有在共同利益和平等的基础上，才能实现各民族大团结的结论等诸多重要观点。这些思想观点奠定了马克思主义民族团结思想的基础。

列宁、斯大林在指导殖民地、半殖民地人民的解放运动中，对马克思主义的民族团结理论进行了继承基础上的发展与创新，提倡各民族一律平等，并进一步提出“全世界无产者和被压迫民族联合起来”的口号，主张建立不分民族的无产阶级政党组织，以达到各民族思想上、组织上的统一①。对马克思主义民族团结理论进行了充实与创新，使之更加丰富，更加适应时代的发展。

中国共产党领导集体在带领全国各族人民进行革命和建设的过程中，结合不同时期的具体革命和建设实际，创造性地发展了马克思主义民族团结思想，使之成为中国各民族进行团结实践工作的指导思想和理论基础。

以毛泽东为核心的党的第一代中央领导集体把马克思、恩格斯、列宁的民族团结思想运用到新民主主义革命和中华人民共和国成立以后的社会主义建设的实践中，提出既要“进一步加强和巩固我国各民族间的团结”，也要“进一步加强和巩固各民族内部的团结”。毛泽东指出：“汉族和少数民族的关系一定要搞好。这个问题的关键是克服大汉族主义。在存在有地方民族主义的少数民族

① 何润．马克思主义民族理论经典导读．中央民族大学出版社：190.

中间，则应当同时克服地方民族主义。”[①]他把民族团结看作与中国革命和建设成败攸关的大事，是我们的事业必定要胜利的基本保证。

以邓小平为核心的党的第二代中央领导集体，把党和国家的民族政策作为我国民族团结的保证，明确指出：“只要我们坚持在四项基本原则的基础上，加强全国各族人民的大团结，不断发展和壮大革命的爱国统一战线，任何困难都挡不住我们前进，任何阻力都将被我们所打破。”强调要把国家的统一和民族的振兴作为民族团结的根本立场，把发展少数民族经济作为加强民族团结的根本途径，党内团结是民族团结的核心，“党的团结，人民的团结是我们的事业必定要取得胜利的根本保证”“全国各族人民的团结，首先要加强全党的团结，特别是要加强党的领导核心的团结”[②]。

以江泽民同志为核心的党的第三代中央领导集体，深刻地把握冷战结束后复杂的国际国内形势和民族问题的新发展、新变化，把加强民族团结工作和祖国统一摆在一个战略发展的高度，提出了“民族宗教无小事”“我们伟大的中华民族，是由56个民族构成的，在我们祖国的大家庭里，各民族之间的关系是社会主义的新型民族关系，汉族离不开少数民族，少数民族离不开汉族，少数民族之间也互相离不开”的“三个离不开”思想[③]，是新形势下对我国民族团结和民族关系的高度概括。

以胡锦涛同志为核心的新一届中央领导集体，着眼于新世纪新阶段全面建设小康社会的历史任务，明确提出“新世纪新阶段的民族工作必须把各民族共同团结奋斗、繁荣发展作为主题”[④]。并制定了一系列加快少数民族和民族地区经济社会发展的文件和规划。民族工作主题“两个共同”理论的提出，为新世纪新阶段我国民族工作的开展和民族问题的解决指明了正确的方向，提供了科学的理论指导。

在2014年中央民族工作会议上，习近平总书记特别强调，“注重保障各民族合法权益，坚决纠正和杜绝歧视或变相歧视少数民族群众，引导流入城市的少数民族群众自觉遵守国家法律和城市管理规定，让城市更好接纳少数民族群

---

① 毛泽东．关于正确处理人民内部矛盾的问题．

② 邓小平．邓小平文选（第2卷）IMl. 人民出版社，1994：149.

③ 国家民族事务委员会政策研究室．中国共产党主要领导人论民族问题．民族出版社，1994：238，257.

④ 胡锦涛．在中央民族工作会议暨国务院第四次全国民族团结进步表彰大会上的讲话（单行本）．人民出版社，2005：10.

众，让少数民族群众更好融入城市”[①]。这是新形势下做好民族团结工作的重要指南。习近平总书记提出要坚持“中国特色社会主义道路自信、理论自信、制度自信、文化自信”，将民族团结视为各族人民的生命线，强调各民族同胞要手足相亲、守望相助。习近平总书记的这些论断在纷繁复杂的国际局势下，特别是西方国家民族政策遭遇重大挫败的背景下，凸显了其重要价值，它既是中国特色解决民族问题道路的重要组成部分，也是未来我们前行的重要指南。

三、延边朝鲜族自治州关于民族团结工作的经验

延边朝鲜族自治州是全国30个自治州中唯一被国务院连续五次命名的“民族团结社会进步模范自治州”，这个成绩来之不易，形成也非一日之功，60多年来延边朝鲜族自治州的民族团结工作形成了宝贵的经验。

1. 党的领导地位和党组织的引领作用是根本保证。延边各族人民在战争年代就形成了坚定不移跟党走的光荣传统，爱党爱国成为60多年来延边人不变的情怀。党在各族人民中的崇高威望、党的核心领导地位、党对民族工作的高度重视、党组织核心作用的有效发挥，是延边民族团结经受住各种考验、历久弥坚的最根本原因。必须坚持党在民族工作中的领导核心地位，切实发挥好党组织的凝聚引领作用，这是推进民族团结进步事业的根本保证。只有不断加强和改善党对民族工作的领导，不断密切党与各族群众的血肉联系，才能确保民族团结进步事业始终沿着正确方向不断前进。

2. 科学发展、共同繁荣的思想是根本前提。延边朝鲜族自治州成立60多年来，经过民主改革、社会主义改造和社会主义建设，特别是经过改革开放，延边经济和社会发展取得了令人瞩目的巨大成就，延边大地发生了翻天覆地的变化，延边地区呈现出经济发展、社会进步、民族团结、边疆稳固、人民安居乐业的良好局面。必须坚持以科学发展观为统领，牢牢把握只有始终把促进少数民族和民族地区经济社会发展摆在突出位置，才能不断夯实民族团结进步的物质基础。只有把民族政策的优越性体现到发展先进生产力、发展先进文化、实现人民群众根本利益上来，切实满足各族人民追求平等、谋求发展的要求，才能使民族团结不断得到巩固和升华。

3. 共同的理想信念、价值理念和价值追求是精神力量。各民族多姿多彩的文化、各族人民爱国爱乡的共同信念、建设中国特色社会主义的共同理想，已

① http://theory.people.com.cn/n1/2017/0609/c40531-29329154.html

经深深扎根在延边各族人民心中。必须把培育共同理想信念贯穿民族工作全过程，坚持共同的理想信念，推行共同的价值理念，在全社会形成共同的价值追求，凝聚延边各族人民的思想和意志，用包容、发展和开放的理念来引导全社会，始终如一地维护边疆安全稳定，形成健康、和谐、稳定、高速的发展合力，凝聚各民族团结奋斗的精神力量，各民族共同铸就民族团结的强大精神纽带。

4. 宣传教育与创建活动是重要途径。在党的民族政策光辉照耀下，延边朝鲜族自治州加强对广大干部群众马克思主义民族理论和党的民族政策的宣传教育，民族区域自治制度得到有效落实，延边各族人民以主人翁姿态，全面行使宪法和法律赋予的权利，自主管理本地区、本民族内部事务，民族团结进步事业不断推进。只要通过宣传教育和创建活动，各民族群众始终坚持同呼吸、共命运、心连心，不断巩固和发展“平等、团结、互助、和谐”的社会主义新型民族关系，使“汉族离不开少数民族、少数民族离不开汉族、各少数民族之间相互离不开”的思想深入人心，成为各族干部群众的共同认识和自觉行动，各族干部群众就会更加坚定维护民族团结，民族团结进步事业就会取得更大的胜利。

5. 以人为本、改善民生是根本出发点和落脚点。历经半个多世纪的不懈奋斗，延边已逐步从贫穷走向富裕、从落后走向繁荣、从封闭走向开放。这些成就的取得，是党中央、国务院和省委、省政府高度重视、亲切关怀和大力支持的结果，是党的民族政策的正确指引及有力保障的结果，是200多万延边各族人民共同团结奋斗的结果。只有始终把群众利益放在第一位，依法维护少数民族权益，着力改善少数民族群众的生产生活条件，使少数民族群众充分享受到祖国大家庭的温暖，不断增强对中华民族的归属感、对中华文化的认同感和对伟大祖国的自豪感，才是民族团结工作的出发点和着力点。

6. 创造性地贯彻执行中央民族政策是有力手段。延边始终牢牢把握党和国家大政方针，立足边疆民族地区实际，最大限度地把民族政策的普惠性与地方特殊性结合起来，在贯彻执行民族政策方面有一定的首创性，走在了全国的前列，从而使延边成为展示中国共产党民族政策的一个重要窗口，如20世纪50年代在全国第一个开展“民族团结宣传月”、提倡开展各民族间结对子互帮互助活动等，使延边的民族团结进步事业始终充满活力。只有善于把中央精神与地方特点有机结合，把党和国家民族大政方针与各地实际紧密结合，坚持走有中国特色和地方特点的民族工作道路，才能构建符合地方实际、独具特色的和谐发展模式，才能确保党的民族政策得到全面落实，发挥应有效力，才能使民族团结工作历久弥新，长久不衰。

7. 民族干部和民族工作队伍建设是力量源泉。延边州委、州政府始终注意既调动朝鲜族的积极性，又调动汉族及其他少数民族的积极性，把各族干部群众的智慧和力量凝聚到建设延边的共同事业中来。“三个离不开”观念的深入人心，各民族积极性、主动性、创造性的充分发挥，形成了促进民族团结进步的强大合力。只有不断解放思想，创新民族工作方式方法，充分尊重、高度信任少数民族干部和群众，形成各部门和社会各方面合力抓民族工作的有效机制，最大限度地调动各方面的积极性，并不断提高民族干部和民族工作队伍的整体素质，才能不断推动民族团结进步事业健康发展。

延边朝鲜族自治州60多年来民族关系和谐发展的经验可以高度概括为“延边经验”：继承优良的历史传统，始终把民族团结作为一面旗帜，当作一种政治责任，坚持共同的理想信念，推行共同的价值理念，在全社会形成共同的价值追求，凝聚延边各族人民的思想和意志，用包容、发展和开放的理念来引导全社会，始终如一地维护边疆安全稳定，形成健康、和谐、稳定、高速的发展合力，推动延边社会各项事业向着美好的明天稳步前进。

四、当前延边朝鲜族自治州民族团结存在的问题

第一，经济发展相对滞后与国家投入力度相对较小。延边地区地方经济总量小、结构不够优化、基础设施落后，可用财政力量薄弱、综合竞争力较弱，尤其是地处边境的乡镇多为偏远的山区和半山区，与发达地区经济发展的差距有进一步拉大的趋势。60多年来延边地区民族关系始终团结和睦、政通人和，从来没有出现影响社会发展和民族团结的民族和宗教事件，但国家在对朝鲜族和延边地区的投入方面力度却小于其他的民族和地区。

第二，朝鲜族人口数量下降引发的问题凸显。延边朝鲜族人口从1996年至今一直呈自然负增长，加上大量的劳动力劳务输出，导致边境地区人口持续减少，性别比例严重失调，人口老龄化问题日趋严重，许多边境地区的朝鲜族村屯完全变成了“空巢”老人的聚集地。在延边州的17个边境乡镇中，从1990年到2010年的20年间，人口减少了20%左右，以平均每年一个百分点的速度下降。同时，边境乡镇大龄男女青年的比例也呈极为不平衡的局面，多数乡镇的平均比例为7：1，个别村屯甚至达到了几十比一，“光棍村”大量存在[①]。人口问

① 数据来源自延边州统计局.

题已成为诸多社会问题的集合点，这些问题不可避免地会给当地经济发展、社会稳定、民族团结和边境安全带来极大的影响。

第三，劳动力外流与回流引发的各种问题日趋显现。延边地区劳动力（主要以朝鲜族为主）的外流导致延边地区劳动力匮乏、老龄人口比例增加和朝鲜族人口的空洞化，同时，亦有大批的外来人口涌入延边地区，这些外来人口进入城市引发了因私设摊点、占道经营等问题，与城市管理人员及市民的矛盾纠纷时有发生；外来人口流入农村，必然会产生土地流转问题的出现。延边州和龙市的南坪镇，1998年人口超过1万人，目前常住人口仅为3855人，减少了近2/3[①]，很多出国劳务人员把土地转给外来人员承包经营，但近年来由于国外就业形势不好，加之国内惠农政策的实施，外流人员纷纷回流，回国返乡务农的逐渐增多，由此引发的土地纠纷也随之增加。

第四，朝鲜族教育、文化和卫生等社会事业问题日趋严峻。一些朝鲜族学校生源锐减，教育规模不断缩小，办学经费紧张，师资来源困难，朝鲜族学校整体质量和办学水平受到很大影响，尤其是农村的朝鲜族学校情况更为严峻。和龙市南坪镇芦果村学生最多时有100多人，现在只有12个学生，13名教师[②]。朝鲜族文化产业发展滞后，优秀专业人才流失严重。在推动中国特色社会主义文化大发展大繁荣的实践中，如何保护、传承和发展朝鲜族优秀传统文化，实现教育资源均等化、公平化以及扶持朝鲜民族语言文字的新闻、出版和影视事业面临诸多的困难和问题。边境地区和民族乡村医疗卫生条件比较落后，卫生院基础设施不配套，医疗设备缺乏，床位严重不足，医务人员极度匮乏。

第五，在各民族共同发展进步的过程中，随着朝鲜族和其他少数民族整体素质的不断提高，少数民族群众的民族意识、利益意识、法治意识、平等意识、监督意识都在不断增强，这给未来民族团结进步工作的进一步开展也提出了新的课题。

五、当前延边朝鲜族自治州民族团结中存在问题的对策

第一，加大扶持力度，推进延边城乡经济协调快速发展。

领导班子要高度重视民族工作，把民族团结进步作为头等大事，始终把民族团结作为首要政治任务和各族人民的生命线，一以贯之地给予高度重视。实

① 数据来源自和龙市公安局.

② 数据来源自和龙市教育局.

行民族团结“目标管理责任制”“一票否决制”等制度，把“争创民族团结进步模范”工作纳入领导干部岗位责任制中，与干部考核任用挂钩，创造党委牵头、政府推动、各部门共同参与的民族工作格局，建立长效工作机制，促进民族团结进步工作健康发展。

坚定不移地把加快发展作为做好民族团结进步工作的前提，突出“发展”和“民生”两大关键，坚持用发展的思维谋划民族工作，用发展的办法解决民族问题，用发展的成果促进民族团结。在经济社会发展规划中专章专节部署民族工作。在绩效考核中，实行民族工作“目标管理责任制”，在资金安排上，设立少数民族发展资金和民族工作专项经费，并随着财力的增长逐年增加。

加大政策、资金、项目扶持力度，确定为兴边富民行动重点地区，使所辖各县（市）都享受兴边富民行动重点县（市）待遇，比照扶持人口较少民族发展的有关政策，加大财政资金扶持力度。在全州每个县（市）建设少数民族特色村寨，重点保护民俗文化，发展民俗旅游，扶持特色产业。协调国家相关部委组织东部沿海地区和国有大中型企业对口支援延边州边境沿线的民族乡镇、村屯。支持延边民贸经济加快发展，赋予延边整体享受民贸优惠政策待遇。

第二，扶持发展民族教育文化卫生等各项事业，提高延边各族群众的整体素质，建设具有时代特点和民族特色的地域文化，凝聚民族团结的精神力量。

文化是民族的灵魂和血脉，也是民族团结的精神纽带。坚持继承传统，注重创新，狠抓民族文化建设，大力发展和弘扬各民族优良传统文化，不断凝聚起民族团结的精神力量。加强和巩固文化基础设施建设，实施文化惠民工程带动文化事业发展，不断提升“文化民生”水平。让文化成为凝聚民心的力量，加快传承和发展特色鲜明的民族文化，把繁荣发展民族文化作为凝聚民心、打造幸福和谐家园的巨大力量。

大力发展民族教育事业，提高各民族共同团结进步的能力，为民族自立自强、团结奋进提供了强大的人才保障和智力支持。优先发展民族教育提升民族文化素质，积极推动公共资源向民族教育倾斜，提高民族教育的发展，促进少数民族素质的整体跃升，为各民族平等参与社会事务、共享发展机会提供重要保障。支持延边发展民族教育，特别加大对高等职业技术教育发展的支持力度。积极争取延边朝鲜文出版纳入国家“东风工程”。比照国家对新疆地区的优惠政策，赋予延边的印刷企业增值税先征后返政策。支持延边州、县（市）级图书馆和博物馆、乡镇综合文化站、社区（村屯）文化室建设。支持延边少数民族医药事业发展，争取把朝药材和朝成药进入国家药典程序，争取国家相关政策扶持。

第三，加大少数民族干部培养力度，培养合格的民族干部，提高少数民族干部服务发展的能力，发展民族团结事业的中坚力量。

把培养选拔少数民族干部作为管根本、管长远的大事，坚持“充分信任、积极培养、大胆使用”的原则，按照民族干部高于其人口比例进行选配，采取特殊措施加强少数民族干部人才队伍建设，壮大民族团结进步事业的中坚力量。在干部绩效考核中，对影响和破坏民族团结的干部实行一票否决；坚持把培养民族干部作为长远大事来抓，制订详细的培养计划；在资金安排上，设立少数民族发展资金和民族工作专项经费。

对延边的干部人才培养工作实行计划单列，并增加去省进京挂职干部名额。多派上级机关干部到延边挂职锻炼，帮助解决实际问题，输送先进理念和管理经验。普遍进行经常的比较系统的马列主义民族理论与党的民族政策的宣传教育，使延边各民族干部群众都知道解决民族问题的重要性，对民族地区的许多社会现象，增强历史唯物主义的认识，用无产阶级的民族观来观察事物，处理问题，进一步发展平等、团结、互助的社会主义民族关系。

第四，把宣传教育与创建活动作为加强民族团结的长效机制，把建设边境、和谐稳定边疆作为民族团结进步事业的基础。

始终把以树立正确的马克思主义祖国观、民族观、历史观为重点的爱国主义教育作为各民族思想道德建设的主要内容，采取“抓两头（青少年、干部）、带社会”的方法，多渠道、多形式地进行民族理论、民族政策宣传教育。不断增强“三个离不开”意识，在全社会构筑起热爱祖国、加强团结、抵御渗透的思想防线。开展以帮扶困难群众、帮扶困难党员和帮扶薄弱基层党组织为重点的“三帮扶”活动。实施“强基富民固边”工程，进一步增强边境地区自我发展能力。

全面开展“互相学习语言文字”活动，尤其是多民族混合单位或混居地方，并把这一活动当作民族地区建设全民学习、终身学习型社会的重要内容，培养各民族学生从小互相信任、互相学习、互相帮助、互相尊重语言文字的优良品德。让延边地区各族人民群众互相都用朝鲜语和汉语，能说一般、普通、常用的话，达到基本的感情交流、为人处事、外出办理业务的大众化标准，促使延边各民族之间语言、文化融会贯通，相互了解多，理解深，误解少，彼此的感情更加融洽，关系更加密切，团结得更好，共同开创延边的文明和谐发展新局面。

六、结 语

延边朝鲜族自治州是全国最大的朝鲜族聚居区和东北地区唯一的少数民族自治州。建州60多年来，延边朝鲜族自治州委、州政府始终牢牢把握各民族“共同团结奋斗、共同繁荣发展”的主题，大力推进民族团结进步事业，形成了政治安定、经济发展、文化繁荣、社会和谐、民族团结、边疆稳定、各族人民安居乐业的良好局面，延边的辉煌成就，是党的民族政策在延边的集中体现。

60多年来，延边民族团结进步工作走在全国前列，延边连续五次获得“全国民族团结进步模范集体”荣誉称号，延边的民族团结进步宣传月、民族团结进步表彰等活动经验在全国各地得到广泛推广，成为全国民族团结进步的旗帜。民族团结进步是社会主义精神文明建设和全面建设和谐社会的重要任务。因此，加强民族团结，对于建设繁荣富裕、文明和谐的新延边具有特别重要的意义。

总之，60多年来，延边州委、州政府各级领导和各界群众始终把民族团结当作一面旗帜，把它视作生命线，像爱护眼睛一样爱护民族团结。60多年来，各级党委政府始终高度重视民族团结，把民族团结当作一种政治责任，做有利于民族团结的事，说有利于民族团结的话。坚持把维护民族团结作为办事情、做决策的出发点和落脚点，考虑问题做决策，都从是否有利于民族团结出发，并且在全州上下形成民族团结的传统和共识，每个人都倍加珍惜民族团结的大好局面，倍加珍惜民族团结的光荣传统，努力营造平等互助和谐的民族关系。目前，民族团结已经蔚然成风，各民族兄弟姐妹共同组成了多民族的和谐大家庭，他们不是一家人，却亲如兄弟；他们虽然有着不同的语言，却心手相连。在如今的延边朝鲜族自治州，每天都在上演着民族大团结的感人故事，他们用爱与关怀，共同谱写民族团结之曲，共唱民族团结之歌。

参考文献：

[1] 刘智文．边疆民族关系范例解读——中国朝鲜族聚居区民族和睦成因探析．中国边疆史地研究，2007（02）．

[2] 朴今海．边疆少数民族地区农村文化建设现状的调查与思考——以延边朝鲜族自治州边境地区朝鲜族村为中心．黑龙江民族丛刊，2006（5）．

[3] 梁威．论社会主义民族关系与和谐社会的构建．西北第二民族学院学报，2007（3）．

[4] 李金花. 延边州新农村建设研究. 延边大学硕士毕业论文，2007.

[5] 王纪芒. 中国朝鲜族的民族认同与国家认同——以中国某边疆地区的朝鲜族为例. 黑龙江民族丛刊，2008（4）.

[6] 李春逸，毕淑梅，张学慧. 白山松水和韵和风——“十一五”吉林省民族工作科学发展纪实. 中国民族报，2011-1-14.

[7] 林钧昌. 城市化进程中的城市民族问题研究. 中央民族大学博士毕业论文，2005.

[8] 邓凯. 大力推进新形势下民族团结进步工作. 求是杂志，2009（13）.

[9] 吉林延边朝鲜族自治州. 山川盛开金达莱江河涌动民族情. 中央民族工作会议暨国务院第四次全国民族团结进步表彰大会专题报道.

民族历史

中国东北地区朝鲜人反日斗争综述

金春善*

摘　要：中国东北地区朝鲜人的反日斗争根据反日主体的变迁、斗争形态及特性的不同大体可分为三个阶段，即1896—1920年、1921—1931年、1932—1945年。其中，第一阶段形成了在中国东北创建反日运动基地的战略思想，凤梧洞战斗、青山里大捷成为这一时期中国东北朝鲜人践行这一指导理念的最高表现形式；第二阶段是中国东北朝鲜人资产阶级民族主义力量由派别林立转向联合统一的探寻过程，也是中国东北朝鲜人共产主义者摒弃“朝鲜革命延长论”而加入中国共产党领导的革命阵营的曲折过程；在第三阶段中，中国东北朝鲜人资产阶级民族主义力量经历了短暂而轰烈的中朝联合抗战后逐渐走向衰退直至消亡，而共产主义力量则在中国共产党的坚强领导下，先后组建或参加抗日游击队、东北人民革命军、东北抗日联军等武装部队和“在满朝鲜人祖国光复会”等革命团体，生动地践行着自己所肩负的“直接参加中国革命、间接支援朝鲜革命”的双重历史使命。

关键词：中国东北；朝鲜人；反日斗争

中国东北地区朝鲜人的反日斗争始于1896年朝鲜义兵转入中国东北，止于1945年日本宣布无条件投降，持续整整约半个世纪。特别是1910年日本吞并朝鲜后，朝鲜国内的义兵斗争和启蒙运动发展为独立战争，比邻朝鲜的中国东北成为朝鲜人开展反日独立运动的重要基地，无数朝鲜爱国志士纷至沓来，以当地的朝鲜民众为社会基础，开展谋求民族独立和解放的反日斗争。全面系统研究中国东北朝鲜人反日斗争的历史，不仅对深刻认识这一时期的中国东北史具有深远的历史意义，而且对进一步巩固和发展中朝、中韩友好关系具有重大的现实意义。

目前，中韩史学界关于中国东北朝鲜人反日斗争史的具体分期不同，具体来讲，杨昭全将其分为五个阶段：1910—1918年、1919—1923年、1924—1927

*作者简介：金春善，男，朝鲜族，延边大学人文学院社会学专业教授，博士生导师。研究方向：中国朝鲜族史。

年上半年、1927年下半年—1931年上半年、1931年9月—1945年8月；崔洪彬将其分为四个阶段：1910年以前、20世纪10年代、20世纪20年代、20世纪30年代至1945年；（韩）赵东杰将其分为三个阶段：1896—1921年、1921—1933年、1933—1945年。在笔者看来，中国东北地区朝鲜人的反日斗争根据反日主体的变迁和斗争形态及特性的不同大体可分为三个阶段：

第一阶段为1896—1920年，具体可细分为前期和后期（以1919年为界），前期主要表现为在“实力养成论”指导下开展的“流亡村”建设和“三一三”反日运动，后期主要表现为在“武装斗争论”指导下开展的独立运动基地建设和凤梧洞战斗、青山里大捷。

第二阶段为1921—1931年，这一时期呈现出多元化的指导理念和斗争方略，具体可分为四个层面：第一，“三府”（参议府、正义府、新民府）的鼎立；第二，朝鲜共产党满洲总局的成立和民族唯一党促成运动；第三，国民府和韩族总联合会的成立；第四，朝鲜共产主义者加入中国共产党及在中国共产党领导下开展的反帝反封建斗争。

第三阶段为1932—1945年，具体可分为四个层面：第一，中朝联合作战和民族主义阵营的衰退与分化；第二，抗日游击根据地的创建和东北人民革命军的成立；第三，组建东北抗日联军和“在满朝鲜人祖国光复会”的成立；第四，东北抗日联军转入苏境和开展小部队活动。

一、反日运动基地的创建和反日武装团体的建立（1896—1920）

（一）反日运动基地的建设和反日人才的培养

武装斗争是中国东北地区朝鲜人开展反日斗争的主要形态。1905年日韩签订《乙巳条约》后，诸多朝鲜爱国志士为恢复国权，提出了建设海外反日运动基地开展抗日武装斗争的方略，其中朝鲜人聚居的中国东北被选定为实践这一方略的重要基地。这一时期，中国东北朝鲜人的反日运动具体表现为建设“流亡村”、培养反日人才、开展“自治”运动，以及为声援朝鲜“三一”运动而进行的各种和平示威等。

20世纪10年代，中国东北朝鲜人的反日运动基地主要集中在东满（概指今延边朝鲜族自治州所辖区域）、南满、北满的密山县。其中，最先开始的是东满地区，这不仅是因为它比邻朝鲜，而且还在于它较早形成了朝鲜人社会[①]，并通过民族教育培养了大量反日人才。1906年8月，李相卨、李东宁等人在龙井村设立了瑞甸书塾。1907—1908年间，昌东学校、明东学校、吉东书塾、正东学校等旨在开展近代教育和培养反日人才的私立学校相继设立。1909年7月，吉林东南路观察使署的附属机关——垦民教育会成立，统一管理、运营辖域内的朝鲜人私立学校。到了1912年3月，东满地区的私立学校共有40余所[②]，这些学校基本上都将反日民族教育摆在首要位置，既是开展民族教育的摇篮，又是培养反日人才和开展反日斗争的重要基地[③]。1912年中华民国成立后，全国掀起了“联省自治”运动。1913年4月，李同春、金跃渊等人以垦民教育会为基础设立了具有民族自治性质的垦民会。垦民会成立后，一方面努力与地方当局保持密切联系，另一方面直接参与朝鲜人的户籍调查、土地买卖，并通过组织开展私立学校间的运动大会增强当地朝鲜人社会的凝聚力。这一时期，东满地区还陆续成立了农务契、亲睦会、士友契、大韩国民会“间岛”直属支会、铁血光复团、民权党、基督教友会、屯田营、商务会、海岛会、重光团、急党、农商会等朝鲜人反日团体[④]，这些团体通过发展经济、振兴教育、互相扶助等多种方式，努力提高朝鲜人的反日意识，号召其参加各种反日斗争。

北满地区的韩兴洞反日斗争基地是由李相卨和符拉迪沃斯托克（海参崴）韩民会会长金学万等反日志士共同建设的。1909年，李相卨、金学万等选定中俄接境的密山府蜂蜜山一带（今密山市白泡子乡一带）作为北满地区的反日斗争基地，于是在购入土地后大力推行集团移民，该地因此有“韩兴洞”之称。韩兴洞反日斗争基地的负责人是李承熙，他试图借助性理学来增强当地朝鲜人之间的凝聚力，于是以此为基础制定实施了“民约”，并于1913年设立了东北三省朝鲜人孔教会。后来，韩兴洞反日斗争基地得到了新民会的大力支持，朝鲜平安道、咸镜道乃至俄沿海州的朝鲜移民纷至沓来，形成了以当壁镇为中心的诸多朝鲜人村落。此外，辽河县的新兴洞、穆棱县的八面通和小秋风、东宁县的三岔沟等地亦聚居了大量的朝鲜人，为日后北满地区反日斗争基地的进一步发展奠定了坚实的社会基础[⑤]。

---

① 金春善．延边地区朝鲜族社会形成研究．长春：吉林人民出版社，2001.

② 朝鲜总督府．图们江对岸移住鲜人的情况．明治四十五，三.

③ 政协延边朝鲜族自治州委员会文史资料研究委员会．延边文史资料（5）．1988：20.

④ 日本驻朝鲜宪兵队司令部．在外朝鲜人结社团体情况．大正元年十一月．

⑤ 韩国独立运动者协会．中国东北地区韩国独立运动史．首尔：集文堂，1977：371-380.

南满地区的反日斗争基地自始便在新民会的领导下有序开展。新民会将日帝势力相对薄弱的柳河县三源浦邹家街作为建设反日斗争基地的中心，并制订了具体的实施方案：一、在通化县附近购入土地，建设反日斗争基地，设立武官学校；二、在朝鲜招募愿意移居的民众，而后有计划地进行集体移民；三、各地代表负责在本辖域内招募移民、募集经费[①]。1911年2月，李会荣六兄弟及40余名家眷率先迁居至邹家街。同年4月，南满地区朝鲜人反日志士组织300多人成立了耕学社，下设内务、农务、财务、教务4个部门，有计划地开展各种活动，包括发展经济、提高反日民族意识、实施军事教育等。此外，耕学社根据聚落的规模分设千家长、百家长、十家长等，代行地方行政组织的职能。不久，耕学社因经济困难而有名无实，但1913年、1916年先后成立的共理会和扶民团则秉承了耕学社的宗旨。1912年，李会荣等在通化县哈泥河建立了新兴学校。1914年起，在通化县第八区八里哨小北岔开始建造名为“白西农庄”的大规模兵营，1917年竣工当年吸收新兴学校的385名优秀生入驻，培养了大批军事人才。这样，耕学社、共理会、扶民团等先后以三源浦、哈泥河为中心积极开展各种活动，提高了南满地区朝鲜人的政治、经济地位，培养了众多反日人才，为日后开展反日武装斗争奠定了坚实的基础[②]。

（二）“三一三”运动和反日武装团体的建立

1917年，俄国十月革命推翻了沙俄的封建君主专制统治，建立了新兴的苏维埃革命政权；1918年1月，美国总统威尔逊阐述了“民族自决主义”，这些都极大地鼓舞了渴盼国家独立与民族解放的弱小国家和民族。在这种国际形势下，一直致力于推进朝鲜和沿海州开展联合斗争的东满地区的朝鲜反日志士[③]，听闻朝鲜国内爆发“三一三”运动的消息后，决定于3月13日在龙井召开“朝鲜独立庆祝大会”，并举行大规模的反日示威[④]。然而，在日本侵略者的威逼下，反日示威队伍遭到了当地中国驻军孟富德部的血腥镇压，13人牺牲，48人受伤，94人被捕[⑤]。以此为契机，反日示威运动迅速扩展至延边全境，截至1919

① ［韩］慎镛厦．韩国民族独立运动史研究．首尔：乙酉文化社，1985：111.

② ［韩］尹炳奭．独立军史．首尔：知识产业社，1991：95-96.

③ 1919年2月，作为延边地区的代表，金跃渊、郑载冕、李仲执被派赴沿海州，姜风雨被派赴朝鲜，谋求开展联合反日斗争。

④ ［韩］洪相杓．间岛独立运动小史．汉城：韩光中学校，1966：931-937.

⑤ 大韩民国临时政府．独立新闻，1920-1-22.

年4月末，先后爆发了47次示威运动，参加人数达86670余人次[①]。

在南满地区，自3月6日开始，桓仁县的夹皮沟、五里甸子、三家窝棚、大镜沟、横道川、腰营沟、马圈子，通化县的金斗伙洛、快大茂村，柳河县的三源浦、大沙滩，兴京县的旺清门，集安县的杨木轿子、韭菜圈子、大阳岔保甲局、通沟、皮条沟、秋皮沟、拉子沟、大阳岔、横浮子沟，宽甸县的小不太远、小雅河，抚松县的露水河等地陆续爆发了反日示威运动。与延边地区不同的是，南满地区的反日示威运动进入4月份开始呈现出武力示威或武装斗争的特点。

以龙井村"三一三"运动为中心迅速扩展至中国东北全境的反日示威运动，沉重打击了日帝的嚣张气焰。通过这场运动，民族独立、民主主义、自由平等、人道主义等资产阶级民主思想得到了广泛传播，广大民众意识到自身就是开展反日民族解放运动的主力军，而且只有彻底武装自己才能最终打败敌人。于是，中国东北地区的朝鲜人反日武装团体如雨后春笋般纷纷涌现。

在东满地区，陆续建立了"间岛"国民会（又名大韩国民会）、大韩军政署（又名北路军政署）、大韩独立军、军务都督府、光复团、新民团、义军府、珲春韩民会等反日武装团体，其中以"间岛"国民会、大韩军政署和大韩独立军最具代表性。

"间岛"国民会本部设于延吉县春阳乡蛤蟆塘，下设庶务部、财务部、通信部、秘书、参事、财务调查员、警护队。同时，以基督教教区为基础，设立了5个地方总会和130余个支会[②]。国民会军于1920年初创建，同年6月发展至450余人，拥有步枪400余支、手枪150余支。1920年7月，国民会为了培养军事人才，联合洪范图部队在安图县明月沟二青背设立了武官学校。大韩军政署是在大韩正义团[③]的基础上发展而成的，后改称大韩军政府，不久投归大韩民国上海临时政府，改称北路军政署。本部设于汪清县西大坡，内设管理民政、民事的总裁府和专管军事的司令部，设有34个具有地方行政组织性质的警信局。到1920年7月，大韩军政署的兵力有4个大队1600余人[④]。大韩独立军是朝鲜"三

① 韩国国史编纂委员会．韩国独立运动史（3）．汉城：韩国国史编纂委员会，1968：146-152.

② 朴桓．满洲韩人民族运动史研究．汉城：一潮阁，1991-70-71.

③ 大韩正义团是1919年3月由延边地区的大倧教和孔教界人士设立的。

④ 韩国独立运动史编纂委员会．独立运动史资料集（10）．汉城：高丽书林，1973：44-59.

一三”运动之后由洪范图等人招募符拉迪沃斯托克（海参崴）和延边地区的青壮年组织成立的。1919年8月，洪范图率领部队袭击了朝鲜咸镜道惠山镇；9月，袭击了甲山郡；10月，袭击了平安北道江界、满浦镇、慈城。之后，大韩独立军联合国民会军成立了征日第一军司令部。1920年5月，又联合崔振东的军务都督府成立了大韩北路督军府，崔振东任府长，安武任副官，洪范图任北路第一军司令官。

南满地区曾是朝鲜义兵开展反日斗争的重要基地，“三一三”运动后，反日武装团体纷纷建立，其中具有代表性的是西路军政署、大韩独立团、大韩独立军备团。西路军政署由韩族会[①]的军事机构军政府发展而来，辖属于大韩民国上海临时政府。大韩独立团是朴长浩、赵孟善等人于1919年4月15日在柳河县三源浦西沟的大花斜组织成立的，在桓仁、长白、抚松、临江、宽甸、辑安、兴京、通化、柳河、本溪10个县设有支团[②]。大韩独立团自成立伊始便拥有庞大的政治和军事组织，其中，在政治方面设立了总指挥部，下设总裁部和总团，前者下设咨议部长、司翰长、参谋长，后者下设总务部、财务部、事业部、交通部、宣传部、检查部、军事部、庶务部、招募部；在军事方面设立了南满洲第一师团，本部位于抚松县，下辖4个中队。大韩独立军备团于1919年5月在长白县成立。同年10月，发表了《大韩独立军备团总团约章》，李汉平任团长，金东俊任副团长，金灿任总务。在地方组织上，各地分别设立了支团或支团支部，并在十六道沟新昌洞设置了通信事务局。

（三）反日武装斗争基地建设和凤梧洞战斗、青山里大捷

东满地区的反日武装斗争基地主要包括汪清县的凤梧洞、西大坡、十里坪及和龙县的渔浪村等地。

凤梧洞从地理位置来看，南邻高丽村、安山村、灰幕洞、三屯子，西北约20公里处是大韩军政署所在地西大坡，西南约8公里处是新民团的根据地石岘，北部约20公里处是光复团根据地大坎子，东、西、北三面环山，是易守难攻的天然军事要塞。特别是以凤梧洞为中心的石岘、高丽屯、凉水、大坎子一带的大部分土地均为崔振东所有，这为反日武装斗争基地的建设提供了坚实的经济基础。1920年初，集结在凤梧洞的反日部队有崔振东的都督府部队670

---

① 韩族会，1919年4月在柳河县三源浦成立，是以扶民团为基础，联合散在于柳河、海龙、通化、兴京、临江、集安、桓仁等地的自新契和教育会成立的反日团体。

② 朴桓．满洲韩人民族运动史研究．汉城：一潮阁，1991：11.

人、洪范图部队和安武的“间岛”国民会军550人[①]。

十里坪是大韩军政署的军事基地。“三一三”运动后，大韩军政署为更好地开展武装斗争，将本部从汪清县的德源里转移到十里坪。十里坪东面是珲春县荒沟，东北是汪清县罗子沟，北接俄罗斯烟秋，南邻珲春县凉水泉子，是建设军事基地的绝佳之地。此外，十里坪位于距离大汪清约37.5公里的偏僻密林里，车辆难以通行，堪称易守难攻的天然要塞。大韩军政署在此建立了兵营和练兵场，积极开展军事训练。同时，设立士官练成所，专门培养军事人才。据1920年7月统计，大韩军政署的武装部队共有4个大队1600余人。

和龙县渔浪村是以洪范图为代表的联合部队（大韩独立军、国民会军、义军府、新民团、光复团、义民团）为开展对日作战而建设的军事基地。当时，和龙县二道沟一带散居着以渔浪村为中心的水南、达内朴沟、中央村、北完楼沟、南完楼沟、木板沟、野鸡沟、蜂蜜沟等朝鲜人村落。从地理位置上来看，该地属于长白山脉的老岭山脉；从行政区划上看，该地与奉天省安图县接壤，具备建设反日斗争基地的有利条件[②]。1920年10月，反日联合部队的总兵力达850余人[③]，洪范图将指挥部设在完楼沟溪谷间的千里峰山脚，有计划地开展军事训练，时刻准备对日作战。

1920年6月4日到6月7日，新民团和大韩北路督军府在三屯子、后安山、高丽屯、凤梧洞等地同日本侵略军发生了一系列战斗，史称“凤梧洞战斗”。当时，集结在凤梧洞的反日部队有200余人[④]，他们运用机动灵活的运动战和埋伏战，毙伤数十名日军[⑤]，被称为“独立战争的首战”[⑥]，标志着中国东北地区朝鲜人反日武装斗争迈入了新的阶段。特别是凤梧洞战斗不仅沉重打击了自诩为天下无敌的日军，更使朝鲜人反日武装团体意识到，只有开展联合武装斗争才能打败日本侵略者。于是，各反日武装团体由独立分散逐渐走向联合统一。

1920年10月，日本侵略军对东满地区实行残酷的“庚申年大讨伐”，朝鲜人反日武装在和龙县三道沟、二道沟一带的西部战线和珲春、东宁、汪清等地

---

① [日] 姜德相．现代史资料（27）．东京：三铃书房，1977：367-374.

② 当时，安图县隶属奉天省，不在日军划属的关于“讨伐”吉林省东满四县（延吉、和龙、汪清、珲春）的范围之列。

③ [日] 姜德相．现代史资料（28）．汉城：国学资料院，1984：398.

④ [日] 姜德相．现代史资料（27）．东京：三铃书房，1977：632.

⑤ [日] 姜德相．现代史资料（27）．东京：三铃书房，1977：616.

⑥ [日] 姜德相．现代史资料（28）．汉城：国学资料院，1984：608.

的东部战线积极开展“反讨伐战”①。其中，洪范图率领的联合部队、金佐镇的大韩军政署军自10月21日至10月26日清晨在西部战线先后进行了白云坪战斗、泉水坪战斗、完楼沟战斗、渔浪村战斗、古洞河谷战斗等大小10余次战斗，史称“青山里大捷”。在青山里大捷中，反日部队努力克服兵力和武器装备的劣势，采用先发制人和联合作战的战术，加上战士们的英勇战斗以及当地群众的积极支援，取得了反击日本侵略军的重大胜利，书写了朝鲜人反日武装斗争史的光辉一页。

这一时期，东部战线的反日部队为保存有生力量陆续向中俄边境转移，因此该条战线的“反讨伐战”大都具有规模小而且分散的特点。其中，有代表性的有10月23日在十里坪附近进行的战斗、10月28日汪清县的张家店战斗、11月9日珲春县的牛头山战斗、11月9日东宁县的八家子战斗等。相比西部战线，东部战线的战斗虽然规模小，但战术更加机动灵活，而且正是在东部战线的密切配合下，日本侵略军妄图集中兵力一举包围并消灭西部地区反日部队的阴谋才最终未能得逞。

二、反日团体间的统合和反日局面的“新变化”（1921—1931）

（一）参议府、正义府、新民府的鼎立

1920年末，集结在密山的各反日团体为壮大反日力量成立了大韩独立军团，而后转移至俄罗斯境内。翌年“自由市惨变”②发生后，大部分又陆续返回中国东北。这一时期，中国东北地区的朝鲜人社会发生了巨大的变化。受俄国十月革命的影响，社会主义思想在沿海州及中国的延边、北满等地广为传播，社会主义青年团体纷纷建立，但彼此间的派别斗争也随之日益激烈。此外，1920年“庚申年大讨伐”之后，亲日团体骤然增加，中国东北地区朝鲜人社会分化为“反日亲中”和“亲日反共”两大势力。在这种情况下，民族主义团体不得不转移至南满或中东路以南的北满地区，谋求建立新的反日斗争基地。

这一时期，重新整合松散的各反日力量被提上议事日程。1920年9月，朴

① 迄今为止，中韩诸多研究成果将1920年延边一带的反日部队与日本侵略军进行的一系列战斗称为“青山里战斗”“青山里大捷”“青山里独立战争”等。

② 1921年6月28日至29日，从中国东北各地转移到沿海州自由市的各朝鲜人反日武装部队，围绕着联合统一后的指挥权问题发生了激烈的流血冲突，此即“自由市惨变”。

容万、申肃、申采浩等在北京成立了军事统一促成会，而后派人前往东北各地，试图促进各反日团体间的联合，但由于“庚申年大讨伐”无果而终。1921年4月，在北京召开的军事统一会议再次商讨了反日团体间的联合问题。翌年8月，南满地区的17个团体代表聚在一起，组织成立了反日联合团体——大韩统义府。大韩统义府实行军政、民政二元体制，主要任务是谋求朝鲜人社会的自治和开展反日武装斗争。但是，大韩统义府自成立伊始就存在着复辟派和共和派的尖锐对立。不久，以全德元为中心的复辟派成立了义军府，以白狂云为代表的共和派成立了大韩民国上海临时政府陆军驻满参议府（简称“参议府”）。参议府不仅仅是军事组织，它还从当时中国东北朝鲜人社会的实际出发，以集安县为中心，把宽甸、桓仁、通化、抚松、长白、安图、柳河等地的15000多户[①]朝鲜人统一编入基层民事组织，积极谋求朝鲜人在政治、经济、文化等方面的各种合法权利。参议府成立初期，开展了袭击朝鲜总督齐藤[②]等一系列朝鲜国内进攻战。然而，“古马岭事件”[③]的发生，加之内部变节分子先后成立“韩侨同乡会”等各种亲日团体，使得参议府的力量急剧弱化。1928年12月，参议长金承学联合新民府的金佐镇等军政派，以及正义府的金东三、池青天等人，在吉林成立了革新议会。1929年4月国民府成立后，沈龙俊等参议府的大部分成员宣布加入，参议府实际上已经解体。

1924年7月10日，大韩军政署、吉林居民会、大韩光正团、大韩独立团、劳动亲睦会、学友会、卡伦自治会、固本契等团体的代表在吉林召开全满统一会议筹备会。同年11月24日，这些代表再次聚集在桦甸县，商讨成立了新的统一团体——正义府。正义府成立初期，在政治方面，设有中央行政委员会、干政院、中央审判员、军司令部、民事、军事、法务、学务、财务、交通、生计、外务等，地方设总管区（1000户）、地方管区（500户）、百家长（100户）、十家长（10户）；在经济方面，颁布实施“公农制”，并设立了兴业社、农民互助社等；在教育方面，除设立小学校外，还设立了化兴中学和东明中学，并发行《大同民报》《新华民报》《战友》等新闻杂志；在军事方面，设立了以吴东振为司令官的义勇军，在袭击朝鲜国内的日本殖民机关以及肃清中国东北

① 金扬．鸭绿江流域的朝鲜民族与反日斗争．沈阳：辽宁民族出版社，2001：326.

② 1924年5月19日，参议府派遣武装力量袭击了正在巡视鸭绿江一带的朝鲜总督齐藤，沉重打击了日帝的嚣张气焰。

③ 1925年3月16日，正在集安县古马岭召开军事会议的参议府主要干部遭到朝鲜总督府楚山警察队和宪兵队的突然袭击，29名参议府干部壮烈牺牲，此即“古马岭事件”。

的亲日势力等方面取得了显著成绩。[①]

1925年1月，大韩独立军团、大韩军政署[②]代表在穆棱县召开了民族统一会议。同年3月，在宁古塔成立了联合团体——新民府。新民府成立后，在政治方面，中央设立中央执行委员会（行政机关）、参议院（立法机关）、检察院（司法机关），实施三权分立制，在宁安、珠河、穆棱、密山、辽河、额穆、敦化、安图等地分别设立总办所；在军事方面，设立了别动队、保安队，在穆棱县小秋风成立了城东士官学校，专门培养军事人才；在教育方面，于珠河、穆棱、密山等地建立了50余所小学[③]，并发行机关报《新民报》；在经济方面，实行"公农制"，成立"殖产组合"，鼓励发展副业。1927年3月，新民府本部遭到日本军警的袭击，12名主要成员被捕。同年12月，在石头河子召开的总会上，新民府分裂为军政派和民政派。1928年"宾洲事件"[④]后，两派间的矛盾进一步激化，新民府最终走向解体。

（二）朝鲜共产党满洲总局的成立和民族唯一党促成运动

1925年11月，为指导海外的革命运动，朝鲜共产党中央委员会决定设立海外部、满洲部、日本部。翌年5月16日，曹奉岩、崔元泽等在珠河县一面坡成立了朝鲜共产党满洲总局，本部设于宁古塔，下设北满区域局、东满区域局和南满区域局。其中，北满区域局成立于1926年5月，本部设于宁安县阿城，在阿城、珠河、宁安、汤原、海林、牡丹江等地设有基层组织；东满区域局成立于1926年10月，在龙井、平岗、和龙、局子街、铜佛寺、汪清、罗子沟、珲春等17个地方设有基层组织，创刊发行了机关报——《火花》；南满区域局成立于1927年8月，在吉林、桦甸、蛟河、清原、辑安、通化、兴京、沈阳、安东等地设有基层组织。上述3个区域局中，东满区域局的革命力量最强，到1927

① 1926年7月9日，正义府义勇军第四中队袭击了通化县快大帽三合堡的亲日组织相助契本部。同年9月6日，第六中队袭击了相助契契长申汉哲家并处决了申汉哲。（《东亚日报》，1927年3月22日）

② 1922年8月4日，以原大韩军政署为中心，成立了由统合府、新民团、光复团、韩民团、新民会、义军团、高丽军冒险队参加的大韩军政署团。1924年3月，再次组织了大韩军政署。

③ ［韩］玄圭焕．韩国流移民史（上）．汉城：语文阁，1967：486.

④ 1928年11月18日，新民府武装队前往宾县向当地居民征收义务金，因民众无钱可缴便残杀了数人，此即"宾洲事件"。

年，共有19个基层党组织、116个外围团体、9776名成员[①]。

这一时期，受日本共产党的福本主义的“方向转换论”[②]的影响，朝鲜共产党满洲总局按照朝鲜共产党中央的指示，发动民众接连进行反日示威[③]，导致1927年10月至1930年6月接连发生了四次所谓的“间岛共产党事件”[④]。加之，朝鲜共产党满洲总局拘泥于“朝鲜革命延长论”，而且内部派别斗争激烈，因而逐渐丧失了广大朝鲜民众的大力支持。尽管如此，朝鲜共产党满洲总局内部各派依然积极推进反日联合战线的形成和民族唯一党促成运动，并致力于通过开展“乡社运动”实现朝鲜人的“自治”。

民族唯一党促成运动的开展深受第一次国共合作的影响，它以“结成一个民族性的大党，将分散的民族解放力量统一起来”为方针。1924年，国民党制订了“联俄、联共、扶助农工”的三大政策，成为第一次国共合作的政治基础，民族主义者、自由主义者、共产主义者全部置于国民党的领导之下。第一次国共合作实现后，国民党接受共产党的建议，于1925年7月将广东革命政府改组为广东国民政府，实行“两党治国”的体制，从而形成了统一的革命战线，成功地进行了“北伐”。民族唯一党促成运动正是在“两党治国”的政治体制和统一战线的影响下开展的。

1926年，民族唯一党北京促成会成立后，天津、南京、上海、汉口、广州等地陆续设立了唯一党促成会。但是，关内地区的唯一党促成运动存在着社会主义阵营和民族主义阵营间的理念和路线的差异，前者主张建立统一的革命政党，后者则强调以大韩民国上海临时政府为中心，彼此间摩擦不断升级，最终随着国共合作的破裂而失败。

---

① ［日］姜德相．现代史资料（29）．东京：三铃书房，1972：535.

② 1927年5月，第三国际在“日本问题纲要”中将福本主义看作实践分裂主义和宗派分裂主义，开始对其进行坚决的反对和斗争。

③ 朴昌昱．中国朝鲜族历史研究．延吉：延边大学出版社，1995：237–238.

④ 第一次发生在1927年10月，是朝鲜共产党满洲总局筹划开展关于要求公开在汉城进行的朝鲜共产党公判情况的示威运动时遭到逮捕的事件；第二次发生在1928年9月，是高丽共产青年会满洲总局东满区域局干部为纪念“国际青年日”而组织开展以东满朝鲜青年总同盟为中心的纪念集会时遭到镇压的事件；第三次发生在1930年4月中旬至5月中旬，是朝鲜共产党满洲总局的火曜派为筹划开展纪念“三一三”运动11周年大规模示威期间惨遭逮捕的事件；第四次发生在1930年5月延边“红五月斗争”期间。

1927年8月，在正义府第四次中央会议上通过了关于唯一党促成的决议[①]，这标志着东北地区的民族唯一党促成运动正式开始。1928年5月，18个反日团体的代表在吉林召开全民族唯一党促成会议。但是，围绕着唯一党的组织方法，与会人员分裂为主张“团体本位论”（或“团体中心组织论”）的协议会派和主张“个人本位论”的促成会派。1928年12月，促成会派与新民府的军政派、正义府的一部结成了民族唯一党在满策进会（又名“革新议会”），协议会派的中心力量正义府与参议府的一部、新民府的民政派于1929年结成了国民府，民族唯一党促成运动实际上无果而终。

（三）国民府和韩族总联合会的成立

民族唯一党促成运动虽然宣告失败，但各反日团体间的联合并未就此停止。1929年3月，正义府内支持协议会派的李东林、玄益哲、李哲等与参议府的沈龙俊、新民府民政派代表李教元等人在吉林召开第二次三府联合会议，讨论建立新的联合军政府事宜，并于同年9月成立了国民府。

国民府将本部移到辽宁省新宾县旺清门以后，在所辖区域内划设地方、区、村进行管理和运营。1929年12月，民族唯一党组织同盟[②]改称为朝鲜革命党，其所属的军队改称为朝鲜革命军，形成了朝鲜革命党、国民府、朝鲜革命军三位一体的领导管理体制。在教育方面，国民府积极开展以农民子女为对象的普通教育和旨在培养军事人才的军事教育（旺清门的南满学院）。此外，国民府广泛开展农民运动（积极与地方政府交涉，谋求农民的各种合法权利，改善农民的劳作条件）和治安活动（肃清亲日势力、日帝走狗等）。

但是，国民府作为民族唯一党促成运动失败后成立的联合团体，其领导层不久便分裂为民族主义派和社会主义派。其中，民族主义派积极推进同中国国民党的合作，而社会主义派则与中国共产党密切联系，主张解散国民府、建立新形态的民众组织、加入中国共产党。1930年10月23日，以玄益哲为首的国民府拥护派杀害了朝鲜革命军总司令李振卓，逮捕了朝鲜革命党中央委员会执行委员长玄正卿等社会主义派人士，民族主义派自此单独掌控了国民府。1934年

① 1927年8月，正义府第四次中央委员会通过了以下决议：（1）积极谋求与新民府、参议府的联合；（2）积极开展唯一党促成运动。

② 1929年9月20日，国民府第一次中央会议召开，决定将“革命”和“自治”相分离，民族唯一党组织同盟负责“革命”，国民府负责“自治”。同时，废止军事部，将朝鲜革命军划属于民族唯一党组织同盟。

末，朝鲜革命党、国民府、朝鲜革命军合编为党政军一体的朝鲜革命军政府，国民府和朝鲜革命党名存实亡。

另外，1929年国民府成立后，在满策进会的主要力量迁至北满地区，他们于同年7月联合以中东路一带的各村落组织的农务会和大倧教的信徒、无政府主义者结成韩族总联合会。作为北满地区朝鲜人的自主性协同团体，韩族总联合会十分注重民政，先后成立了“协同组合”、北满中学期成会、精米所等民生机构。1930年7月，洪镇、李青天、黄学秀、申肃、李章宁、郑信等以韩族总联合会和生育社为基础成立了韩国独立党，将“三本主义”（民本政治的实现、劳本经济的组织、人本文化的建设）作为党的纲领。同时，组建了以李青天为司令官的韩国独立军，将其作为党的军队。翌年2月，韩国独立党设立了“韩族自治联合会”。这样，北满地区也形成了党政军三位一体的领导管理体制。

（四）朝鲜共产主义者加入中国共产党

朝鲜共产党满洲总局在1928年12月共产国际发布“十二月提纲”后，当即开展朝鲜共产党重建事宜，但由于各派别围绕着主导权的争夺而未取得任何进展。到1930年，ML派、火曜派、汉城-上海派（汉城派）相继发表解散宣言，同时，根据共产国际的“一国一党”原则，先后以个人身份加入中国共产党。

这一时期，中共满洲省委受中共中央“左”倾路线的影响，为迎接世界革命新的高潮，确定了在东北各地开展武装暴动的总方针。1930年4月，组织了“五一斗争行动委员会”，号召“打倒日帝和国民党”“反对高利贷剥削”“没收地主的土地”“建立苏维埃政权”等[①]。于是，中共东满特委成立了“五一行动委员会”，积极领导开展反帝反封建斗争。由于此时正值原朝鲜共产主义者加入中国共产党时期，因此这些举措极大地激发了他们的革命热情。5月23日，“五一行动委员会”改为“暴动委员会”。同月27日，在和龙县药水洞创立了东北地区最早的苏维埃政权。同年8月，又开展了声势浩大的“八一吉敦暴动”。尽管“红五月斗争”和“八一吉敦暴动”不可避免地受到了当时中国共产党的“左”倾路线的影响，但它沉重地打击了日帝殖民机关和中国地方反动军阀。在这里特别需要强调的是，上述斗争对遭受日本侵略者和中国东北反动军阀、地主等多重压迫的朝鲜人来讲，标志着他们开始在中国共产党的领导下践行“直接参加中国革命、间接支援朝鲜革命”的双重历史使命。

① 金东和，金承哲．当代中国朝鲜族研究．延吉：延边人民出版社，1993：9.

三、抗日统一战线的形成与中朝联合抗日（1932—1945）

（一）中朝联合作战和民族主义阵营的衰退

1931年九一八事变后，中日间的民族矛盾成为中国社会的主要矛盾，各地军民的反日斗争迅速开展起来，这为处于日军、伪满军和亲日势力重重压迫下的东北朝鲜人联合中国其他民众开展反日斗争提供了契机。于是，这一时期，民族主义派、无政府主义派、共产主义派等各自联合中国反日义勇军开展了激烈的反满抗日斗争。

本部设于兴京县的朝鲜革命军，在司令官梁瑞凤的领导下，于1932年3月相继在永陵街、老城、木奇、上夹河等地进行了一系列战斗。不久，加入以唐聚五为总司令的辽宁民众自卫军，先后参加了兴京保卫战、清原县城及周边的战斗、宽甸县牛毛坞战斗、辑安县战斗、临江战斗、抚顺县城及周边的战斗，以及袭击朝鲜国内的战斗等等，极大地提高了朝鲜人抗日武装的声誉。此外，还在通化县江甸子设立速成军官学校，先后培养了400余名军事人员。1934年9月梁瑞凤被暗害后，朝鲜革命党、国民府、朝鲜革命军于同年11月合编为朝鲜革命军政府。此后，朝鲜革命军政府一方面向朝鲜国内派遣军队开展各种反日斗争，另一方面同王凤阁部队联合组织“中韩抗日同盟会”，努力构筑抗日联合战线。与此同时，他们还积极与东北人民革命军第一军开展联合作战。但是，从1936年后半期开始，在日伪军警的军事“讨伐”和政治诱降下，朝鲜革命军陷入严重的危机。1938年秋，时任朝鲜革命军副司令朴大浩、第二师师长崔允龟率部加入东北抗日联军第一路军。

韩国独立军在司令官李青天的率领下，先后与李杜、丁超、王德林、吴义成、柴世荣等的吉林自卫军和吉林救国军结成联合战线，在中东路一带开展英勇的反日斗争，先后进行了1932年1月的舒兰县战斗、9月的双城堡战斗，1933年2月的镜泊湖战斗、6月的东京城战斗、7月的大甸子战斗和东宁县城战斗等。特别是东宁县城战斗后，吴义成的下属柴世荣、史忠恒等加入中国共产党，这标志着中朝联合战线的主要力量正在逐渐转入共产主义阵营[①]。1933年10月，韩国独立军由于与吴义成部队间的摩擦被解除武装。在这种危急情况下，韩国独立党的洪震、李青天、曹成焕等主要干部和40余名队员在大韩民国上海

① ［韩］赵东杰．尤史赵东杰著述全集（7）．首尔：历史空间，2010：38.

临时政府的帮助下陆续转移至南京、洛阳，余下的后来大部分被编入东北人民革命军。

（二）抗日游击根据地的创建和东北人民革命军的组建

九一八事变后，中国东北各地掀起了各种形式的反日斗争，在东满地区，中共东满特委于1931年秋领导各族农民开展了"秋收斗争"；在南满地区，杨林、李东光、李红光等领导开展了数次农民运动，在北满地区，宁安、珠河、汤原、密山等地爆发了以朝鲜农民为中心的反帝反封建斗争。

自1931年末开始，根据中共满洲省委关于创建抗日游击队的指示精神，东北各地的抗日游击队陆续建立。到1932年末，东满的延吉、和龙、汪清、珲春4个县都建立了抗日游击队①，南满地区以李红光领导的磐石县"打狗队"为基础建立了南满游击队，北满地区先后建立了以朝鲜人为基干的珠河游击队、宁安县北满劳农义勇军、辽河游击队、密山游击队、汤原游击队等。

与此同时，抗日游击根据地也在东北各地陆续建立，其中代表性的有延吉县的王隅沟、八道沟、三道湾抗日游击根据地，珲春县的大荒沟、烟筒砬子抗日游击根据地，和龙县的渔浪村、车厂子抗日游击根据地，汪清县的嘎呀河、小汪清、腰营沟、罗子沟抗日游击根据地，磐石县的玻璃河套、红石砬子抗日游击根据地，宁安县的八道河子抗日游击根据地，密山县的哈达河抗日游击根据地，饶河县的宝马顶子、大叶子沟抗日游击根据地，汤原县的汤旺河沟、太平川抗日游击根据地，珠河县的三股流、石头河子、柳树河子抗日游击根据地等。

就在东北各地的抗日游击队和抗日游击根据地蓬勃发展的时候，中共中央于1932年6月在上海召开了"北方会议"，会上批评了中共满洲省委书记罗登贤的"北方落后论"（或"北方特殊论"），指示东北各地要根据当前中国革命的斗争方针（通过土地革命和武装斗争反抗国民党），积极开展土地革命和建立苏维埃政权。于是，没收地主和富农的土地、建立苏维埃政权开始在东北各抗日游击根据地内普遍开展。例如，东满地区的王隅沟、三道沟、小汪清、石人沟、大荒沟、烟筒砬子等地陆续建立了苏维埃政权，南满、北满地区的游击根据地内组织了具有政府职能的农民协会（玻璃河套）、农民委员会（红石砬子）、反日会（太平川）、农民委员会总会（珠河抗日游击区）等。但是，由于

---

① 当时，东满地区抗日游击队的成员90%以上都是朝鲜人，且大部分指挥员也是朝鲜人。

将具有反日倾向的地主、富农也列为斗争对象，而他们又与诸多反日山林队关系密切，从而严重影响了根据地的持续发展。也就是说，中国共产党的“左”倾路线表面上扩大了抗日游击根据地，但实际上不但不利于反满抗日统一战线的形成，反而使得阶级对立和矛盾变得日益尖锐。

在这种情况下，中共驻共产国际代表团于1933年1月26日以中共中央的名义发出了《中央给满洲各级党部及全体党员的信——论满洲的状况和我们党的任务》，主要内容是：解散苏维埃政府，建立人民革命政府；以游击队、赤卫队为基础组建人民革命军；认真整顿组织，积极开展反日斗争；与其他反日部队结成联合战线。于是，各抗日游击根据地陆续把苏维埃政府改组为人民革命政府，构筑新的反满抗日统一战线，同时与救国军及其他各种反日武装积极开展联合作战（如1933年8月的东宁县战斗）。这样，原先日益孤立、萎缩的抗日游击根据地迅速发展壮大，根据地内的群众急剧增加。在此基础上，中共满洲省委自1934年初开始对各地的抗日游击队进行整编，组建东北人民革命军、东北反日联军。

1932年至1935年间，日帝对东北抗日游击区先后进行了三次军事大“讨伐”，同时极力推行“集团部落”“保甲制”等军民分离政策，企图达到孤立抗日游击队的险恶目的。另外，这一时期在东满地区开展的反“民生团”斗争中，500余名共产党员惨遭杀害，1000余名共产党员被捕入狱[①]。所有这些，使得既有的抗日游击根据地遭到严重的损失，甚至濒临瓦解。在这种情况下，中共东满特委开始开辟新的抗日游击根据地[②]。于是，原先在延吉县、和龙县活动的东北人民革命军第二军独立师的独立团、第二团在安图县先后创建了车厂子抗日游击根据地（1935年初）和奶头山抗日游击根据地（1935年秋），坚持开展抗日游击战争。1936年2月，早先在敦化、桦甸、抚松等地活动并在汪清县、珲春县建设根据地的东北人民革命军第二军第三、第四团，经金仓、大荒沟、腰营沟等地先后抵达汪清县罗子沟，创建了新的抗日游击根据地，不久进军北满地区。东北人民革命军第二军各部开辟新的抗日游击根据地及进军南满、北满地区，促成了与其他抗日武装部队间的联合。例如，东北人民革命军第二军独立师第三、第四团在宁安、东宁、汪清等地联合救国军史忠恒部，先后开展了东宁县战斗、罗子沟战斗等。据统计，1934年4月至12月，延吉、敦化、和

① 金成镐．1930年代延边“民生团”事件研究．汉城：白山资料院，1998：118.

② 中共延边州委党史研究室．东满地区革命历史文献汇编（上）．延吉：延边大学医学院印刷厂，1999：588.

龙、汪清、珲春、安图各地的抗日武装活动达103次之多，人数达3537名[①]。在南满地区，1933年9月，组建了东北人民革命军第一军第一独立师。1934年2月，召集17支抗日武装成立了抗日联合军总指挥部。同年5月，又设立了江北抗日联合军指挥部。此外，与梁瑞凤带领的朝鲜革命军签订联合抗日协定，携手开展了洪顺家战斗等。北满地区的抗日游击队也先后联合成立了东北反日联合军总司令部（珠河地区）、饶河民众反日游击队（饶河地区）、抗日同盟军总司令部（密山地区）、东北抗日同盟军（吉东地区）、东北联合反日义勇军（汤原地区）等，并成功进行了多次联合作战。

但是，这一时期的统一战线过于强调中国共产党的绝对领导和下层统一战线，从而使得与其他反日武装间结成的统一战线无法得到更好的持续发展。

（三）组建东北抗日联军和"在满朝鲜人祖国光复会"的成立

1936年初，根据共产国际第七次代表大会通过的关于建立世界反法西斯人民统一战线的方针，中共驻共产国际代表团号召"将人民革命军第二军和其他中国人、朝鲜人反日游击队改编为中朝反日联合军，实现朝鲜民族独立"[②]。据此，中共吉东特委下达指示，"将东满人民革命军改编成中朝抗日联军，并在东满单独成立朝鲜民族革命军，进入朝鲜国内开展游击活动，实现朝鲜民族独立"。同时明确指出，此举的目的在于"推翻日帝的殖民统治，恢复朝鲜的独立"[③]。

1936年3月，中共东满特委和东北人民革命军第二军领导干部联席会议在安图县迷魂阵召开。会议决定将东北人民革命军第二军改编为东北抗日联军第二军，同时讨论了关于组建单独由朝鲜人组成朝鲜民族革命军、在中朝国境地带开辟新的根据地、随时准备进军朝鲜、开展朝鲜民族的解放斗争等有关事项。但是，以金日成为代表的朝鲜共产主义者考虑到当时中国东北的形势，从巩固和发展中朝两国人民的抗日联合战线出发，主张保持既定的民族联合部队的形式，同时建议，在中国人聚居区以东北抗日联军的名义活动，在东北朝鲜人聚居区和朝鲜国内则以朝鲜人民革命军的名义活动。此外，会议还讨论了关于结成抗日民族统一战线组织"在满朝鲜人祖国光复会"的相关事宜。1936年6

---

① ［日］嘉村龙太郎．间岛抗日军与共产党势力的展望．满洲评论，1935（8）7.

② 杨松．论东北人民抗日统一战线．共产国际，1936（1-2）：125-127.

③ 中央档案馆，辽宁省档案馆，吉林省档案馆，黑龙江省档案馆．东北地区革命历史文件汇集（甲28）．黑龙江省出版总社，1989：10-11.

月10日，“在满朝鲜人祖国光复会”宣告成立，并发布了《祖国光复会十大纲领》，明确阐明其任务是恢复朝鲜独立、推翻“满洲国”、实现朝鲜民族自治[①]，这是中国东北地区朝鲜共产主义者所肩负的“双重使命”在新形势下的具体体现。

1936年6月，中共东满、南满特委和东北抗联第一、第二军主要领导干部联席会议在金川县河里召开，决定将第一、第二军合编为东北抗日联军第一路军，下辖2个军6个师，第一军下辖的3个师番号不变，第二军下辖的3个师分别改为第四、第五、第六师，其中，金日成任第六师师长。同年10月，在长白县一带活动的第二军第六师（原第二军第三师）组织了“在满朝鲜人祖国光复会新兴洞特别区”和中国共产党新兴村特别支部。1937年1月，甲山工作委员会被改编为朝鲜民族解放同盟。同年2月，中共长白县委员会和“在满朝鲜人祖国光复会长白县委员会”成立。这一时期，在朝鲜国内还组织了生产游击队和党的细胞组织，随时准备开展反日武装斗争。但是，自1937年10月至1938年10月，在长白县和朝鲜国内活动的地下工作者中先后有739人被捕，朝鲜国内的“在满朝鲜人祖国光复会”组织濒于瓦解[②]。

到1937年末，第一路军在黑瞎子沟、红头山一带建立了30余个密营，内设兵营、联络处、武器修理所、裁缝队、医院、随军学校等。抗日联军以密营为据点，成功开展了黑瞎子沟战斗、红头山战斗、道川里战斗、梨明水战斗、普天堡战斗、间三峰战斗等，沉重打击了日帝在中国东北和朝鲜国内的殖民统治。1938年7月，第一路军改编为3个方面军，原第二军第六师改编为第二方面军，金日成任总指挥。第二方面军不仅在中国东北频繁打击日伪军，而且还积极进出朝鲜，在咸镜北道茂山地区取得了一系列胜利。当时，陈翰章指挥的第三方面军中朝鲜人约占1/3，其中，朴得范任第三方面军参谋长；崔贤、赵正哲分别任第十三团团长、政委；杨亨宇任第十四团团长；全东奎、安吉分别任第十五团团长、政委。第三方面军和第二方面军多次进行联合作战，其中规模较大的有1939年12月的六棵松战斗和嘉信子战斗。1940年3月11日，第二方面军主力袭击了安图县大马鹿沟木材场的森林警察队。3月25日，在大马鹿沟河上流的红旗河附近进行埋伏战，消灭了包括前田“讨伐”队长在内的100余人，史

① 主要内容总结如下：第一，积极动员朝鲜人结成反日民族统一战线，推翻日帝的殖民统治，建立真正独立的朝鲜人民政府；第二，朝中民族联合起来，推翻“满洲国”，实现在中国领土内居住的朝鲜人的真正自治；第三，组建为朝鲜人的真正独立而斗争的革命军队。

②［朝］朴达．曙光（2）．平壤：民青出版社，1963：633.

称“红旗河战斗”。

（四）东北抗日联军转入苏联境内和小部队活动

根据1940年初召开的第一次“伯力会议”的有关决定，自1940年10月开始，东北抗日联军为保存有生力量陆续转入苏联境内。1942年，东北抗日联军统一改编为东北抗日联军教导旅，下设4个步兵教导营、2个直属教导连（无线电连和迫击炮连）。东北抗日联军教导旅分驻“南野营”和“北野营”，总兵力有1000余人，其中苏联籍官兵有300余人，其余人员的一半是朝鲜人。东北抗日联军教导旅在苏联整训期间，不间断地向中国东北派遣小部队，积极开展搜集情报、破坏日帝军事设施等各种活动，其中，金日成、姜信泰、崔贤、金光侠、安吉、金润浩、李永镐、姜渭龙、林春秋等曾被数次派回中国东北执行特殊任务。这一时期，原第三路军总参谋长许亨植、第十二支队长朴吉松等拒绝转入苏联境内，继续在北满地区坚持开展反日武装斗争，最后壮烈牺牲。

1945年8月8日，苏联宣布对日作战。8月9日，苏联从东、西、北三个方向同时向日本关东军发起进攻。姜信泰、金光侠各自率领东北抗联教导旅分遣队分别进驻延吉、牡丹江这两个战略要地，其中，被派赴牡丹江地区的抗联分遣队在穆棱县泉眼河消灭了700余名日军，被派赴松花江流域的抗联分遣队在饶河、宝清、同江、富锦、汤原等地消灭了数百名日军，被派赴东满地区的抗联分遣队先后参加了大盘岭战斗、太平岭战斗等，迎接抗日战争的最后胜利。

四、结语

自甲午中日战争后部分朝鲜义兵转移至中国东北境内开始，中国东北地区朝鲜人的反日斗争虽然在不同时期的表现形式各不相同，但在积极开展各种反日斗争、构筑广泛的民族统一战线上始终进行着艰苦的探索，并为此付出了巨大的牺牲。大体来讲，20世纪10年代，主要表现为反日斗争基地的建设，以及在此基础上开展的凤梧洞战斗、青山里大捷；20世纪20年代，主要表现为民族主义阵营谋求朝鲜人社会的“自治”、积极开展朝鲜国内进攻战和肃清亲日团体；进入20世纪30年代，民族主义阵营在开展了短暂的中朝联合抗战之后逐渐衰退，社会主义阵营则积极加入中国共产党，在中国共产党的领导下开展艰苦的抗日斗争，直至1945年8月日本宣布无条件投降，在此过程中，也彰显出中国东北朝鲜共产主义者在抗日战争中的地位和作用的双重属性。

参考文献：

[1] 金春善．延边地区朝鲜族社会形成研究．长春：吉林人民出版社，2001.

[2] 朝鲜总督府．图们江对岸移住鲜人的情况．明治四十五年三月．

[3] 政协延边朝鲜族自治州委员会文史资料研究委员会．延边文史资料（5）．1988.

[4] 日本驻朝鲜宪兵队司令部．在外朝鲜人结社团体情况．大正元年十一月．

[5] 韩国独立运动者协会．中国东北地区韩国独立运动史．汉城：集文堂，1977.

[6]［韩］慎镛厦．韩国民族独立运动史研究．汉城：乙酉文化社，1985：111.

[7]［韩］尹炳奭．独立军史．汉城：知识产业社，1991.

[8]［韩］洪相杓．间岛独立运动小史．汉城：韩光中学校，1966.

[9] 大韩民国临时政府．独立新闻．1920-1-22.

[10] 韩国国史编纂委员会．韩国独立运动史（3）．汉城：韩国国史编纂委员会，1968.

[11] 朴桓．满洲韩人民族运动史研究．汉城：一潮阁，1991.

[12] 韩国独立运动史编纂委员会．独立运动史资料集（10）．汉城：高丽书林，1973.

[13]［日］姜德相．现代史资料（27）．东京：三铃书房，1977.

[14]［日］姜德相．现代史资料（28）．汉城：国学资料院，1984.

[15] 金扬．鸭绿江流域的朝鲜民族与反日斗争．沈阳：辽宁民族出版社，2001.

[16]［韩］玄圭焕．韩国流移民史（上）．汉城：语文阁，1967.

[17]［日］姜德相．现代史资料（29）．东京：三铃书房，1972.

[18] 朴昌昱．中国朝鲜族历史研究．延吉：延边大学出版社，1995.

[19] 金东和，金承哲．当代中国朝鲜族研究．延吉：延边人民出版社，1993.

[20]［韩］赵东杰．尤史赵东杰著述全集（7）．首尔：历史空间，2010.

[21] 金成镐．1930年代延边“民生团”事件研究．汉城：白山资料院，1998.

[22] 中共延边州委党史研究室．东满地区革命历史文献汇编（上）．延吉：延边大学医学院印刷厂，1999.

[23]［日］嘉村龙太郎．间岛抗日军与共产党势力的展望．满洲评论，1935（8）．

[24] 杨松．论东北人民抗日统一战线．共产国际，1936（1-2）．

[25] 中央档案馆，辽宁省档案馆，吉林省档案馆，黑龙江省档案馆．东北地区革命历史文件汇集（甲28）．黑龙江省出版总社，1989.

论20世纪20年代东北地区朝鲜共产主义者加入中国共产党问题

许永吉　邵维秀*

摘　要：朝鲜共产党满洲总局成立后，虽然领导朝鲜民族人民进行了声势浩大的反帝斗争，但朝鲜共产党满洲总局各派为了掌握领导权进行无原则的派争，严重地削弱了朝鲜民族革命力量，极大地损害了朝鲜民族反帝运动的进一步发展。面对严峻的形势，朝鲜共产党满洲总局终于选择了加入中国共产党，参加中国土地革命，走上了民族解放的道路。

关键词：朝鲜共产主义者；朝鲜共产党满洲总局；"十二月提纲"；中国共产党

20世纪20年代，朝鲜共产党满洲总局领导东北地区朝鲜民族人民开展了艰苦卓绝的反帝斗争，取得了世人瞩目的成果。共产国际"十二月提纲"发表以后，朝鲜共产党满洲总局被解体，大批经受革命斗争考验的朝鲜共产主义者加入中国共产党，为中共满洲省委在东北地区开展声势浩大的反帝反封建运动奠定了坚强的组织基础。本文通过朝鲜共产党满洲总局的建立过程和反日活动，着重探讨东北地区朝鲜共产主义者加入中国共产党及其影响。

一、朝鲜共产党满洲总局的建立

（一）朝鲜共产党满洲总局的建立过程

1926年1月末至2月初，朝鲜共产党中央执行委员金灿在上海会同高丽共产青年会联络部长曹奉岩、教育训练部长金丹冶等人，未经朝鲜共产党第二届中央执行委员会的批准，擅自组织了朝鲜共产党上海部①。对此朝鲜共产党第二届

*许永吉：延边博物馆，研究馆员；邵维秀：延边博物馆，馆员。

① 高等法院检事局思想部．金灿预审终结决定．思想月报（第2卷第2号），1932.5：488.

中央执行委员会责任秘书姜达永虽然表示反对，但无济于事。1926年2月26日，姜达永在朝鲜汉城召开第三次中央执行委员会会议，决定在日本、上海、苏联沿海州设置临时联络部，在中国东北设置满洲部①，并任命各部的负责人。为了取得共产国际的承认，被派遣到莫斯科的朝鲜共产党代表赵东祜曾经多次向共产国际提出“在间岛及其他地区设置负责整个满洲地区的朝鲜共产党满洲总局”②的请求。

由于火曜派联合上海派成立了朝鲜共产党第二届中央执行委员会，所以朝鲜共产党的势力迅速发展壮大，特别是上海派占据主导地位的中国东北地区。于是，1926年5月13日，朝鲜共产党中央执行委员会决定废止上海部，把满洲部改称为满洲总局，任命曹奉岩为责任秘书③。

1926年5月16日，朝鲜共产党满洲总局在珠河县一面坡河东金哲勋家正式建立。由满洲总局责任秘书曹奉岩（火曜派），组织部长崔元泽（火曜派），宣传部长尹滋英（上海派）组成常务执行委员。决定把总部设在宁安县宁古塔，下设东满区域局、南满区域局、北满区域局④，派遣金河球、金哲勋等人分别到东满、南满地区建立党的基层组织，并制定“朝鲜共产党满洲地方团体临时规定”⑤。同年7月朝鲜共产党满洲总局责任秘书曹奉岩奉命回上海就任共产国际远东部负责人，因此责任秘书一职暂时由组织部长崔元泽代理。

朝鲜共产党满洲总局的建立有深远的历史意义，标志着东北地区朝鲜民族的反帝斗争由分散斗争阶段发展成有组织、有目的的联合斗争阶段。从此东北地区朝鲜民族在朝鲜共产党满洲总局的统一领导下，为争取民族解放进行了可歌可泣的反帝斗争。

（二）朝鲜共产党满洲总局的反日活动

首先，朝鲜共产党满洲总局成立后，按照“朝鲜共产党满洲地方团体临时规定”，把工作重点放在建立东满、南满、北满区域局的事业上，尤其是东满区

① 金俊烨，金昌顺．韩国共产主义运动史（资料篇Ⅱ）．高丽大学校亚细亚问题研究所，1979：99.

② 在上海海外连络部员ヨリ在朝鲜中央执行委员会宛报告书．思想月报（第2卷，第10号）：1-4.

③ 梶村秀树，姜德相．现代史资料（29）．铃木书房，1972：41.

④ 金灿预审终结决定：489-490.

⑤ 高等法院检事局思想部．朝鲜共产主义运动之发展（上）．思想月报（第3卷第2号）：17.

域局的建设。“当时，东满、南满、汤原等地都有共产党的组织，而且在乡村是公开活动的，差不多每个村里都有党的、政权的、青年团的、妇女和儿童团的组织”[①]。1926年8月末，为了争取延边地区势力强大的共青满洲派的支持，共青满洲总局负责人金东明到延边，与共青满洲派负责人朴允瑞等人广泛地接触，共商联合对策。同年秋，朝鲜共产党满洲总局联合共青满洲派重新改组朝鲜共产党满洲总局，任命吴义善为责任秘书，崔元泽为组织部长，朴允瑞为军事部长[②]。与此同时，共青满洲总局也大量吸收共青满洲派，任命李仁秀为责任秘书，组织部长朴允瑞，宣传部长姜进[③]。

1926年10月28日，朝鲜共产党满洲总局委派组织全权委员韩应甲、总局委员全龙洛，到龙井召开东满区域局干部组织总会，正式成立朝鲜共产党满洲总局东满区域局，任命全龙洛为责任秘书。朝鲜共产党满洲总局对东满区域局干部特别要求，要认真调查过去上海派和伊尔库茨克派影响之下的基层党组织，从中吸收“先进分子”来组成区域局。与此同时，朝鲜民族聚居区设置为期一个月的“简易教育机关”，进行“基本政治教育”，又设置中央图书纵览所和巡回文库，让青年广泛涉猎进步宣传物[④]。东满区域局成立后，下设龙井、平岗、东盛湧、罗子沟、珲春、汪清、翁声砬子、局子街等10个支部[⑤]。

其次，朝鲜共产党满洲总局与民族主义团体结成统一战线，广泛地开展反日民族运动。朝鲜共产党第二届中央执行委员会曾经指示朝鲜共产党满洲总局，要团结“一切反抗帝国主义的要素”，结成“统一战线的唯一党”。东满区域局奉上级指令后，对此认真讨论并决定，以“朝鲜独立团”的名义，组成民族统一战线[⑥]。东满区域局不仅在政治上同民族主义团体结成统一战线，而且军事上也想要结成统一战线，他们计划收集有军事经验的朝鲜民族人士名单，以此充实朝鲜独立团的军事干部。

---

① 中共延边州委党史工作委员会，党史研究所．关于朝鲜共产党简况及在满朝共党员加入中国共产党的情况专题报告．1989．3：5.

②《意见书》，《姜进外4人调书》，第560页。转引至崔正植：《朝鲜共产党满洲总局组织过程研究》，高丽大学校大学院史学科（硕士学位论文），2002，第38页。

③《意见书》，《姜进外4人调书》，第560~61页，同上。

④ 罗伯托·A. 斯卡尔拉皮罗，李廷植．韩国共产主义运动史（1）．石头枕，1986：204.

⑤ 金东明通讯文\\崔元泽，等．第一次间岛共产党事件押收文书译文錣（未完结）：52-54.

⑥ 驻间岛日本总领事馆．间岛及接壤地方共产主义运动的概况．1928-6-25（油印版，AJMFA，R S721~722）.

但是，朝鲜共产党满洲总局和民族主义团体的民族统一战线并不牢固。由于国共两党合作破裂以后，民族主义团体——国民府的右翼迅速打破这种统一战线，反而转向国民党反动军阀，疯狂地镇压朝鲜民族革命活动[①]。

二、朝鲜共产党满洲总局的解体

（一）共产国际“十二月提纲”与朝鲜共产党重建活动

1928年12月10日，共产国际执行委员会政治书记处制定了“关于朝鲜革命农民及劳动者任务的决议”（十二月提纲）[②]。虽然提纲暂时保留了朝鲜共产党两个派别集团参加共产国际支部的资格，但同时要求朝鲜共产党为了实现自下而上的统一战线，必须严格清算派别斗争，依靠广大的工农阶级，进行土地革命，增强党的团结，重新组建朝鲜共产党。

“十二月提纲”发表后，朝鲜共产党满洲总局各派立即响应共产国际重建朝鲜共产党的号召，派遣得力的干部到朝鲜重建朝鲜共产党。

首先，1929年5月，朝鲜共产党满洲总局（ML派）委员韩彬等人在吉林成立“新朝鲜共产党”，开展重建朝鲜共产党活动，并指示崔正浩等人潜入朝鲜咸镜北道，为重建朝鲜共产党而奔走，但不久崔正浩等45名骨干被日帝逮捕，重建活动遭受挫折。此后李云赫等人又组织“朝鲜共产党再建筹备委员会”进行重建活动，也以宣告失败而告终。

其次，1929年9月，朝鲜共产党满洲总局（火曜派）干部金丹冶、权五稷等人秘密潜入朝鲜，组织了“朝鲜共产党重建准备委员会”。1930年3月，“朝鲜共产党重建准备委员会”的大部分成员被捕，火曜派的重建活动也宣告失败。

再次，1929年7月，上海派在敦化县郊区朱健家里秘密组织“朝鲜共产党再建筹备委员会”，上海派负责人金锻洙、金达洙等人率领部分骨干秘密潜入朝鲜各地进行重建工作。1931年7月，金锻洙、金达洙等多数骨干被日帝逮捕，上海派的再建党工作也宣告失败。

---

① 1929年10月，国民府右翼暗杀朝鲜共产党满洲总局下属南满韩人青年同盟干部崔峰、池云山、尹平等人。1930年冬，韩族联合会的南大观、权守正勾结地方军阀，杀害中共汪清县委书记金相和、共青团县委书记韩英浩。兴京县公署调查资料，1931年10月，新宾县党史办公室档案室收藏。

② 金正明．朝鲜独立运动（第5卷）．原书房，1967：742.

由于日帝的殖民统治根深蒂固，朝鲜共产党满洲总局各派的派别斗争日益加重，各派的重建工作最后以失败而告终[①]。

（二）朝鲜共产党满洲总局的解体及朝鲜共产主义者的选择

"三矢协定"以后，日帝和奉系军阀加强对朝鲜民族人民的统治，残酷地镇压朝鲜民族革命运动，随意掠夺朝鲜民族财产，驱逐和逮捕朝鲜人。面对严峻的形势，朝鲜共产党满洲总局前面摆着两条路可走。第一，继续走过去所执行的以朝鲜革命的胜利和民族解放为目的的斗争路线。但这样就解决不了朝鲜民族农民急需解决的土地问题，无法改变朝鲜民族农民的悲惨的生活处境。第二，加入中国共产党参加中国土地革命，取得民族解放。朝鲜共产党满洲总局经过激烈的争论，最终选择了第二条路。

1929年6月12日，朝鲜共产党满洲总局（火曜派）在总部所在地阿城县海沟村召开代表会议，制定"解决朝鲜民族农民土地问题，朝鲜共产党人加入中国共产党组织，参加中国革命，取得民族解放"[②]的新路线。同年9月5日，在阿城县私立朝鲜人小学校，朝鲜共产党满洲总局宣传部长张时雨、翻译崔忠镐和中共哈尔滨市委派遣的2名代表秘密会见，讨论了朝鲜共产党人加入中国共产党问题。

1930年1月30日，朝鲜共产党满洲总局（火曜派）发表"朝鲜共产党满洲总局的报告——满洲朝鲜人的一般情形及对中共中央提议的见解"。朝鲜共产党满洲总局认为，"东北的朝鲜民族运动，是中国革命运动的一部分，同时离开了中国共产党的组织，无须有什么特殊的组织"。他们认为，"从过去到现在，东北的朝鲜民族运动，不但费力多而收获少，而且多限于观念的领域。这个最大的原因，就在过去与中国革命运动，未曾有联络乃至指导的密切关系之故"。为此，他们得出结论为"（1）东北朝鲜民族革命运动是中国革命运动的一部分；（2）中国工农革命成功之前，不能得到土地问题的根本解决"。然而，朝鲜共产党满洲总局不无夸张地说，自派在"东北有二万人以上的组织群众，这对于未来满洲的运动——更是到以后武装暴动的时候，彼等在革命上的任务，是很重大的"。他们以此为条件，向中共中央提出自派的要求，"朝鲜民族参加中国共产党组织领导机关中，除了懂中国语言的同志以外的下级组织不必要混合。延

① ［朝］金日成．与世纪同行（2）．朝鲜劳动党出版社，1992：56.

② 政协延边朝鲜族自治州文史资料研究委员会．延边文史资料（4）（内部发行）．1985：4–5.

边四县仍归朝鲜党部直接领导，南北满运动则需要特别的联络。东北革命运动的领导机关，虽必属于中国共产党支配，但东北是中、朝、俄、日四个民族杂居的地方，所以领导机关应参加朝、俄、日的同志来组织”。并强调这是朝鲜共产党满洲总局扩大委员会专门决定的议案，而且“必须向朝鲜共产党中央执行委员会请示，得到朝鲜共产党中央委员会的批准”[①]后才能执行。

共产国际“十二月提纲”发表以后，中国共产党按照共产国际一国一党原则，准备吸收朝鲜共产党满洲总局所属党员为中国共产党党员。为此，中共满洲省委曾多次派人与朝鲜共产党满洲总局领导进行联系，了解他们的实际情况。1929年9月19日，中共满洲省委给中共中央的报告中，特别说明中共哈尔滨市委书记张洛书访问朝鲜共产党满洲总局（火曜派）的事情，认为“朝鲜共产党满洲总局是组织严密，人数众多的党，虽然双方政治路线不同，但可以友党的方式发生关系”。认为双方可以采取定期会见的方式加强了解，并请求“中央派有能力的朝鲜民族中共党员，深入朝鲜民族群众进行革命活动，并负责朝鲜共产党满洲总局所属党员加入中国共产党问题，尤其是朝鲜共产党满洲总局整体加入中国共产党问题，必须由中共中央和共产国际批准”[②]。

此时，共产国际为了东北地区朝鲜共产党人加入中国共产党的问题，派出得力的干部直接与中共中央取得联系。1929年11月，共产国际委派莫斯科东方劳动者共产大学学习的韩斌（苏联远东地区朝鲜人）、李春山（中国籍朝鲜人）2人，到上海同中共中央负责人一起讨论朝鲜共产党满洲总局党员加入中国共产党问题[③]。1930年1月，中共中央特派中华全国总工会常委苏文陪同韩斌、李春山，到哈尔滨召开中共满洲省委干部和朝鲜共产党满洲总局各派主要干部参加的联席会议，传达共产国际的有关指示，要求朝鲜共产党满洲总局所属党员加入中国共产党，参加中国革命，以此支援朝鲜革命。共产国际的指示尽管遇到了朝鲜共产党满洲总局（火曜派）负责人金灿等少数人的反对，但与会的大部分各派朝鲜共产党干部都表示同意接受。

---

① 朝鲜共产党满洲总局的报告——满洲朝鲜人一般情形及对中共中央提议的见解（一九三〇年一月三十日）// 中央档案馆，辽宁省档案馆，吉林省档案馆，黑龙江省档案馆．东北地区革命历史文件汇集（甲4）（一九二九年十一月—一九三〇年四月）．1988，5：379~399.

② 中共满洲省委给中央的报告——奉天、抚顺、辽阳、哈尔滨等地党的工作情况（1929年9月19日）// 中央档案馆，辽宁省档案馆，吉林省档案馆，黑龙江省档案馆．东北地区革命历史文件汇集（甲3）（一九二九年三月—一九二九年十月）．1988，12：308-310.

③ 秋宪树．韩国独立运动（第2卷）．延世大学出版部，1971：57-58.

根据这次会议精神，1930年3月20日，朝鲜共产党ML派首先发表“朝鲜共产党满洲总局解体宣言”[①]，号召所属党员和革命群众，抛弃“朝鲜革命延长论”，解体各派组织，以个人资格加入中国共产党，在中国共产党的领导下进行民族解放斗争，从而支援朝鲜革命。同年6月火曜派也发表宣言解散自派朝鲜共产党满洲总局，汉城-上海派也解散了朝共再建准备委员会。从此朝鲜共产党满洲总局正式解体，各派所属党员和革命群众以个人资格加入中国共产党，参加中国革命。

朝鲜共产党满洲总局的解体有深刻的经验教训。首先，朝鲜共产党满洲总局基于“朝鲜革命延长论”和“朝鲜革命优先论”，领导东北地区朝鲜民族人民进行反帝斗争，取得了瞩目的成果，但是始终没有解决朝鲜民族农民急需的土地问题，更不敢提出反封建斗争路线和口号。广大朝鲜民族农民对朝鲜共产党满洲总局的做法越来越失去信心，盼望直接加入中国革命，取得中国革命的胜利，以此取得民族解放并解决土地所有权问题。其次，朝鲜共产党满洲总局各派进行争权夺利的无原则派争。由于中国东北地区也是日本帝国主义长期渗透的地方，日本帝国主义利用在各地设立的领事馆和警察署，镇压朝鲜民族革命活动。当时朝鲜共产党满洲总局还处于地下组织形态，不能公开进行活动。朝鲜共产党人只能按照秘密结社的方式，以地缘、血缘、人缘、学缘关系建立党组织。另外朝鲜共产党满洲总局党员结构来看，知识分子占绝大多数，工农阶级很少，领导层也都是小资产阶级知识分子。朝鲜共产党人中20—30岁的年轻人占70%以上，他们的阶级觉悟和政治水平不太高，爱出风头、搞小团体的弊病就反映在朝鲜共产党内。这就决定朝鲜共产党满洲总局成立一开始就很难避免派性问题。但是派争问题，并不是朝鲜共产党人固有的本性。由于朝鲜共产党的一切活动经费来自共产国际，所以共产国际的指令就决定朝鲜共产党的一切方针政策乃至所有细节活动。换句话说，20世纪20—30年代，共产国际左右了朝鲜、中国的革命运动发展，朝鲜共产党人根本不能掌握自己的命运。朝鲜共产党满洲总局执行共产国际“左”倾路线，不切实际地进行大规模示威游行，严重地暴露了革命组织，数以千计的朝鲜共产主义者被日本帝国主义逮捕、判刑。随着朝鲜共产党满洲总局的解体，东北地区朝鲜共产党人和革命群众纷纷加入中国共产党，参加中国共产党领导下的反帝反封建斗争。

---

① 朝鲜共产党满洲总局解体宣言（1930年3月20日）//中共延边州委党史工作委员会，党史研究所．关于朝鲜共产党简况及在满朝共党员加入中国共产党的情况专题报告．1989.3：24-26.

三、东北地区朝鲜共产主义者加入中国共产党及其影响

（一）中共中央、中共满洲省委吸收朝鲜共产主义者的方针政策

1921年7月，中国共产党成立后，开始重视东北地区的建党工作。1924年1月20日，李震瀛在《向导》上发表文章，首次提出东三省的朝鲜民族与中国工农一样都是被压迫的民族，“东三省民众的现象，奉天人和日本人是东三省的统治者，吉黑人，朝鲜人，俄人，工人，农人，商人，妇女，兵匪都是被压迫者”[①]。虽然文章中分析阶级关系很不成熟、很模糊，但毕竟把朝鲜民族当作了中国的少数民族来对待，这是值得肯定的。

1928年2月29日，“东边道工作决议案”中，中共满洲省临委[②]一针见血地指出日帝和封建军阀是政治、经济上压迫和剥削东边道和吉林省东南部100余万朝鲜民族农民的罪魁祸首，充分肯定了朝鲜民族农民的革命性，认为：“无论是民族主义团体还是朝鲜共产党满洲总局，都有广泛的群众组织，他们都采取武装斗争形式反抗日本帝国主义，他们是中国土地革命的一支有力量的农军。”所以有必要加强“同朝鲜共产党满洲总局的接触”[③]。

1929年7月，中共满洲省委秘书长廖如愿在《关于省委工作情况给中央的报告》中，第一次详细地分析了朝鲜共产党满洲总局各派的问题，指出：“朝鲜共产党满洲总局是特别复杂的，他们既没有路线又没有纲领，总是进行封建式的无原则的派别斗争。各派组织现有1200余人党员，其中ML派400余人想要加入中国共产党。”[④]但“报告”中也透露了中共满洲省委对朝鲜共产党人加入中

① 东三省实情的分析（上）（1924年1月20日）//中央档案馆，辽宁省档案馆，吉林省档案馆，黑龙江省档案馆. 东北地区革命历史文件汇集（甲1）（一九二三年一九二八年三月）. 1988，1：20.

② 1927年10月末，陈为人在哈尔滨召开了东北地区第一次党员代表大会，传达了八七会议精神，通过了《我们在满洲的政纲》《满洲工人运动决议案》《满洲农民运动决议案》。大会成立了以陈为人为书记的第一届中共满洲省临时委员会，临委在《我们在满洲的政纲》里，宣告“中韩日俄人民同等待遇”。

③ 东边道工作决议案（1928年2月29日）//东北地区革命历史文件汇集（甲1）：353，357-358，360.

④ 中共满洲省委廖如愿关于省委工作情况给中央的报告（1929年7月）//东北地区革命历史文件汇集（甲3）：236.

国共产党问题上的意见分歧。当时，以中共满洲省委书记刘少奇为首的一部分人主张省委内成立民族运动委员会，专门负责朝鲜共产党组织的名册和文件移交工作，再由省委派人巡视登记，解散朝鲜共产党原有组织，成立中国共产党党部，这是一种团体加入的方法。而以廖如愿为首的一部分人则主张暂时保留朝鲜共产党组织，制定工作路线，领导他们进行斗争，看斗争表现个别介绍入党。

1929年8月20日，中共满洲省委工作计划中，还强调“农民运动方面，特别要注意韩国党建立关系”[①]的必要性。朝鲜共产党满洲总局是扎根于朝鲜民族农村进行反帝斗争，所以农民运动方面很有经验。但恰恰相反，中共满洲省委把主要精力放在城市运动，广大农村工作几乎等于零。“中国共产党在满洲，在农村里过去是没有基础的。在农村扎下根是从改造朝鲜共产主义分子开始的。”[②]因此，为了减少农民运动上的缺陷，急需朝鲜共产党满洲总局的支持和帮助。

由于中共满洲省委在东北的革命力量相当薄弱，所以需要朝鲜民族革命运动来唤醒东北各族人民的反帝运动。1930年2月，中共满洲省委在制定党的策略总路线时，把希望寄托在朝鲜民族革命运动上，“我们又看见了朝鲜革命斗争如是英勇，所以群众对于反帝都积极起来。我们可站在被压迫民族的同情地位上，需要热烈地援助朝鲜革命运动，当然扩大援助朝鲜的独立运动，也就是提高了满洲民众反帝的情绪”[③]。

1930年6月29日，中共中央发表了《中共中央给满洲省委指示信——关于满洲韩国农民斗争问题与满洲韩国同志加入中共组织上的问题》，严厉地批评了朝鲜共产党满洲总局各派的派争问题，把派争定性为极端右倾路线，要求“必须坚决地纠正朝鲜共产党满洲总局极端右倾的路线，才能发展东北朝鲜民族农民斗争”。指出朝鲜民族的民族解放和中国的民族解放是不可分离的，所以“朝鲜民族工农群众必须参加中国土地革命和反帝斗争”。指示信对东北朝鲜民族农民有良好群众基础的组织而感到高兴，但同时指出“它有名目繁多，成分复

---

① 中共满洲省委工作计划（8月半至9月底）（1929年8月20日）//东北地区革命历史文件汇集（甲3）：259.

② 廖如愿谈朝共党员加入中共问题（1961年12月20日）. 中共延边州委党史工作委员会、党史研究所. 关于朝鲜共产党简况及在满朝共党员加入中国共产党的情况专题报告. 1989（3）：28.

③ 中共满洲省委通告第九号——满洲革命形势的发展及党的任务（1930年2月5日）//东北地区革命历史文件汇集（甲4）：147.

杂，组织不统一的缺点”，并要求坚决地组织雇农、贫农，反对富农，把分散的、名目繁多的组织统一起来。在谈到派争问题上，指示信认为：“朝鲜共产党各派的派争有较长时期的历史，情况很复杂，各派之间是没有是非的。所以在解决他们之间的问题时，必须时刻保持审慎态度，不仅听他们的话，而且主要看他们在实际斗争中的表现如何。”①

紧接着中共满洲省委也对朝鲜共产主义者加入中国共产党问题发表公开信，号召朝鲜共产主义者“必须彻底肃清派争观念，加入中国共产党，参加中国革命”。公开信认为：“这种无原则的派别的争斗，是韩国共产主义运动的敌人，是满洲革命工作的障碍。”公开信号召全体朝鲜共产主义者“将这些无原则的、非政治的争斗转到政治的争斗，这种争斗是必须的，而且是有意义的。只有在这样的争斗，才可以提高党的群众政治水平线，加强阶级意识，保障革命的正确路线”②。

总之，中共中央和中共满洲省委对朝鲜共产主义者加入中国共产党问题上，既充分肯定了东北地区朝鲜共产主义者在农民运动方面所取得的瞩目成就，又对派争问题采取了严厉的批判。由于中共满洲省委把工作重点放在城市工人运动上，广大农村工作几乎等于空白。1927年八七会议后中共中央制定“建立红军、进行土地革命和反帝反封建斗争”的新路线。这样为了打开农民运动上的缺陷，急需朝鲜共产党满洲总局的支持和帮助。中共满洲省委充分肯定朝共在农民运动中的良好表现，对朝鲜民族农民“先援助中国革命成功，后作朝鲜革命运动”表示欢迎，认为“朝鲜民族农民是中共反日的盟友，是满洲革命农民的一部分”。朝鲜民族农民和中国农民一样，“一律享有土地所有权和居住权”。号召朝鲜民族农民“在中国共产党的领导下，共同进行反日运动和土地革命，夺取政权，没收日本帝国主义和地主的一切土地”。其次派争问题上，中共中央号召朝鲜共产主义者“必须彻底肃清派争观念，加入中国共产党，参加中国革命”。中共满洲省委认为“这种无原则的派别的争斗，是韩国共产主义运动的敌人，也是满洲革命工作的障碍”。朝鲜共产主义者只能按照中国共产党党纲，不分派别，一个一个地加入各地的中国共产党地方党部。

① 中共中央给满洲省委的指示信——关于满洲韩国农民斗争问题与满洲韩国同志加入中共组织上的问题（1930年6月29日）//中共延边州委党史研究室．东满地区革命历史文献汇编（下册）．1999：919-924.

② 中共满洲省委、团满洲省委致在满韩国共产主义者的公开信——消灭无原则的派别斗争（1930年7月1日）// 东北地区革命历史文件汇集（甲5）：58-62.

（二）朝鲜共产主义者加入中国共产党的历史意义

首先，东北地区中共党员数量急剧增加，地方党组织迅速扩大。据统计1928年10月止，东北地区的中共党员只有230余人[①]，但“红五月斗争”以后数以千计的朝鲜共产主义者加入中国共产党，使东北地区中共党员数量和地方党组织的规模发生根本变化。朝鲜共产主义者加入中国共产党后，认清朝鲜民族的民族解放和中国人民的民族解放是分不开的，“朝鲜民族农民只有跟着中国共产党，推翻地主军阀阶级的政权，才能得到土地革命的彻底胜利”[②]。其次，为中共满洲省委开辟农村工作，进行土地革命打开了新的局面。朝鲜共产主义者加入中国共产党是他们的“双重使命”下采取的正确的方法，即先参加中国土地革命，取得中国革命胜利后，再争取朝鲜革命的胜利和民族解放。中共满洲省委也初步认同朝鲜民族共产主义者的这种“双重使命”，更加明确地指出：“中国革命与朝鲜革命是分不开的，东北革命的爆发首先推动朝鲜的革命。”[③]这样，共产国际一国一党原则下，中国共产党和朝鲜共产主义者采取共识，认为朝鲜共产主义者只有在中国共产党的领导下，才能实现历史赋予他们的“双重使命”。朝鲜共产主义者为了实现“双重使命”，积极加入中国共产党，在中国共产党的领导下投入抗日游击战争做出了极大的贡献。

四、结语

朝鲜共产党满洲总局成立后，虽然领导朝鲜民族人民进行声势浩大的反帝斗争，但朝鲜共产党满洲总局各派为了掌握领导权进行无原则的派争，严重地削弱了朝鲜民族革命力量，极大地损害了朝鲜民族反帝运动的进一步发展。面对严峻的形势，朝鲜共产党满洲总局终于选择了加入中国共产党，参加中国土地革命，取得民族解放的道路。中共满洲省委根据中共中央的指示精神，把工作重点从城市转向农村，进行土地革命。但由于中共满洲省委长时期把主要精力放在城市工人运动，在农村的力量相当薄弱。共产国际“十二月提纲”发表以后，中国共产党吸收朝鲜共产党人加入中国共产党。由于东北地区朝鲜共产

---

① 党务报告（1928年10月）// 东北地区革命历史文件汇集（甲2）：202.

② 农民运动决议案（1928年10月）//东北地区革命历史文件汇集（甲2）：207-211.

③ 中共满洲省委农民运动工作大纲（1930年7月4日）// 东北地区革命历史文件汇集（甲5）：97.

主义者加入中国共产党，东北地区中共党员数量迅速增加，各级地方党组织迅速扩大。朝鲜共产主义者为了实现“双重使命”，积极投入中共满洲省委领导下的反帝反封建斗争。

参考文献：

［1］金俊烨，金昌顺．韩国共产主义运动史(资料篇Ⅱ)．高丽大学校亚细亚问题研究所，1979.

［2］梶村秀树，姜德相．现代史资料29. 铃木书房，1972.

［3］崔正植．朝鲜共产党满洲总局组织过程研究．高丽大学校大学院史学科(硕士学位论文)，2002.

［4］罗伯托·A. 斯卡尔拉皮罗，李廷植．韩国共产主义运动史1. 石头枕，1986.

［5］金正明．朝鲜独立运动(第5卷)．原书房，1967.

［6］金日成．与世纪同行．朝鲜劳动党出版社，1992.

［7］政协延边朝鲜族自治州文史资料研究委员会．延边文史资料（4）（内部发行）．1985.

［8］中央档案馆，辽宁省档案馆，吉林省档案馆，黑龙江省档案馆．东北地区革命历史文件汇集（甲1-甲5），1988.

［9］秋宪树．韩国独立运动（第2卷）．延世大学出版部，1971.

［10］中共延边州委党史研究室．东满地区革命历史文献汇编（下册）．1999.

论20世纪20年代末朝鲜共产党党员加入中国共产党的过程及影响

李兴旺*

摘　要：1928年12月，鉴于朝鲜共产党内部严重的无原则、非政治的派别斗争以及自身力量损失严重的实际，共产国际发出了取消对朝鲜共产党国际支部资格的承认并令其再建的指示。于是，朝鲜共产党满洲总局各派和中国共产党彼此开始进行积极主动的接触，围绕着以何种形式加入中国共产党、加入中国共产党后采取何种组织形式等问题进行了广泛商讨。最终，朝鲜共产党满洲总局各派陆续发表解散宣言，按照共产国际的"一国一党"原则加入了中国共产党，这极大地促进了东北地区中国共产党组织的扩大，进一步密切了中国革命和朝鲜革命的关系。但是，这也使得原东北朝鲜共产主义者之间的派别斗争转移到中国共产党内，并在较长一段时期内都是东北地区中国共产党组织内非常严重的一个问题。

关键词：中国东北；朝鲜共产主义者；中国共产党

一、朝鲜共产党满洲总局的成立及解体

1926年，鉴于"满洲方面没有中国党部的建立，将来的建立也还是遥远。而韩侨之共产主义者，比该处华人多且很进步，而又韩侨的贫农阶级很有斗争的质与量"①，共产国际批准成立了朝鲜共产党满洲总局。朝鲜共产党满洲总局是以火曜派为主，联合ML派、上海派、汉城派组成的，任务是组织农民群众、领导青年运动、联合各民族革命团体，下设东满区域局、南满区域局、北满区

*作者简介：李兴旺，男，在读博士，延边朝鲜族自治州党史研究室，研究员，研究方向为东北抗联史、东北革命烈士人物史研究。

① 玉真给中央的报告（1929.7.20）//金春善．中国朝鲜族史料全集（抗日斗争史 第6卷）．延边人民出版社，2011：718.

域局[①]。1926年12月，朝鲜共产党满洲总局的党员有157人[②]。到了1927年，登记在册的党员达357人[③]。

1927年10月，针对日本在朝鲜汉城进行的对朝鲜共产党的审判，朝鲜共产党满洲总局在东满区域局召开大会，商讨发表要求公开审判的檄文和组织示威运动等有关事宜。"间岛"日本领事馆警察署侦知后，大肆逮捕100多人，此即"第一次'间岛'共产党事件"，其中，崔元泽（朝鲜共产党满洲总局代理书记、组织部长）、金知宗（朝鲜共产党满洲总局宣传部长）、安基成（朝鲜共产党满洲总局东满区域局书记）、金正焕（朝鲜共产党满洲总局南满区域局干部）等28人分别被判处1至6年不等的有期徒刑[④]。"第一次'间岛'共产党事件"后，朝鲜共产党满洲总局解体，火曜派、ML派、上海派、汉城派分别成立满洲总局，其中仍以火曜派满洲总局最有实力。1928年9月，高丽共产青年会东满道干部指令其辖属的东满朝鲜青年总同盟召开纪念国际青年日的集会，"间岛"日本领事馆警察署侦知后，逮捕了高丽共产青年会东满道干部和共产党员72人，其中，姜晚熙（高丽共产青年会满洲总局东满道宣传部长兼朝鲜共产党满洲总局东满道书记）、李正万（高丽共产青年会满洲总局东满道书记兼朝鲜共产党满洲总局东满道委员）等48人分别被判处2至5年不等的有期徒刑[⑤]。与此同时，自1925年至1926年朝鲜共产党百余人被捕入狱后，有反动分子在党内另行组织所谓LL党，致使朝鲜共产党的重要人物相继被捕或逃亡，朝鲜共产党组织遭到严重破坏，朝鲜共产党满洲总局因此成了没有系属的机关[⑥]。1928年12月，共产国际发出了取消对朝鲜共产党的承认及令其再建的指示。于是，派别林立的朝鲜共产党满洲总局不能不决定将来的出路问题。

---

① 另据有关史料记载，朝鲜共产党满洲总局下设东满区委、南满区委、北满区委、黑龙区委。江宇关于住满韩侨之情势报告（1929.7.25）// 中国朝鲜族史料全集（抗日斗争史 第6卷）：702.

② 玉真给中央的报告（1929.7.20）// 中国朝鲜族史料全集（抗日斗争史 第6卷）：698.

③ 江宇关于住满韩侨之情势报告（1929.7.25）中国朝鲜族史料全集（抗日斗争史 第6卷）：702.

④ "间岛"共产党第一次搜捕事件判决书（节录）// 金春善．中国朝鲜族史料全集（抗日斗争史 第17卷）．延边人民出版社，2015：32.

⑤ "间岛"共产党第二次搜捕事件中被捕者名单，"间岛"共产党第二次搜捕事件判决书（节录）35–36.

⑥ 玉真给中央的报告（1929.7.20）// 中国朝鲜族史料全集（抗日斗争史 第6卷）：698.

二、中国共产党对东北朝鲜共产主义者的重视和初步接触

1927年10月24日，中共中央在奉天（今沈阳）组建了中共满洲省临时委员会（翌年9月改为中共满洲省委员会，以下简称“中共满洲省委”）。然而，中共满洲省委的力量是非常薄弱的。1927年12月，中共满洲省委领导下的党员有173人，这些党员分散在北满、南满各地，没有工作经验，对党的认识模糊，甚至有的分不清共产党与国民党，谈不上有组织力量[①]。1928年9月，中共满洲省委领导下的党员有230人，分布在25个地方，“发展方面一年来毫无成绩”[②]。截至同年11月初，增至270人，省委组织不健全，被视作“党的基础、群众的核心”[③]的支部多未建立，且已建立的支部毫无作用[④]。1929年4月，中共满洲省委领导下的党员有254人，从省委至各级党部乃至支部皆不健全，党员政治水平太低[⑤]。对此，中共满洲省委不止一次地指出自身主观力量的薄弱和所肩负责任的艰巨之间的强烈反差，甚至直言不讳地说，“若以后主观的力量不能适应客观形势而发展，党仍然没有出路”[⑥]。中共中央特派员谢觉哉在考察东北地区中国共产党组织后也明确指出：“我们党的影响非常小，可说等于零。”[⑦]

另一方面，中共满洲省委意识到了东北朝鲜人的革命性及与之联合的重要性和必要性。例如，中共满洲省委书记陈为人在给中共中央的报告中指出：“在农运一方面有朝鲜数百万的农民，且有秘密组织与3000多人的武装，他们从前的口号是先帮助中国革命，也有与我们联合的必要。”[⑧]同时坚定地认为，东北将来的革命暴动和革命战争的对象主要是日本，参加革命暴动和革命战争的必

① 陈为人关于中共满洲省临委工作情况给中央的报告（1927.12.22）// 中国朝鲜族史料全集（抗日斗争史 第6卷）：14.

② 党务报告（1928.10）中国朝鲜族史料全集（抗日斗争史 第6卷）：27.

③ 中央通告第三十七号（1929.5.15）//中共中央文献研究室，中央档案馆．建党以来重要文献选编（1921-1949）（第6册）．中央文献出版社，2011：200.

④ 中共满洲省委组织状况一览表（1928.10-11.9），中共满洲省委关于组织工作给中央的报告（1928年12月）//东北地区革命历史文件汇集（甲2）：389-394，311-327.

⑤ 满洲组织状况统计表（1929.4）//中国朝鲜族史料全集（抗日斗争史 第6卷）：793.

⑥ 中共满洲省委关于组织工作给中央的报告（1928.12）//中央档案馆，辽宁省档案馆，吉林省档案馆，黑龙江省档案馆．东北地区革命历史文件汇集（甲2）：326.

⑦ 谢觉哉给祥生的信（1929.4.13）//中国朝鲜族史料全集（抗日斗争史 第6卷）：30.

⑧ 陈为人关于中共满洲省临委工作情况给中央的报告（1927.12.22）// 中国朝鲜族史料全集（抗日斗争史 第6卷）：12.

然包括朝鲜农民，因为他们除了情愿遭受更残酷的剥削或积极反抗步入革命行列这两条道路外绝无第三条道路可走。然而，就当时中共满洲省委的组织力量而言，领导中国工农尚且困难重重，更勿论语言、风俗迥异的朝鲜农民。在这种情况下，与同朝鲜农民关系密切的东北朝鲜共产党建立联系不失为一种好的选择。例如，针对朝鲜人占当地人口绝对多数的延边地区的反日运动，中共满洲省委曾就该地的中国共产党组织在工作上特别是农村工作方面是否与当地的朝鲜共产党组织发生密切联系以及如何发生一事请示中共中央[①]。再如，1928年2月29日制订的《东边道工作决议案》明确指出："对朝鲜农民工作的具体办法，应当由省委与朝鲜C·P的满洲局接洽。"[②]1928年末至1929年初，中共中央陆续派遣若干名朝鲜人来东北、中共满洲省委先后派遣若干名朝鲜人赴东北的延边等地开展工作[③]，这说明中国共产党从中央到地方已经十分重视东北的朝鲜人工作。1929年6月，中共六届二中全会在关于少数民族问题上做出结论，要求各地党部应特别注意调查他们的生活状况及风俗习惯，以供给党关于少数民族策略决定的材料，其中的对象之一便是东北的朝鲜人。同年7月20日，中共江苏省法南区韩国特别支部书记玉真完成了向中共中央递交的关于东北朝鲜人情况的报告，同月25日，原中共江苏省法南区韩国特别支部书记江宇也完成了关于东北朝鲜人情势的报告，二人皆认为，无论朝鲜共产党的重建情况如何，原东北朝鲜共产党都应该按照共产国际的"一国一党"原则加入中国共产党[④]。

1929年8月，中共满洲省委制订了截至同年9月底的工作计划，其中指出应与朝鲜共产党建立紧密的联系[⑤]。同年9月15日，中共哈尔滨市委代表洛书和朝鲜共产党满洲总局"代表"张时雨（时任火曜派朝鲜共产党满洲总局宣传部主任）在阿城朝鲜人学校开会。会上，张时雨指出，位于北满海沟的火曜派总局于本年6月召开执行委员会议，决定改变过去以争取朝鲜革命的胜利和朝鲜民族的独立为目标的路线，主张东北朝鲜共产党应尽力参加中国共产党，努力参加

---

① 满洲来信（1928.1.7）// 中国朝鲜族史料全集（抗日斗争史 第6卷）：19.

② 东边道工作决议案（1928.2.29）// 中国朝鲜族史料全集（抗日斗争史 第6卷）：525.

③ 中共满洲省委关于组织工作给中央的报告（1928.12）// 东北地区革命历史文件汇集（甲2）：312；谢觉哉给祥生的信（1929.4.13）// 中国朝鲜族史料全集（抗日斗争史 第6卷）：29.

④ 玉真给中央的报告（1929.7.20），江宇关于住满韩侨之情势报告（1929.7.25）// 中国朝鲜族史料全集（抗日斗争史 第6卷）：696-698，699-704.

⑤ 中共满洲省委工作计划（八月半至九月底）（1929.8.20）// 东北地区革命历史文件汇集（甲3）：259，262.

中国革命，以解决自己的土地问题，间接解决民族独立问题。但是，由于和共产国际没有取得直接的联系，因此并未付诸实施。同时，张时雨充分肯定了中共六大通过的有关决议，表明了愿意积极协助中国共产党开展农运、工运、兵运等工作的坚定态度和立场，并建议中国共产党召集在东北的日本共产党、朝鲜共产党参加的联席会议，讨论东北的根本问题。对于此次会谈，洛书的感受是：虽然朝鲜共产党的处境极其艰难，但其组织非常严密、工作非常积极、政治路线总的方面没有什么错误，而且，对中国共产党的态度很诚恳，是中国共产党在东北地区的一支有力的友军，彼此应该更加密切联系，实现合作共赢①。

中共满洲省委接到中共哈尔滨市委关于洛书和张时雨会谈情况的报告后，就当前与东北朝鲜共产党的关系暂时做出如下规定："（1）双方各派负责代表一人定期会见。（2）出版物及政治通告可交换。（3）在政治路线上需韩国同志执行中国党的路线，如在政治上有不同的意见，即以友党的方式发生关系。（4）在技术方面各就其可能互相帮助（如印刷等）。（5）中国党派同志（韩国人）到韩国群众中活动，韩国党须从各方帮助，中国党并提议派一负责的韩国同志参加韩国党的组织及工作，对中国党负责。（6）韩国整个组织加入中国党问题，需经过中央及国际的允许。"②由此可知，中共满洲省委决定的与东北朝鲜共产党的关系是暂时的友党关系，而关于东北朝鲜共产党加入中国共产党的问题，则请求中共中央派遣在政治上比较好且诚实可靠的朝鲜同志来负责③。不久，中共满洲省委致信中共中央，再次请求中共中央派遣得力的朝鲜同志负责东北朝鲜共产党加入中国共产党的问题④。

三、原中国东北朝鲜共产主义者加入中国共产党的复杂过程

这一时期，朝鲜共产党ML派满洲总局接到了中共中央的有关提议，即在最

① 中共满洲省委给中央的报告（1929.9.19），中共满洲省委转录哈尔滨市委的报告（1929.9.24）// 中国朝鲜族史料全集（抗日斗争史 第6卷）：711–712，712–715；刘贵田，郭化光，王恩宝．中共满洲省委史研究．沈阳出版社，2001：193.

② 中共满洲省委给中央的报告（1929.9.19）// 中国朝鲜族史料全集（抗日斗争史 第6卷）：711–712.

③ 中共满洲省委给中央的报告（1929.9.19）// 中国朝鲜族史料全集（抗日斗争史 第6卷）：712.

④ 中共满洲省委给中央的报告（1929.9.29）// 中国朝鲜族史料全集（抗日斗争史 第6卷）：715.

短的时间内将朝鲜共产党的组织改组为中国共产党指导下的组织。于是，朝鲜共产党ML派满洲总局于1929年9月20日召开第十次扩大委员会议。会议通过了中共中央关于在最短时期内将东北朝鲜共产党的组织改组为中国共产党指导下的组织的提议，同时提出了在具体实施过程中的几点意见：（1）东北朝鲜共产党现有的农民同盟、青年同盟等外围团体暂时不必解散，原因是要与中国农民及青年群众共同开展大规模的斗争，包括积极宣传“东北革命运动是中国革命运动的一部分”“土地问题在中国工农革命成功之前是不能得到根本解决的”等内容；（2）除在中国工场、矿山、学校的东北朝鲜同志，以及懂得中国语并能做中国方面工作的朝鲜同志以外，其他的原朝鲜共产党组织可暂时不按照中共中央的提议与中国同志混合编入中国共产党的各级组织；（3）东满四县的朝鲜共产党组织归朝鲜党部直接指导，同时须与南满、北满地区革命运动建立和保持特别的联络；（4）鉴于东北地区中、朝、俄、日四国人民杂居的实际，为促进在各自民族中的阶级分化和保障各民族间的阶级团结，朝、俄、日三国的同志也应该被编入东北地区中国共产党的各级领导机构之中。会后，朝鲜共产党满洲总局派遣“△△同志”与中共中央详细讨论关于日后东北革命运动的有关事宜，同时立即着手开展东北朝鲜共产党人加入中国共产党的各项准备工作，例如要求翻译出版中国共产党八七会议及以后的各种重要决议案，以供各地党部及党员讨论研究；指令各地方党部急速编制地方同志的详细调查表，其中应特别查明会说中国话、会写中国文章，以及在中国产业机关及其他部门工作的同志的数目等等[①]。

由此可知，朝鲜共产党ML派满洲总局接受了中共中央的关于加入中国共产党的提议，但双方在东北朝鲜共产党采取何种方式加入中国共产党这个问题上存在分歧，即是以团体形式还是以个人身份。1929年11月16日，中共中央在给中共满洲省委的信中指出：“在组织上，他们满洲总部的组织应当取消，韩国同志个人经过一定的手续加入中国党，完全在中国党指挥之下工作。”[②]结合朝鲜共产党满洲总局（ML派）第十次扩大委员会议议决的有关事项可知，中共中央在东北朝鲜共产党以何种形式加入中国共产党这一问题上的立场和态度是坚决的，即东北朝鲜共产党以个人身份加入中国共产党。然而，以刘少奇为书记的

① 朝鲜共产党满洲总局的报告（1930.1.30）// 中国朝鲜族史料全集（抗日斗争史 第6卷）：727-728.

② 中共中央给满洲省委的信（1929.11.16）// 建党以来重要文献选编（1921-1949）（第6册）：638.

中共满洲省委在具体实践过程中却并未对此进行贯彻落实。当时，朝鲜共产党ML派满洲总局有430多人要求加入中共满洲省委的各级组织，对此，时任中共满洲省委书记刘少奇提议，由省委组织民族运动委员会，将他们组织的名册与文件完全移交过来，由省委派人巡视后登记加入，而后解散原有的组织，成立“××的党部”。这一提议最后获得了中共满洲省委的批准。对此，时任中共中央驻满洲特派员、中共满洲省委常委和秘书长的廖如愿是持有异议的，他认为这是团体的加入，其中一定有许多坏的分子包容在里面，建议暂时保留他们的团体，将其看成为一种单纯的群众组织，领导他们开展斗争，指示他们工作的路线，从实际斗争中的具体表现来个别介绍入党[①]。也就是说，对于东北地区朝鲜共产党以团体形式还是以个人身份加入中国共产党，中共满洲省委内部是存在分歧和争议的。

1930年3月末，朝鲜共产党ML派满洲总局已将所属430多人加入中国共产党的各项手续准备妥当，随时可移交至中共满洲省委，而中共满洲省委也组织少数民族运动委员会，管理朝鲜人工作[②]。然而，刘少奇这时被调回中共中央，继任的中共满洲省委书记李子芬认为以刘少奇为代表的中共满洲省委犯了右倾错误，其表现之一就是违背了中共中央在吸收东北朝鲜共产党问题上确定的“个别的登记，成分的刷洗”“党决不能有两个的组织”的立场和原则，采取了以团体形式吸纳东北朝鲜共产党并设立“××的党部”的错误做法[③]。由此可知，在李子芬看来，“××的党部”除了接受中共满洲省委的领导这一点外，实际上完整地保留了过去东北朝鲜共产党的组织系统。同时，李子芬也坚决反对廖如愿在吸收东北朝鲜共产党问题上暂时将其现有的组织看成是一个团体的建议，此外，要求新组建的中共满洲省委按照中共中央的有关指示，在中共满洲省委下面设立民族委员会，由两名朝鲜同志负责开展相关工作。

1930年3月20日，朝鲜共产党ML派满洲总局发表宣言，指出朝鲜共产党满洲总局是同中国共产党公然对立的组织，号召东北朝鲜共产党各派组织彻底解散，按照共产国际的“一国一党”原则，以个人资格加入中国共产党，团结在

---

① 中共满洲省委员会会议记录（1930.4.2），中共满洲省委廖如愿关于省委工作情况给中央的报告（1930.7）// 中国朝鲜族史料全集（抗日斗争史 第6卷）：33-46，742-744.

② 中共满洲省委给中央的满字第三十四号报告（1930.3.24）// 中国朝鲜族史料全集（抗日斗争史 第6卷）：730.

③ 中共满洲省委员会会议记录（1930.4.2）// 中国朝鲜族史料全集（抗日斗争史 第6卷）：43.

中国共产党的旗帜下，以实际斗争支援朝鲜革命[①]。同年4月，长期担任朝鲜共产党ML派满洲总局负责人的朴衡世（朴允瑞）加入了中国共产党[②]。然而，虽然确立了以个人资格加入中国共产党的原则，但对于加入中国共产党后的编组和管理问题，原朝鲜共产党ML派满洲总局持有自己的见解和主张。

1930年5月，在中共中央和中华全国总工会的发起下，全国各苏维埃区域的代表召开了全国苏维埃区域代表大会。会上，东北朝鲜农民代表李青就东北朝鲜人的组织问题向中共中央提出了三个要求：第一，成立直属于中共满洲省委的特别机关，其名称可定为"韩人总局"或"民委"，指导东北朝鲜人的革命工作。第二，机关的任务包括执行朝鲜人入党的问题、指导朝鲜人革命斗争的问题、对付朝鲜人反动团体的问题等。第三，机关的工作人员由原朝鲜共产党满洲总局的同志担任。对于李青提出这些要求的具体原因，可以肯定的有两点：一是因为朝鲜人的言语、习惯、风俗与其他民族迥异，二是认为中共满洲省委不了解东北朝鲜人的复杂情形[③]。对此，中共中央认为这些要求完全是不合理的，"第一，他们把在满非党的韩人组织问题和党的组织问题混而为一，事实是想保存在中国党内韩国同志独立特殊的组织，这是不合乎我们承认韩同志加入的原则的。第二，他们想把党团变成特别的党的机关。如果他们不是不懂得党的组织原则和党团与党的关系，那么他们就是某一派想把持着党团排挤另一派，继续他们小组织派别的斗争"[④]。同时强调指出，加入了中国共产党的朝鲜同志便是中共党员，按照组织系统编入各地支部，即使所有成员都是朝鲜同志的支部也同样受各级地方党部指挥。不仅如此，中共中央还为此致信中共满洲省委，就东北朝鲜共产党加入中国共产党一事提出了四点要求：确定党团与省委的正确的关系；极严格地按照原则吸收朝鲜人入党，特别要注意行动上斗争中的表现；消灭朝鲜同志中的派别小组织斗争，特别是斗殴等形式，并防止加入中国共产党后他们继续开展小组织活动；不能积极斗争、不放弃小组织成见

---

① 朝鲜共产党满洲总局解散宣言，朝鲜共产党满洲总局的终结//中国朝鲜族史料全集（抗日斗争史 第17卷）：39-42.

② 中共东满特委通知第六号（1930.12.17）//金春善.中国朝鲜族史料全集（抗日斗争史 第7卷）.延边人民出版社，2011：31.

③ 李青给中共中央的报告（1930.6.22），中共中央给满洲省委指示信（1930.6.29）// 中国朝鲜族史料全集（抗日斗争史 第6卷）：577-578，733-736.

④ 中共中央给满洲省委指示信（1930.6.29）// 中国朝鲜族史料全集（抗日斗争史 第6卷）：736.

者绝不让其加入，已经加入者也必须开除[①]。这里需要指出的是，从中共中央强调的具体内容和对中共满洲省委提出的具体要求来看，这不仅是对李青向中共中央提出的三个要求的严厉批驳，而且也可以说是对朝鲜共产党ML派满洲总局第十次扩大委员会议议决事项的严正回应，由此还能基本断定，朝鲜共产党ML派满洲总局第十次扩大委员会议决定派赴中共中央详细讨论东北革命运动有关事宜并就朝鲜共产主义运动在东北的组织状况进行口头报告的“△△同志”即为李青。同年7月1日，中共满洲省委、团满洲省委联合发表了致东北朝鲜共产主义者的公开信，号召原东北朝鲜各派共产主义者站在共产国际的组织原则上加入所在地的共产党——中国共产党，但前提必须是不分派别地、一个一个地加入。

四、原东北朝鲜共产主义者加入中国共产党的影响

第一，极大地促进了东北地区中国共产党组织的扩大。据1930年3月30日粗略统计，中共满洲省委辖属的党员有206人[②]。同年8月增至909人[③]，同年10月末达3000人，其中90%以上是朝鲜人[④]。以东满地区为例，中共满洲省委曾一度放弃了该地的工作[⑤]，但自1930年3月20日朝鲜共产党ML派满洲总局发表解散宣言后，原ML派的朴衡世等干部加入中共延边特别支部委员会（以下简称“中共延边特支”），原ML派的80多人、火曜派的60多人也申请加入中共延边特支[⑥]，这成为时任中共延边特支书记王耿请示中共满洲省委亟须扩大中共延边特支的直接原因[⑦]，也是中共满洲省委决定在吉林组织东满特委以加强东满地区

① 中共中央给满洲省委指示信（1930.6.29）// 中国朝鲜族史料全集（抗日斗争史 第6卷）：735-736.

② 中共满洲省委组织状况表（1930.3.30）// 中国朝鲜族史料全集（抗日斗争史 第6卷）：798.

③ 中共满洲省地方党部调查表（1930.8）// 东北地区革命历史文件汇集（甲5）：296.

④ 江宇给中央的报告（1931.5.11）// 中国朝鲜族史料全集（抗日斗争史 第6卷）：606.

⑤ 中共满洲省委员会会议记录（1930年4月2日）// 中国朝鲜族史料全集（抗日斗争史 第6卷）：35.

⑥ 中共满洲省委巡视员廖如愿关于巡视东满吉敦路沿线各县的工作报告（1930.9.20）// 中国朝鲜族史料全集（抗日斗争史 第7卷）：15.

⑦ 中共延边特别支部给省委的报告（1930.5.8）// 中国朝鲜族史料全集（抗日斗争史 第6卷）：3.

工作的重要因素[①]。1930年“红五月斗争”之前，中共延边特支辖属党员15人（中国人9名，朝鲜人6名），截至同年7月17日，中共延边特支辖属党员7人，同年8月，中共延和中心县委成立时辖属党员233人、团员276人[②]。据中共满洲省委组织部有关文件记载，1930年8月，延吉、和龙、珲春、汪清的中共党员达460人[③]。截至1931年3月底，东满地区中共党员共有636人，其中朝鲜人占96.5%[④]。

第二，进一步密切了中国革命和朝鲜革命的关系。自1927年起，东北朝鲜共产主义者对过去坚持的以“朝鲜的独立”为目标的“朝鲜延长论”举起严正的反对旗帜，并在实际斗争中提出了“参加中国革命”的口号[⑤]，但这也只是从“满洲是朝鲜共产党运动的特殊地区”的观点出发的，并未清楚地认识到自己是中国共产主义运动的一部分[⑥]。而中国共产党在1930年初开始吸纳原东北朝鲜共产主义者之前，虽然也意识到组建包括东北朝鲜人在内的联合战线是中国革命的趋势[⑦]，并为此提出了给予东北朝鲜人和中国人同等的待遇、享有土地所有权等政纲，但由于中国共产党在东北地区组织力量的薄弱，所以尽管具备开展革命的客观条件，但却不能立即领导包括东北朝鲜人在内的各族群众做大规模的斗争，以至于中共满洲省委曾一度放弃了朝鲜人占当地绝大多数的东满地区的工作（当时，东北地区约有130万朝鲜人，其中近60万在东满地区［延吉、和龙、珲春、汪清］，占东满地区总人口的70%以上[⑧]）。自1930年初开始，原东北朝鲜共产主义者陆续加入中国共产党，“党的发展和群众的组织及斗争特别飞跃似的在韩国群众中发展起来了”，宁安的五一示威、东宁的七月暴动、吉敦的八

① 中共满洲省委给中央的满字第三十四号报告（1930.3.24）// 中国朝鲜族史料全集（抗日斗争史 第6卷）：730.

② 中共满洲省委巡视员廖如愿关于巡视东满吉敦路沿线各县的工作报告（1930.9.20）// 中国朝鲜族史料全集（抗日斗争史 第7卷）：15~16.

③ 中共满洲省地方党部调查表（1930.8）// 东北地区革命历史文件汇集（甲5）：294.

④ 中共满洲省委给中央的报告（1931.4.24）// 中国朝鲜族史料全集（抗日斗争史 第6卷）：145.

⑤ 江宇给中央的报告（1931.5.11）// 中国朝鲜族史料全集（抗日斗争史 第6卷）：604.

⑥ 朝鲜共产党满洲总局解散宣言（1936.3.20）// 中国朝鲜族史料全集（抗日斗争史 第17卷）：39-40.

⑦ 东三省实情的分析（下）（1924.2.20）// 中国朝鲜族史料全集（抗日斗争史 第6卷）：4.

⑧ 朝鲜共产党满洲总局的报告（1930.1.30）// 中国朝鲜族史料全集（抗日斗争史 第6卷）：721.

一暴动、通化的九月暴动等，都是由中国共产党或原东北朝鲜共产党火曜派领导朝鲜人开展的[①]。特别是在一度放弃了的东满地区决定组建中共东满特委，并在中共延边特支的领导下开展了轰轰烈烈的“红五月斗争”，极大地推动了当地朝鲜人的革命斗争，扩大了中国共产党的政治影响。可以说，东北的130多万朝鲜人已经正式参加了中国革命，由此，原东北朝鲜共产主义者不再仅仅专注于东北朝鲜农民群众的工作，而且扩大到东北其他各方面的工作。此外，在斗争中提出了开展土地革命和反对高利贷、抗租、抗税、抗债的口号，转变了过去在中国进行朝鲜革命运动不敢反对中国地主、军阀的革命路线，并收到了很大的成效[②]。与此同时，中共满洲省委在斗争中也进一步认识到，中国革命与朝鲜革命是密不可分的，东北革命的爆发首先便要掀起朝鲜革命，而东北朝鲜人便是掀起朝鲜革命的原动力，拥护和援助朝鲜革命便是保障中国革命的胜利，把拥护和援助朝鲜革命作为目前的主要任务之一[③]，其中，把东满地区的工作和推动、援助朝鲜革命的关系界定为“十分的密切与直接”[④]。

第三，原东北朝鲜共产主义者之间的派别争斗转移至中国共产党内。1910年日本吞并朝鲜后，由于朝鲜国内无产阶级基础异常薄弱，革命斗争无法充分发展，而流亡海外的知识分子、地主、富农等，不可避免地带着浓厚的封建观念和地域观念，此外，对民族独立解放运动的不彻底、不充分的认识和理解，加之受俄国十月革命和苏联社会主义建设的影响，在很大程度上造成了朝鲜共产党阶级基础薄弱、派别林立且无原则、非政治的争斗严重的局面，这也是1928年12月共产国际取消其支部资格的主要原因。原东北朝鲜共产主义者自1930年3月开始陆续加入中国共产党后，其派争残余也随之转移至中国共产党内。例如，陈公木在1930年5月巡视北满地区后指出，已加入中国共产党的原火曜派的成员仍旧保持与火曜派的组织关系，一方面，向火曜派组织报告中国共产党的所有策略和工作，另一方面，其在中国共产党内的活动也事先由火曜派组织决定和安排，与此同时，已加入中国共产党的原火曜派的成员利用在有

---

① 江宇给中央的报告（1931.5.11）// 中国朝鲜族史料全集（抗日斗争史 第6卷）：603.

② 中共延边特别支部给省委的报告（1930.5.8）// 中国朝鲜族史料全集（抗日斗争史 第7卷）：2.

③ 中共满洲省委给中央的报告（1930.8.8）// 中国朝鲜族史料全集（抗日斗争史 第6卷）：65.

④ 中共满洲总行委给东满特委的指示信（1930.9.25）//东北地区革命历史文件汇集（甲5）：227.（从信中的内容来看，“东满地区”辖延吉、珲春、和龙、汪清、敦化、安图、抚松、桦甸、额穆、长白共10个县。）

关会议上高呼打倒ML派、在火曜派机关报《喷火》上登载关于ML派的虚构事实等多种方式，极力打击、排斥ML派[①]；1930年8月，中国共产党在北满地区东宁、阿城、珠河、穆棱、宁安、通河、依兰7个县域内农村的党团员数由7月份的34人增加到187人，“但完全是朝鲜农民并且火曜派占大多数”[②]；1930年9月9日，中共满洲省委在给中共中央的报告中指出：“现在韩国共产主义者入党的，非派分子差不多占50%，剩下ML派的占25%，火曜派的占百分之25%，其他各派的占5%。东满、南满解决的差强人意，大致得到了一个初步的成功。在北满直到现在，仍在继续派争。”[③]再如，1930年9月20日，廖如愿在巡视东满地区后所作的工作报告中也指出：“各派争依然存在，根本特支也并没有根本消灭派争，肃清派争观念、吸收积极勇敢坚决与接受党的策略路线无派争观念的分子入党，对于各派只是一种拉拢合作的外交方式。”[④]此外，据1931年3月底统计，中共南满特委共辖属党员200人，其中朝鲜人占96.5%，这些朝鲜人党员中曾参加过派别斗争的占70%[⑤]。不难看出，虽然中国共产党一再强调原东北朝鲜共产主义者加入中国共产党前一定要自觉地脱离宗派关系、彻底肃清派别观念，并在具体实践中做出了积极的探索，例如中共延边特支曾与朴衡世商定，在将朴衡世整理的关于加入中国共产党的原朝鲜共产主义者的名单（80多人）提交到中共满洲省委批准之前，为尽早消灭其原先党的性质和作用，以及其内部无原则的斗争，从1930年5月1日起在中国共产党的指挥下进行一切工作[⑥]，但他们之间的派别斗争并没有因为加入中国共产党而得到彻底的解决，只能说在中国共产党的一度整理下取得了初步的胜利与成绩，对此，中共满洲省委的

① 威声、陈公木关于北满十四县调查整理的报告（1930.5.18）// 东北地区革命历史文件汇集（甲5）：309–310.

② 中共北满特行委八月份总报告〈省字第四号〉（1930.9.9）// 金春善. 中国朝鲜族史料全集（抗日斗争史 第8卷）. 延边人民出版社，2011：8.

③ 中共满洲省委组织部给中央的报告（1930.9.9）// 中国朝鲜族史料全集（抗日斗争史 第6卷）：65.

④ 中共满洲省委巡视员廖如愿关于巡视东满吉敦路沿线各县的工作报告（1930.9.20）// 中国朝鲜族史料全集（抗日斗争史 第7卷）：15.

⑤ 中共满洲省委给中央的报告（1931.4.24）// 中国朝鲜族史料全集（抗日斗争史 第6卷）：145–146.

⑥ 中共延边特别支部给省委的报告（1930.5.8），中共满洲省委巡视员廖如愿关于巡视东满吉敦路沿线各县的工作报告（1930.9.20）// 中国朝鲜族史料全集（抗日斗争史 第7卷）：2–4，10–20.（根据1930年9月中共满洲省委巡视员廖如愿的报告，中共满洲省委考虑到派争关系没有正式批准。）

认识是十分清楚的，先后在《中共满洲省委关于满洲政治形势与党的工作任务的报告》（1930.9）、《满洲目前的政治形势与党的任务及工作路线》（1930.11.16）、《中共满洲省委扩大会组织问题决议案》（1930.11.19）等多个文件中都进行了明确的说明。事实上，原东北朝鲜共产主义者之间派别斗争的产生有着深刻的社会根源，而且在长时期的发展中已经具有广泛的群众性[①]，而中国共产党对于朝鲜革命的历史和其派争的政治、经济等原因缺乏深刻的分析研究[②]，特别是中共满洲省委为了加强对东北地区朝鲜人工作的开展，为了执行中共中央的“在目前政治形势下加强政治领导，加强主观力量以反抗和冲破反动统治的压迫与进攻，以促进和准备武装暴动的直接革命形势之来到”这一“目前最迫切的任务”[③]以及以李立三为代表的中共中央提出的组织全国城市武装暴动夺取政权的任务，在吸纳原东北朝鲜共产主义者的摸索过程中犯了各种各样的错误。例如中共满洲省委组织的少数民族运动委员会曾一度为ML派所把持，中共满洲省委曾一度采用和平移交的办法来解决原东北朝鲜共产主义者的入党问题，中共满洲省委提出的号召东北朝鲜农民加入“在满农民同盟”的口号客观上助推了ML派与其他派别的争斗[④]。结果，原东北朝鲜共产主义者之间的派别斗争不可避免地转移至中国共产党内，而且在较长一段时期内都是东北地区中国共产党组织内非常严重的一个问题。

参考文献：

[1] 金春善. 中国朝鲜族史料全集（抗日斗争史 第6卷）. 延边人民出版社，2011.

[2] 金春善. 中国朝鲜族史料全集（抗日斗争史 第17卷）. 延边人民出版社，2015.

[3] 中共中央文献研究室，中央档案馆. 建党以来重要文献选编（1921–1949）（第6册）. 中央文献出版社，2011.

---

① 高举消灭韩国派争的旗帜（1930.9.23）// 中国朝鲜族史料全集（抗日斗争史 第6卷：751；中共北满特行委八月份总报告〈省字第四号〉（1930.9.9）.

② 威声、陈公木关于北满十四县调查整理的报告（1930.5.18）// 东北地区革命历史文件汇集（甲5）：311–312.

③ 中央通告第七十号（1930.2.26）// 中共中央文献研究室，中央档案馆. 建党以来重要文献选编（1921–1949）（第7册）. 中央文献出版社，2011（48）.

④ 中共满洲省委给中央的报告（1930.7.19）// 中国朝鲜族史料全集（抗日斗争史 第6卷）：739.

[4] 中央档案馆，辽宁省档案馆，吉林省档案馆，黑龙江省档案馆. 东北地区革命历史文件汇集（甲1-甲5）. 1988.

[5] 刘贵田，郭化光，王恩宝. 中共满洲省委史研究. 沈阳出版社，2001.

[6] 建党以来重要文献选编（1921-1949）

[7] 金春善. 中国朝鲜族史料全集（抗日斗争史 第7~8卷）. 延边人民出版社，2011.

东满地区抗日斗争特点探究

田震奎* 桂英豪*

摘 要：由于东满地区具有地理环境、人文社会因素、历史发展的特殊性，使得这一时期东满地区的抗日斗争呈现出与其他地区抗日斗争不同的特点，即抗日斗争的持久性、艰苦性，以朝鲜族为主的民族联合抗日、根据地创建中显现出的政权建设特点。因此，从这一特点探讨东满地区抗日斗争的特点，可以对我党领导下的东北抗日战争、全国全民抗战会有更深一层的认识和了解。

关键词：东满；朝鲜族；东北抗日联军第二军；东满抗日游击根据地

抗日战争时期，在东满党组织的领导下，东满地区①的汉族、朝鲜族联合开辟了以延吉北部和中部，汪清南部、中部和东部，安图县西部，珲春西北部和南部，和龙西北部与南部为中心的抗日游击根据地，开展了声势浩大的抗日斗争，给日寇以沉重的打击，也为日后取得抗日战争和解放战争的胜利打下了坚实的基础。由于东满地区具有其独特的地理环境和地域、人文特点，因此，东满地区的抗日斗争也呈现出了与国内其他地区抗日斗争不同的特点，归纳起来，东满地区的抗日斗争存在如下几个特点：

---

*作者简介：田震奎，男，朝鲜族，博士，延边大学政治与公共管理学院讲师，研究方向为中共党史。

*作者简介：桂英豪，男，朝鲜族，在读硕士，中国少数民族史专业2016级，研究方向为中国朝鲜族史。

① 所谓东满，大体上指的是九一八事变前吉林东部边疆地区，即旧吉林的延吉道和依兰道。伪满洲国成立后，日本帝国主义把这一地区作为反苏联前沿阵地而极力经营。日伪政权为了强化所谓“国境省”的控制，频繁变更这一地区的行政建置，且向东满地区大量移民，企图改变东满的居民成分，将东满地区变成日本的领土。（李澍田．东疆史略．吉林文史出版社，1990：185.）

一、抗日斗争旷日持久

中国的全面抗战始于1937年，至1945年8月15日日本投降，前后经历了8年时间，但东满地区的抗日斗争却始于1907年8月19日，日本在东满地区（延吉）设立“统监府间岛临时派出所”，时间长达38年。所以，东满是中国最早开始抗日斗争的地方。反观这38年旷日持久的东满抗日斗争，根据抗战组织领导者的变化，大致可以划分为四个阶段。第一阶段：清末爱国将领领导的抗争阶段，即1907年8月日军侵略东满地区到1911年辛亥革命；第二阶段：东满地区人民自发的爱国民主民族运动阶段，即辛亥革命至1920年青山里战斗结束；第三阶段：是马克思主义在延边广泛传播，中国共产党和原朝鲜共产党满洲总局在延边地区建立发展壮大，同时开展土地革命和反侵略抗日斗争的阶段，即1921年至1931年九一八事变；第四阶段：东满抗日斗争的高潮时期，即从九一八事变到1945年抗战胜利。在这14年中，中国共产党完成了从参与领导抗日救国军到独立领导抗战的身份转变。同时，东满地区的抗日武装力量的主力也经历了由抗日救国军到共产党的抗日游击队、东北人民革命军第二军直到东北抗联第二军的发展壮大过程。

二、以朝鲜族为主的各民族联合抗日斗争

我党建立东满抗日游击根据地时，依靠的群众基础是一批经过斗争洗礼的朝鲜族革命群众。由于东满地区的朝鲜族群众十分仇视日本帝国主义，所以就更容易团结起来并成为坚决的反日团体，在东满抗战中发挥至关重要的作用。譬如，在我党成立之前发生的“三一三”运动、凤梧洞战斗和青山里战斗都是由朝鲜族发起并完成的。1932年春，延吉、和龙、汪清、珲春、安图等地的朝鲜族人民，相继组织并建立了以朝鲜族民众为主体的抗日游击队。在中国共产党的领导下，1933年1月，以这些游击队为基础，创建了东满游击队。后又以此为基础，组建了抗联第二军。在抗联第二军中，朝鲜族战士占半数以上。①据1937年的抗联文献记载：“二军在数量上的发展，一般地来说，近一年来比较一军、五军是要差一些；原因是在敌人封锁非常严厉的地带活动，而又是高丽人占大多数，在少数民族运动没有得到开展的现阶段，高丽人员补充比较困难，

① 张宪文. 中国抗日战争史（1931—1945）. 南京：南京大学出版社，2001：167.

所以近年二军的民族成分比例逐渐变更。”[①]由此可见，东满地区抗战期间，在我党领导下，朝鲜族同胞积极参加，英勇奋战，光荣地担当了主力的角色。

在38年艰苦的抗战岁月中，尤其是中国共产党在东满地区建立其组织后，东满的朝鲜族也就成了东满地区抗日的主力，同时，汉族、满族也积极参与到抗日斗争中来，东满地区的各族儿女同仇敌忾，构筑起了团结御侮的坚固长城。东满地区的社会构成经历了由当地满族居民、关内汉族移民、朝鲜移民这3个语言、风俗、生产生活习惯乃至价值观念相差很大的三大族群，在先进政党和先进政治生活思想指导下，经过合作、交流、交融，发展成为中国朝鲜族与东满地区其他少数民族联合抗战的动态过程。所有上述变化的主题和主线都是争取中华民族独立自主的抗日斗争。因此，这个阶段是东满地区伟大的历史成长阶段。马克思主义政党一贯主张各民族一律平等，中国共产党在东满地区率先进行了马克思主义民族理论政策的探索与实践，正是在这一伟大实践的基础上完成了东满地区抗日战争和日后的解放战争及社会主义建设的伟大事业。

三、抗日斗争异常艰苦

在中华民族的对外抗争史上，抗日战争时期是少有的艰苦阶段，而东满地区的抗日斗争更具有悲壮的色彩。东满抗日斗争的艰苦程度直接表现在其伤亡数字上。38年的浴血抗战过程中，东满军民的抗战牺牲尤其巨大。据延边朝鲜族自治州民政局1982年的统计，抗日战争时期，延边地区的抗日烈士为2726名，留有家属的抗日烈士为1781名。其中，朝鲜族为1713名，占90%以上。[②]以上统计仅仅只是可查的、有名有姓、有烈士证书的，至于无名烈士到底有多少，只能说数字巨大，难以统计。暂且不论九一八事变前东满地区人民自发的抗日斗争牺牲的人数已无法统计，也不说九一八以后在抗日救国军等义勇军部队序列中的烈士人数无法统计，单单就是我党领导的正规化的东北抗联第二军的牺牲人数，由于战争环境极端残酷，也很难准确统计出来。1941年，抗联二军余部转移到苏联境内时，曾经做过一份二军阵亡指战员统计表，当时就面对

① 第二路军特派员给七军同志作关于联军概况的书面报告（节选）——抗联二军编制、兵器、活动区域与发展情况（1937年12月20日）// 中共延边州委党史研究室编. 东满地区革命历史文献汇编（下）. 2000：1510.

② 金东和. 中国朝鲜族独立运动史. 汉城：榉树出版社，1991：168.

无法准确统计的难题，致使很多同志成为无名烈士[①]。例如：东满游击队时期（1932—1933年末），共牺牲158名，不知姓名者72名，无名烈士占到46%。第二军独立师及第二军时期（自1933年末—1936），共牺牲106名，不知姓名者40余名，无名烈士占到38%。东北抗日联军第二军及第二、第三方面军时期（1936—1938.7），第四师有名烈士67名，不知姓名者50余名，无名烈士就占到75%。警卫旅牺牲181名，不知姓名者150余名，无名烈士就占到83%。第三方面军有名烈士51名，不知姓名者共百余名[②]。需要说明的是，延边地区的抗日部队并不是东满地区抗日部队的全部，且在1934年3月成立第二军独立师以前，分散在各个抗日游击区，独立师成立后也仍然是分散作战，相当一部分部队打光后，其详细情况很难由其他部队的同志们说清楚。尽管如此，1941年的这份统计表还是说明了东满地区抗日斗争的艰苦程度。之所以出现如此多的无名烈士，分析其原因至少有两个：一是出于斗争的需要，大量从事对敌斗争的人员使用的都是别名或绰号；二是由于牺牲巨大甚至是整建制牺牲，没有幸存者可以为后人指认或留下真实依据。

东满抗日斗争的艰苦性是由多种原因造成的：

一是地处高寒山区，虽有利于游击战争，但漫长的冬季直接造成了抗日战士的伤亡。漫长苦寒的冬季为抗日战士带来两个极大的挑战：一个是吃饭问题，另一个是取暖问题。特别是日军实行"集团部落"[③]的战略战术之后，缺乏后方根据地的抗联战士的吃饭、取暖问题就成为其直接的生命威胁。许多群众被赶出山区，关进日伪严密监视的"集团部落"，交通联络站被毁，一些地下联络员被杀，部队被迫集中到了山高林密的东南和西南山区，活动受到了很大的限制，小部队不敢动，大部队动不了，加之严密的经济封锁，部队的粮食供给十分困难，常常处于缺米断粮的境地。据东北抗联高级将领李兆麟回忆，1938年，抗日联军向小兴安岭以西转移时，很多抗联战士在雪中连滚带爬，有时靴

① 张正隆．雪冷血热（上）．武汉：长江文艺出版社，2011：235.

② 东北抗日联军第一路军一九三二年——九四一年阵亡指战员统计表（节选）（1941）// 中共延边州委党史研究室．东满地区革命历史文献汇编（下）．2000：827-845.

③ 所谓"集团部落"是日本帝国主义在伪满时期建立和推行的反动措施。1933年日伪为了切断东北人民和抗日武装的联系和防止东北人民的反抗，实行了此项措施。集团部落一般避开山区，设在平原，周围是土墙和石墙，设有炮楼，派军警密切监视，每个部落容纳35户左右，多者百余户。进入要接收检查，种地不准离开部落太远，致使大批耕地荒废，部落内房子破烂不堪。到了1933年底，全东北共建13451个集团部落。（刘宝，张新宇，李冬梅．让历史告诉未来．黑龙江人民出版社，1995：154.）

子陷入雪里，还要用手扒雪寻找。饥寒交迫的行军使战士们筋疲力尽，而且粮食补给出现匮乏，战士们吃树上的干蘑菇、野果子，可后来连这些都找不到，只能吃身上的皮带和脚上穿的革靴，有的同志因酷寒而神经错乱，认为河里的冰是热炕，躺下就不起来①。

二是地处国境交界地带，人员结构复杂。东满地区的抗日斗争艰难复杂，其中的原因之一是不得不面对较为复杂的民族问题。东满地区的抗战能否坚持，能否胜利，在于是否能够广泛发动东满地区各族人民群众参与，从而形成广泛的抗日统一战线。由于这一地区集中了大量的满族、汉族和朝鲜族，因此使得这一地区的群众工作具有明显的民族性，发动这一地区广大人民群众的关键问题之一就在于能否很好解决民族问题，形成各民族团结统一、共同抗战的大好局面。就当时情况而言，我党的民族理论、政策远未成熟，东满地区党组织面临的是旧的民族关系和日本帝国主义的有意分化、挑拨等困难局面。19世纪下半叶，朝鲜半岛北部人民开始陆续越过图们江进入中国延边一带垦荒谋生，由此开始了中国朝鲜族产生、发展的历史进程。同时，关内的汉族人民也随着闯关东的浪潮，大量涌入延边地区。中日甲午战争后，日本帝国主义控制朝鲜，后又将侵略魔爪伸向这一地区，并凭空制造了所谓的“间岛问题”，渗透并侵入东满，日本采取民族分化政策，极力在东北制造民族矛盾，以达到分而治之的目的，这种情境使得东满地区的民族问题愈加复杂。

三是力量对比悬殊。虽然东满党组织通过军队建设、军校建设、根据地建设，尽量使中国共产党领导的武装力量正规化，但毕竟是在日军势力的重重包围下，在无外援、无后方的境遇中拉起的队伍，其本质上可以说是自发的民间组织的武装，这与以国家为后盾，正规化的后勤补给与保障，正规化的武器装备与军事训练的日军相比形成了鲜明的反差。

日本入侵中国东北，日本陆军中的王牌——关东军驻扎东北。东满地区抗日武装对抗的不仅有当地的守军，还包括了驻扎于朝鲜的罗南师团。按照日本关东军编制一个甲种师团计，满编甲种师团共有24000人，兵种包括了步兵、炮兵、骑兵、装甲兵和飞行队。就武器装备而言，不仅有轻重坦克、装甲车和飞机，单单大口径炮就有49门②。与之形成鲜明对比的是东北抗日联军全盛时期总

---

① 杨翠吉，薛玉山，马永泉，王建华．中华百位爱国名人的故事．长春：吉林人民出版社，1994：246.

② 徐占江，李茂杰．日本关东军要塞（上册）．哈尔滨：黑龙江人民出版社，2006：45.

计也就30000余人[①]，活跃于东满地区的抗联二军全盛时也不超过2500人[②]。东满地区人口少，耕地少，抗日部队给养困难，虽然先后建立了三道湾、八道沟、渔浪村、烟筒砬子等根据地，但都面临着人口少、物质匮乏等困难。

四是远离党中央，缺乏及时的信息沟通。1934年10月5日，上海中央局屡遭破坏，与满洲省委交通中断。同年10月下旬，江西苏区中共中央机关随着红军长征，亦和满洲省委失去联系。此后，中共驻共产国际代表团直接领导了满洲省委的工作。也就是说东满地区与满洲省委、党中央的联系一般都要通过苏联完成，或者是通过留苏的中共代表团完成，以至于由于在统战方针和内部肃反等生死攸关的重大问题上纠正错误迟缓，使得自身的力量遭受到许多不应该发生或是本可以避免的损失。

四、抗日游击根据地的优势突出

东满地区特殊的地理位置，为中国共产党在东满地区建立抗日游击根据地提供了绝佳的地理条件。东满位于中朝边界，因此，便于深入朝鲜购买军需、获取资金。起初，东满地区的抗日游击根据地大部分设立在日本关东军势力尚未触及的地区，比如广大农村和中朝边境地带的高山密林当中。“但自从1932年4月日本关东军对东满地区开展了第一次讨伐，东满地区的很多革命群众不得不转移到偏远山沟，而这些山沟自然而然地成了东满地区抗日武装队伍控制的地区。同年，东满地区抗日军民在中国共产党的领导下，以布尔哈通河以北的偏远山区为中心建立了延吉王禹沟、八道沟、三道湾抗日游击根据地，以蜂蜜沟偏远山区为中心建立了和龙的渔浪村、牛腹洞根据地。此外，还有延吉县铜佛寺、苇子沟，和龙县长仁江，珲春县的梨树沟，汪清县的大荒崴、金仓、杜荒子等抗日游击根据地。”[③]这些根据地从规模上而言，抗日军民人口20000余名，其中朝鲜族革命群众占95%以上[④]，是东北地区最大的抗日游击根据地。地理位置优势体现在抗日游击根据地的保卫与粉碎敌人的屡次“讨伐”。1932年11月，日本关东军集中兵力对东满地区抗日根据地进行第二次“讨伐”，“据不

① 岳思平．永远的丰碑．北京：军事科学出版社，2008：226.

② 郭红婴，姜晓嗣．吉林地方党史研究文萃．长春：吉林人民出版社，2001：115.

③ 中国第二历史档案馆，《中国抗日战争大辞典》编写组．中国抗日战争大辞典．武汉：湖北教育出版社，1995：790.

④ 金春善．中国朝鲜族通史．延吉：延边人民出版社，2009：79.

完全统计，从1932年11月到1933年末，根据地抗日军民与日伪“讨伐队”展开了150余次战斗[①]，典型战斗是1933年4月24日，粉碎了日伪“讨伐队”进攻小汪清抗日游击根据地的战斗。在这次战斗中，小汪清抗日根据地的游击队和来自宁安的李延禄率领的救国游击军部分队伍，利用根据地天然屏障的尖子山、磨盘山，开展伏击战，击退了敌人的屡次进攻，保卫了根据地，形成了联网式的抗日根据地，而这些抗日根据地的规模较小，攻守兼备、便于转移，因而能够灵活地开展抗日游击斗争，这是东满地区抗日根据地的一大特点。

五、分散而统一的抗日政权建设

革命的根本问题是政权问题。1933年之前，按照“北方会议”的要求，东满党组织在根据地内建立了苏维埃政权组织。后来，根据中共中央的指示取消了苏维埃政权组织，要求建立各级人民革命政府。中共中央《一·二六指示信》提出：“党应在扩展农民群众斗争的基础上把他们组织在各种革命的群众组织之内，尤其是农民委员会，这个农民委员会应该成为实际的乡村政权机关，并且成为民众政权宽广的和强大的基础之一。”[②]1935年4月1日，满洲省委要求东满、南满、哈东、吉东等4个特区政府与汤原县政府在5月工作中建立起，以期“八一”召开全满人民代表大会，建立全满人民革命政府。于是，东满游击根据地在贯彻《一·二六指示信》后，苏维埃政权形式转变为人民革命政府或农民委员会、反日会。这些农委会和反日会，实际上成了东满根据地基层政权的组织，体现出人民当家做主的政权性质，推行了抗日救国的各项政策，在动员群众参军参战、筹集军需、征收粮草、组织生产等方面发挥了革命政权的应有作用。此外，为了保护和扩大根据地，健全并扩大我党领导下的抗日外围团体，在东满抗日游击根据地普遍建立了农民反日自卫队、青年义勇军、农民游击队等群众性的武装组织，形成了一套游击队和群众武装相结合的体系。他们平时保卫根据地，战时配合军队作战，成为人民革命军、抗日联军的有力助手。这为东满地区抗日根据地注入了强心剂。苏维埃政府、外围团体（农会、妇女会、儿童团等）开展的各种活动为根据地的建设和保卫提供了有力的支持。1932年11月到1933年2月，东满特委按照“北方会议”精神，先后在延吉

① 满洲铁道总局．京图线及背后的经济事情———包含北鲜三港．1935：206.

② 中央给满洲各级党部及全体党员的信（1903年1月26日）// 中共中央文献研究室中央档案馆．建党以来重要文献选编（一九二一——一九四九）（第10册）．2011：47.

县王隅沟、汪清县嘎呀河、珲春县大荒沟和烟筒砬子、延吉县石人沟等地建立了苏维埃政府。此外，还在延吉县南阳村、三道湾、和龙县牛腹洞、渔浪村先后建立了6个革命委员会，并行使政权职能。区、村苏维埃政府和革命委员会内设立总务、经济、粮食、教育、军事、法政等办事机构。此外，东满特委在根据地内组织群众，建立反日团体和组织，其中包括农民委员会、少先队、儿童团等。这些反日组织在中共东满特委领导下与革命群众一同开展锄奸、打击小股土匪和敌人的破坏活动;组织根据地内的反日会和农民协会成员帮助游击队队员家属种地；为部队筹集给养。据不完全统计，1933年9月，东满游击根据地内有反日会员11800余人[①]。如汪清县大甸子（即罗子沟）游击根据地的反日总会，“在大甸子群众中的影响特别大，凡在大甸子住的没有一个不知道反日会的。大甸子反日总会是公开的机关，是广大群众实际的政权机关。如在大甸子不论有什么事情都要到大甸子反日总会去报告，一切解决不了的相互有争执时求反日会去解决”[②]。大甸子地区的许多群众性的抗日反满斗争，都是反日会组织发动的。这些反日团体和反日武装的广大群众，积极参加了根据地的生产、建设、支援前线、锄奸、站岗放哨、传递情报、宣传以及配合游击队和人民革命军作战，对东满抗日游击战争做出了贡献。

另外，我们还应该看到，当时东北虽然已沦为日本帝国主义的殖民地，但是日本统治势力尚未波及偏远山村地带。正是因为东北地广人稀、农民居住分散这种条件，我党才能够在农村建立游击根据地。但毕竟空间有限，只能在离城镇及铁路沿线较远的偏僻山村建立以区为单位的小块游击根据地。其次，各抗日游击根据地虽然小而分散，但并非各自为政，他们有中国共产党的统一领导。在各抗日游击根据地里实施的政治、经济、文化、军事等方面的政策、法规都是统一的。这些政策和法规，是从广大人民的根本利益出发，为开展更加广泛的抗日游击战争而制订的。其结果是党的东满特委领导根据地军民加强根据地建设的工作取得了很大的成绩，根据地起到了东满抗日游击战争“战略基地”的作用。但是也应当看到，东满抗日游击根据地的建设工作，是从游击战争需要出发，而又在游击战争环境允许的条件下进行的，因此是很不完整的，效果是有限的。同时还应当指出，在根据地的创立和建设过程中，正值王明“左”倾错误路线贯彻全党之时，因而使根据地的各项建设工作一再受到干扰，

① 李铸，贾玉芹，高书全．中华民国史资料丛稿——关于东北抗日联军的资料（第1分册）．北京：中华书局，1982：79.

② 中共延边州委党史研究室．东满地区革命历史文献汇编（上）．2000.

犯了许多的错误，给根据地造成了较严重的危害。

六、结语

综上所述，东满地区中朝民族联合开展的抗日战争是东北抗日战争、中国抗日战争、世界反法西斯战争的重要组成部分。自1907年开始，东满地区的各民族人民联合开展争取民族解放、国家独立的斗争，其间，既有辉煌又有低落。特别是在中国共产党的领导下开展的东满地区抗日斗争具有鲜明的民族性、区域性、灵活性、先进性特点。

参考文献：

[1] 张宪文. 中国抗日战争史（1931—1945）. 南京：南京大学出版社，2001.

[2] 中共延边州委党史研究室. 东满地区革命历史文献汇编. 2000.

[3] 金东和. 中国朝鲜族独立运动史. 首尔：榉树出版社，1991.

[4] 张正隆. 雪冷血热（上）. 武汉：长江文艺出版社，2011.

[5] 杨翠吉，薛玉山，马永泉，王建华. 中华百位爱国名人的故事. 长春：吉林人民出版社，1994.

[6] 徐占江，李茂杰. 日本关东军要塞（上册）. 哈尔滨：黑龙江人民出版社，2006.

[7] 岳思平主编. 永远的丰碑. 北京：军事科学出版社，2008.

[8] 郭红婴，姜晓嗣. 吉林地方党史研究文萃. 长春：吉林人民出版社，2001.

[9] 中国第二历史档案馆，《中国抗日战争大辞典》编写组. 中国抗日战争大辞典. 武汉：湖北教育出版社，1995.

[10] 金春善. 中国朝鲜族通史. 延吉：延边人民出版社，2009.

[11] 满洲铁道总局. 京图线及背后的经济事情——包含北鲜三港. 1935.

[12] 中共中央文献研究室中央档案馆. 建党以来重要文献选编（一九二一——一九四九）（第10册）. 2011.

[14] 李铸，贾玉芹，高书全，等. 中华民国史资料丛稿——关于东北抗日联军的资料（第1分册）. 北京：中华书局，1982.

人口流动与社会发展

延边地区集贸市场的历史及现状调查研究
——以延吉西市场为例

高承龙　朴昭洪*

摘　要：民族地区集贸市场是民族地区各农村之间、农村与城乡之间商品交换的固定的、持久的（时间、空间与地域上的持久）、自由的场所，民族间文化交流交融的空间，有着悠久的历史与丰富的文化底蕴。延边地区集贸市场存在于社会发展的各个阶段，但它的性质和作用却随着社会的发展和各个时期的经济环境的变化以及政策的制约而有着重大的差别，呈现出不同特色。因此，本文主要回顾延边朝鲜族自治州内最大的传统集贸市场——延吉西市场发展历史，发现当今集贸市场所面临的问题，这对日后开展延边各大县市传统集贸市场乃至中国民族地区集贸市场的蓬勃发展，具有很重要的历史意义和现实意义。

关键词：延边；集贸市场；朝鲜族；传统文化

一、延边地区集贸市场的历史

延边地区集贸市场形成离不开延边地区的开发和发展。据文献记载，1714年在珲春地区设立珲春协领，管辖图们江以北，乌苏里江以南。而后，延边地区出现自由贸易人。这一时期的集市贸易因极其有限的商品、微弱的交易规模、不定期的交易、飘忽不定的交易场所，不能算真正意义上的集市贸易，只能说是集市贸易的萌芽或者集市贸易的雏形。

随着延边地区的不断开发，贸易活动也不断扩大。汉、满、朝民以“自由贸易人”的角色，往来于内地和朝鲜庆兴、会宁等地，用生活用品、海产品交换农副产品，以物易物，商品交换逐步形成。并定期与朝鲜对岸开展互市，两

*作者简介：高承龙，男，博士，副教授，延边大学人文社会科学学院社会学专业。朴昭洪，延边大学人文社会科学学院中国少数民族专业，2015级硕士。

该论文系韩国学中央研究院项目《延边地区集贸市场的历史与现状调查研究》（AKS-2015-R66）结项成果之一。

国商民在对岸进行物物交换。到咸丰、同治年间，尽管“禁制”有所松弛，但商品交换仍限于商民间的物物交换。1881年（光绪七年），禁制废除，珲春副都统衙门在珲春德胜门（现珲春市第四小学附近）外设牛马市，并划定靖边门外教练场（现珲春市第一小学附近）为粮草市。此后，局子街、龙井村等地，相继设集贸市场。民国年间，集贸市场遍布延边各地，成为当时城乡之间一条重要商品流通渠道。

到了1926年延边地区集贸市场达40处，以龙井村、延吉—局子街、珲春为最大。龙井村以日本、朝鲜商人为主；局子街以汉商为主；珲春则以汉、满商人为主。形成这一布局并非偶然，这与当时延边社会状况有着密切的关系，首先，龙井村集贸市场以日本、朝鲜商人为主的原因是，当时龙井村是朝鲜族聚居的主要地区，虽然贫苦农民占绝大多数，极少部分朝鲜人从事小规模商业活动，在龙井村从事商业活动的大部分都是日本人，其中包括了借从事商业活动之口实，从事间谍活动的日本政府人员①。1909年，日本逼迫清政府签订《图们江中韩界务条款》，获得了在龙井村、局子街、头道沟、百草沟等商埠居住、贸易的特权，并且通过设立领事馆或领事馆分馆来保障日本人的权益。为了应对日本侵略、渗透，清政府设立了商埠局。从此，由于龙井村水陆交通方便（水路有海兰江，陆路有龙井至延吉、和龙、三道、敦化的公路，铁路有天图轻便铁路经由龙井村），成为中外物资集散中心②。这为龙井村成为日本、朝鲜商人为主的集贸市场创造了条件，同时，在《条款》中规定，“准韩民贩运杂居区域内所产米谷”，为延边地区朝鲜族涌入延边各地集贸市场创造了条件。其次，局子街主要是以汉商为主的原因是自1865年开始关内（主要是山东、河北）部分汉族灾民冲破“封禁令”，冒死闯入封禁区，为了管理这些灾民，清政府于1902年在局子街设立了延吉厅，负责治理和保护延吉厅所属汉民。再次，珲春以汉、满商人为主的原因也是与清政府在珲春设立的珲春协领、副都统衙门的历史渊源是分不开的。而且当时珲春地区是延边满族的主要聚居地（现今珲春尚有满族聚居的民族乡——杨泡满族乡、三家子满族乡）。珲春地区的满族大部分

---

① 日本政府在1906年、1907年，连续派遣大批军事人员、密探、间谍，伪装成商人、医生、学者、游历人员，到延边一带进行调查。仅1907年1—7月，人数就不下300人。其中，斋藤季治郎于1906年4月1907年4月中旬，分别两次伪装成商人，在局子街（今延吉市）“从商”半年，11月始回朝鲜。为侵略延边做了各种准备。（吕一燃．中国近代边界史（上卷）．人民出版社，2013：53.）

② 中国人民政治协商会议吉林省延边朝鲜族自治州委员会文史资料委员会．延边文史资料（第2辑）．延边人民出版社，1984：146.

都是珲春协领、副都统衙门的满族亲属或家眷的后裔。

1909—1917年，日本利用攫取的特权，在经济上，加紧倾销商品，输出资本，开始掠夺延边森林、矿产及农产品资源。日本资本在延边贸易总额中所占的比重，由初期的20%增加到后期的65%①。日本商品大量涌入延边各地，充斥各地集贸市场中。这一时期在延边集贸市场中贩卖的商品有粮谷、海货、蔬菜、烧酒、纺织品、杂货、家畜、牲畜、烧柴等。各地大都定期开市，每月开4天或6天不等，也有少数开日集。秋、冬两季是集贸市场兴旺时期，随着市场内贩卖的品种、人数增多，交易额也大幅度上升。龙井村的春、秋两季逛集市的日人均数达到万余人，成交额为20000~30000日元②。这一年延边集贸市场成交额为919万日元③。

1931年九一八事变后，全东北沦陷，延边便由日本帝国的半殖民地完全沦为殖民地。它霸占了一切生产、交通、金融部门，贸易和自然资源，垄断了整个经济命脉和商品市场。到了1936年，集贸市场减少到28处，集中在龙井、延吉、头道沟、珲春、百草沟等地。上市品种，除了农副产品、日用杂货外，还有内地和朝鲜进口朝鲜民族传统物品及食品、苏联烟草、欧美威士忌、白兰地酒类、化妆品等。年成交额为140万日元，比1926年下降84.7%④。其原因是日伪统治者对东北地区各族人民实行的经济统制政策相关。特别是太平洋战争爆发之后，日伪当局为了扩大侵略战争，支援日本南下战略，加紧了对东北地区的经济统制（粮食增产、粮谷出荷、配给制度）。当时东北地区是日本开展太平洋战争的战略物资补充基地，而延边地区则是主要的粮食供应基地（大米），因此，延边地区集贸市场受到的打击是最为严重的。日伪为了加强掠夺，对农产品实行“出荷”制，强制推行日用品的“配给”制度。这使得延边地区的集贸市场贸易大减，几乎关闭。然而奇怪的是当时黑市贸易反而更加猖獗，日伪政府也只能采取默认（睁一只眼闭一只眼）的态度。其原因是黑市贸易的主导者是以日本人为中心的、官商结合的不法商人。他们利用其职权和特殊地位，

① 刘忠杰. 长白山地理论文集. 延边大学出版社，1991：264.

② 现存留的数据大都是当时“间岛总领事馆”所属机构调研后得出的统计数据。故日本文献很多单位算法依然采用当时的日本的计量单位。

③ 无法正确算数当时日元的价值，据朝鲜总督府文书课编印的《统监府时代间岛韩民保护相关设施》（1930年）中提到1920年，在局子街日本的一元纸币相当于2吊800文价值。可以说日元的汇率相当高。

④ 延边朝鲜族自治州地方志编委会. 延边朝鲜族自治州志（下卷）. 中华书局，1996：1241.

高价倒卖掠夺东北各族人民手中的劳动成果。

八一五光复后，在中国共产党领导下的东北人民政府，开展了声势浩大的土地改革，延边地区各族人民分到了梦寐以求的土地，成了这片土地的主人。在这一大环境下，这一时期实行了“复兴工商业，贸易自由，发展生产”政策，集贸市场逐渐恢复。到1949年，延边恢复集贸市场13处，年成交额596.3万元，占当年社会商品总额的18.8%。1952年，延边地区集贸市场发展到16处，年成交额为538.8万元，占当年社会商品零售总额的6.21%[①]。这一时期，东北人民政府推行政策上鼓励城市与农村之间开展物资交流，扩大集贸市场交易。延边专员公署不仅强调境内贸易自由，而且为方便工商业者远途运销商品，规定经区以上政府机关批准，公安机关签发证件，可在东北解放区内通行。当时集贸市场贸易的形式是，一方面国营，合作商业部门积极参与市场，扩大其影响；另一方面，则对私营商业进行控制，对米、油等群众生活必需品停止批发给私商。通过这一措施不仅打击了一小撮商业投机倒把的不法商人，而且把集贸市场改为国家经济为主导的、为人民服务的综合市场。从1951年开始，延边各县人民政府就设立了专门管理市场的市场委员会，其职责是保护买卖双方的正当权益，管理、维持市场内经营秩序。

1953年，我国政府对关系到国计民生的重中之重——粮食、棉花、粮油等农副产品实行统购统销。允许上市出售的品种限制在小土特产品上，对工业品和手工业品采取统购、包销、订货的方式，不允许自由上市。

从1956年开始，我国实现农业、手工业和私营商业社会主义改造，这迫使刚刚活跃起来的集贸市场冷落下来。国家完成“一化三改”[②]，社会主义统一市场已经形成，城乡市场的性质和地位是作为国营商业的补充部分而存在。从

---

① 延边朝鲜族自治州地方志编委会．延边朝鲜族自治州志（下卷）．中华书局，1996：1241.

② 一化三改：是指中国共产党在过渡时期的总路线。要在一个相当长的时期内逐步实现国家的社会主义工业化，并逐步实现国家对农业、手工业和对资本主义工商业的社会主义改造。这一过渡时期的总路线简称为“一化三改”。“一化”和“三改”互相联系互相制约，互相促进，体现了发展生产力和变革生产关系的辩证统一。因此，中国共产党在过渡时期的总路线是一条社会主义建设和社会主义改造同时并举的总路线。（戴世锋．社会转型与历史教学．中国文史出版社，2013：78.）

1956年到1960年，因受到“一大二公”[①]的影响，推行“物资供给制”“生活集体化”，托架在市场管理政策上过于严厉。延边州政府响应政府之号召，对农民在完成国家收购任务之后的剩余部分，不准在自由市场上出售，而必须卖给国家指定的商店。允许上市的只有鸡鸭鹅蛋、蔬菜、水果和调味品。市场基本被国家垄断经营，这导致了延边地区各集贸市场的萧条和萎缩。据1957年统计，全州集贸市场贸易成交额只有378.1万元，比中华人民共和国成立初期的1949年还减少了36.5%，人均年成交额3.84元，比1949年还减少了2.62元，集贸市场的数量也由1949年的13处减少到9处[②]。1958年，随着全州实现人民公社化，集贸市场大都关闭，所有商品统由国营商业和供销合作社经营，形成群众排队购买生活必需品、社会上出现黑市的不正常现象。可以说1958年后延边地区的集贸市场几乎处于关闭、瘫痪状态。

1960年，中国处于困难时期，国内经济发展速度极其缓慢，人民群众的生活所需极为紧缺。为了扭转这一局面，中央政府肯定集贸市场贸易积极作用的同时，纠正农村人民公社化过程中犯下的“瞎指挥”“浮夸分”“共产风”及主张取消商品生产和商品交换等错误，于1959年9月23日，发布了“关于组织农村集贸市场贸易的指示”。指示中指出：“为适应生产发展和生活提高的要求，商业部门除了大力组织收购、供应，召开各级物资交流会议外，还必须积极组织和指导农村集贸市场，便利人民公社社员交换和调剂商品，沟通呈现物资交流，促进人民公社多种经济的发展，活跃农村经济。”[③]这个指示进一步明确了集贸市场存在的必要性，而且再一次肯定了它在中国社会主义各阶段的积极作用。指示中还提出“在农村里，应该有领导地有计划地组织集贸市场……活跃经济”[④]。到1965年，延边朝鲜族自治州开放集贸市场32处，年成交额1327万元，比1957年增长近34倍[⑤]。这说明“文化大革命”前夕，延边地区集贸市场的发展前景依然明朗。

---

① 一大二公：是指中国农村人民公社的基本特点和优越性，第一是“大”，第二是“公”，就是公社的规模大，人多地多，便于进行大规模的综合性生产建设；不仅农、林、牧、副、渔全面发展，而且工、农、商、学、兵互相结合。所谓公，就是生产资料公有化的程度比原来的农业生产合作社高。[于光远．社会主义经济建设常识（四）．江西人民出版社，1984：72]．

② 尤国．改革中的吉林流通（下）．吉林人民出版社，1991：548.

③ 唐伦慧．谈谈农村集贸市场贸易．中国财政经济出版社，1981：16.

④ 同上。

⑤ 延边州地方志编委会．延边朝鲜族自治州志（下卷）．中华书局，1996：1241.

自“文化大革命”爆发，在极“左”路线的破坏下，我国大部分城镇的集贸市场遭到关闭。虽然也有一些农村的集贸市场处于时开时关状态，但绝大部分集贸市场被视为产生资本主义的“土壤”，采取“堵、截、赶、罚、没”等手段，进行严格控制。就延边的情况而言，1976年秋，学习“哈尔套大集”[①]的经验，在和龙县头道公社试行“社会主义大集”，但这种依靠行政命令、违背商品交换的价值规律、伤害了农民经济利益的做法，让集市贸易雪上加霜。不久后这种“大集”很快停止。虽然有一部分幸存的集贸市场也无人管理，致使投机倒把、黑市交易开始泛滥。这种状况一直延续多年。

1978年，中共十一届三中全会以后，通过拨乱反正，把工作重心转移到社会主义经济建设上，并制定了“改革、开放、搞活”等一系列方针政策，尤其是1983年2月5日，国务院又发布了《城乡集市贸易管理方法》，明确阐述了集贸市场的性质和作用，指出“城乡集贸市场，是我国社会主义统一市场的组成部分。它有促进农副业生产发展、活跃城乡经济、便利群众生活、补充国营商业不足的积极作用”[②]。

1993年11月14日，中共十四届三中全会召开，确立了社会主义市场经济体制的目标。会上通过的《关于建立社会主义市场经济体制若干问题的决议》指出：“改革现有的商品流通体系，进一步发展商品市场，在重要的产地、销地或集散地，建立大宗农产品、工业消费品和生产资料的批发市场。”[③]由于国家对集贸市场的性质和作用做了充分的肯定，从而为发展和搞活集贸市场开辟了无限广阔的道路。在这一形势下延边州各级工商行政管理部门及时转变观念，抓住时机，积极创造条件，抓紧集贸市场的建设，在短短几年中，就使全州的集贸市场建设在速度上、规模上都有了根本性的突破，对促进集贸市场的发展乃至商品经济的繁荣都起到了直接的推动作用。与1978年以前相比，全州集贸市场发生了根本性变化。

进入20世纪90年代初期，随着中国经济的飞跃发展，延边地区的集贸市场得到了长足的发展，并趋于巅峰。形成了大中小型并存、综合与专业性兼有、批发与零售业结合、城市与农村相衔接的市场网络。延边地区以延吉西市场为主、其他延边州内各县市中心市场为补的集贸市场显示出相当的实力和发展空

① “哈尔套社会主义大集”是官方指定时间、地点，由代表国家的商业部门与生产队集体和农民个体按国家定价交换商品。

② 洪涛．商品交易市场通论．经济管理出版社，2014：206.

③ 刘嗣明．经济体制、政治体制与社会制度的关系研究．中央编译出版社，2014：193.

间，对延边地区各族人民的生产建设和生活水平的提高起到了积极的影响。这对促进延边地方经济的振兴和发展起到了积极带动作用；丰富了城乡居民生活消费品和日用必需品的供应；对稳定社会、安排就业起到了积极促进作用；有利于扩大税源，增加国家财政收入。然而，随着跨入21世纪，集贸市场面临大型超市和电商的冲击，逐渐走向没落。

二、延边地区集贸市场的现状——以延吉西市场为例

（一）西市场发展沿革

延吉西市场历史悠久，而且极具代表性，可以说是延边集贸市场的代表。延吉西市场的历史始于清朝末年，清朝靖边军驻扎在局子街（今延吉），珲春招垦局在延吉设立分局开始。其前身是局子街西部的上市场（延吉西市场址）。当时的市场极其简陋，没有任何固定设施，均为地摊。而后逐渐形成了固定的赶集日期，上市场为阴历一、六日。下市场为阴历四、九日。市场中除了本地商人之外，也有很多外来商人在市场摆设临时摊位行商。交换物品有谷类、蔬菜、鱼类、衣服等。光顾市场的人数少则200~300人，多则700~800人。到了20世纪30年代，延吉市场日渐繁荣，经久不衰。这一时期市场是由商会管理。这一时期，延吉市场（上市场）是朝鲜人民主要利用的集市。市场中有一部分朝鲜人生活所需的民族传统商品。这些主要都是从朝鲜半岛购入代销的。由于当时延边地区的朝鲜族大都是贫苦农民，因此，从事商业活动的人极少。

第二次世界大战爆发之后，日本为了搜刮民脂民膏以备战争需求，实行“满洲国生活必需品配给制”，尤其是禁止民间兜售粮食，因此市场内可交易的商品数量和种类少得可怜。当时的市场是由街公所和商会共同管理。主要督查《满洲国生活必需品配给统制法》实施情况，控制市场内的交易物品的品种，调节、仲裁买卖双方的工商事务。

1945年日本投降后，延吉市场重见光明。这一时期市场的主要商品有蔬菜、粮食、土特产、手工业品、旧衣物、日用五金等。随着延吉人口的不断增长，在延吉河南地段形成了规模较大的市场。这一时期由于经济发展尚未恢复，物质也不丰富，因此，商品的种类受到很大的局限。在市场中找不到一、二类商品。1957年，延边地区曾一度开放市场。但好景不长，1958年，在“左”倾思想的影响下，市场贸易被取缔。到了1960年，延边州政府根据国务院的“关于恢复和组织农村集市贸易”的通知，重新开放市场。这一时期政府采

取的方针政策是“管而不死、活而不乱”，因此，市场依然处于萧条状态。

“文化大革命”期间，市场贸易被当作“资本主义自由市场”而被取缔，因此，市场内无物贸，市场更加萧条。

党的十一届三中全会以后，实行“对外开放，对内搞活”的方针。随着生产的发展，市场贸易逐渐兴旺。1979年，在延吉市成立了市工商管理局并设立了西市场管理所。这使得西市场的贸易走向了正轨。1980年，延吉市政府投资17万元，对西市场进行改造，修建了顶棚市场，大大地改善了延吉市民的购物条件。而后，对蔬菜、副食品价格进行开放，调动了农民的积极性。每日涌入西市场赶集的农民（延吉市附近）规模极为壮观。此外，还有一些商贩从外地购入一些朝鲜族生活必需品，吸引更多的朝鲜族人民流连西市场。1984年延吉市政府采取群众集资的办法，把西市场的简易大棚改建成占地面积8350平方米、建筑面积6500平方米的二层楼式新型综合商场。1985年，在西市场经商的有证商贩发展至千余户。市场中所销售的商品有近郊农民自产的各种蔬菜，还有毗邻县市的商贩运来的农副产品和各种土特产品，从南方各省市贩来的时令性蔬菜瓜果，还有广州、上海、珠海、深圳、厦门等地运来的畅销产品和从朝鲜民主主义人民共和国贩来的各种朝鲜民族传统特色产品。西市场经营的品种多达4350余种，日平均客流量达到30000多人。1993年，延吉西市场成了吉林省最大的农贸市场。

图1　延吉西市场

图2　延吉西市场正门

（二）西市场的隐患问题

根据笔者的调查，现今延边集贸市场面临的比较突出的问题如下：

1. 作为延边最大的密集型集贸市场，由于年代之久，经营环境、设施已呈现出老化状态，特别是消防、火灾等隐患比较严重。1997年、2004年，西市场先后两次被吉林省消防总队列为重大火灾隐患单位。2015年，延吉市公安消防大队判定西市场存在11项火灾隐患。为此，延吉市委、市政府决定对西市场进行拆除重建[①]。2015年11月15日，正式对外公布西市场重建安置方案。这一重建安置方案与延边朝鲜族自治州所辖县市（汪清县）重建安置方案几近相同。据笔者了解一部分延吉西市场老商户担心延吉西市场临时过渡类似汪清临时过渡市场，因此，搬迁时引起多家商户的优虑和不安。2015年12月1日开始，西市场内的业户搬至大千城，进入过渡经营阶段。而后笔者对西市场临时过渡市场进行实地考察，发现临时过渡市场不论规模、设施、环境等方面都满足了大部分商户和消费者的要求。

2. 食品卫生问题比较严重。集贸市场是食品流通的重要场所，与人民群众的生活密切相关，其食品安全直接关系到人民群众的身体健康和生命安全，近年来，老百姓餐桌上的食品安全屡屡亮红灯，食品安全问题已演化为当前迫切

① http://www.yb983.com/ 寻找延吉人记忆中的城市地标2016-03-02 08:52:00

需要解决的社会问题，维护集贸市场食品消费安全不仅是食品药品监管部门义不容辞的责任，而且是整个市民及经营者的自觉问题。例如露天出售调料、食品（打糕、米肠、排骨等）和未经过检验的所谓的特产品（林蛙、黄牛肉）的食用卫生问题。搬迁到大千城后统一管理和整合卫生情况，使得西市场的食品卫生问题得到了缓解。

3. 无证经营户（临时摆摊无证经营）的约束和治理。在西市场搬迁之前，市场周围街道小胡同基本被临时摆摊（无证经营）户占据，给市场周围生活的人们造成诸多不便，而且造成交通拥挤，屡屡发生事故。尽管市场管理人员和城管执法大队成员加大管束和治理，但未能奏效，问题依然严重。如今在延吉西市场临时过渡市场周围依然存在临时摆摊商户无证经营现象。

4. 集贸市场的萎缩趋势明显。作为延边地区最大的集贸市场——西市场的规模与其发展年限相比，其发展程度并不明显。特别是上市人员流量而言呈现出日渐减少的趋势。上市人群基本都是中老年人为主，年轻一代较少。延边朝鲜族自治州内各县市诸多市场更为如此。笔者调查珲春集贸市场时，发现闲置摊位较多，商业氛围变冷，经营形势愈加恶化。甚至发现一部分人在市场内摆桌打麻将消遣。

5. 在大型超市和连锁实体店的冲击下集贸市场如何找到自己的出路？这是一个严峻的问题。延吉西市场周围有大型综合类延吉百货、出售高档物品的百利城、专营韩国商品的韩百、经营家电的华声电器城、综合类商城成宝大厦等。在延边地区各大县市普遍存在这样的情况，形成集贸市场与大型超市共生的局面，在这些大型超市、专营实体店的冲击下西市场的销售份额逐年减少，很多摊位闲置。据笔者了解在西市场经营窗帘的老摊主已经收罗40多个闲置摊位。

6. 延边地区特色、民族文化气息不浓厚，缺少集贸市场原有的经济生活气息。延吉西市场坐落在延边朝鲜族自治州州府，这让延吉西市场披上了朝鲜族特色的盛装。20世纪80年代中期到90年代末，延吉西市场内有很多民族特色浓厚的商品。20世纪80年代延吉西市场内出售的朝鲜商品和90年代盛行的韩国商品深受延边地区各族人民的喜爱。很多游客把西市场当作淘购朝鲜民族商品的最佳场所，也把西市场当作了解朝鲜族文化的一个重要窗口。而如今西市场内出售的朝鲜族特色浓厚的民族商品所剩无几，仅有朝鲜族特色食品（米肠、打糕、米酒、辣白菜等）和一部分生活用品（朝鲜石锅——利用金刚山石头制作）。

三、结 论

现今，延边西市场搬迁到大千城临时过渡市场，3年后重返原址，进入现代化商厦式卖场。预计上述的6个问题中，安全火灾、无证经营、食品安全问题会得到圆满的解决，但是如何加强西市场的延边地区特色、民族特色，如何应对大型超市、互联网购物链的冲击依然是集贸市场日后发展中急需解决的问题。现在下3年后搬迁到原址的西市场的变化与发展结论为时尚早。因此，文章中没有明确提出解决问题的措施和方法。作为延边地区最大的集贸市场、传统市场搬迁已过2年，希望延吉西市场的成功过渡能给其他县市的集贸市场带来前瞻性的经验和教训，带动其他县市集贸市场的正常运转和发展。

参考文献：

[1] 吕一燃．中国近代边界史（上卷）．人民出版社，2013.

[2] 中国人民政治协商会议吉林省延边朝鲜族自治州委员会文史资料委员会．延边文史资料（第2辑）．延边人民出版社，1984.

[3] 刘忠杰．长白山地理论文集．延边大学出版社，1991.

[4] 延边朝鲜族自治州地方志编委会．延边朝鲜族自治州志（下卷）．中华书局，1996.

[5] 戴世锋．社会转型与历史教学．中国文史出版社，2013.

[6] 于光远．社会主义经济建设常识（四）．江西人民出版社，1984.

[7] 尤国．改革中的吉林流通（下）．吉林人民出版社，1991.

[8] 唐伦慧．谈谈农村集贸市场贸易．中国财政经济出版社，1981.

[9] 洪涛．商品交易市场通论．经济管理出版社，2014.

[10] 刘嗣明．经济体制、政治体制与社会制度的关系研究．中央编译出版社，2014.

跨国人口流动背景下边疆民族地区养老模式的选择
——以延边朝鲜族自治州为例

李仁子*

摘　要：延边朝鲜族自治州因其特殊的地理区位、经济发展状况、民族文化等因素致使单向度的人口跨境流动非常频繁，加之低出生率、家庭规模和结构的调整，传统的“家庭养老”模式也受到了极大的冲击。探索和改善多元化的养老模式、吸收国外先进的养老制度和经验、提高养老服务供给水平，同时努力提高朝鲜族聚居地区的经济发展水平、吸引外出人口回流，对维护民族地区稳定、和谐均具有重要意义。

关键词：朝鲜族；边疆；人口流动；养老服务

延边朝鲜族自治州位于中、朝、俄三国交界处，与韩国、日本相邻。延边朝鲜族自治州是全国最大的朝鲜族聚居地区，州内有8个县市，总人口为227.08万，其中朝鲜族人口为73.70万①。从历史上看，延边与韩国的交往关系也是比较密切的。延边邻近的国家当中，韩国是亚洲四小龙之一，经济发达。而中国朝鲜族和朝鲜民族同根同源，有着天然的语言优势。近年来，延边地区与韩国的交往关系得到了更大的加强，跨国人口流动非常频繁。人口流动的特点表现为由中国延边地区流向韩国。近些年来，中国朝鲜族会以探亲、婚姻等形式进入韩国。当然，以非法的形式流入韩国从事3D业种的艰苦劳动的情况也是存在的。在韩国打工的月收入大致相当于人民币7000~15000元。这对于延边地区农村的劳动力来说是具有很大的诱惑力的。因此，到韩国打工成了许多人的理想。可以说，朝鲜族聚集地经济落后和韩国经济发达所形成的反差是朝鲜族跨

---

*作者简介：李仁子，延边大学政治与公共管理学院讲师。

［基金项目］日本佛教大学综合研究所中日韩国际合作项目“东亚脱贫困战略构筑”。

① 2010年，全国第六次人口普查结果。资料来源：http://wenku.baidu.com/link?url=GloF64PT_aDUigH61QRMSC3aVDBtxORluvQBxcaTQHxGmF3FT_qkJyN6CI40lJm8eMrowNx-fRa7AlJGyV6KftEOjLdrJdGbNaTAmKQQe903.

国人口流动长期呈现单向型外流的重要原因[①]。1992年，中韩建交之后，该地区对外开放度进一步扩大，劳动力急速向韩国流出。在收入增加的同时，远离亲人、背井离乡的痛苦也是存在的。而更为严重的问题是，20余年单向度的跨国人口流动的结果就是，农村聚集地“空巢”化、留守人口老龄化、农村婚姻挤压和家庭结构变化等。可以说，这些现象也是传统农耕社会向市场经济社会转变时普遍存在的问题，但长期的跨国人口流动则进一步加速了这一过程，使各种社会问题更加突出。全国第六次人口普查资料显示，延边朝鲜族自治州60岁以上的老年人口为33.70万，约占全州总人口的14.83%，而2010年全国60岁以上人口约占全国总人口的13.26%[②]，延边朝鲜族自治州比全国平均水平高1.57个百分点。延边朝鲜族自治州老龄委相关统计资料显示：2011年，延边朝鲜族自治州“留守老人”达到129241人，约占全州总人口的38.3%[③]。很多村屯的“空巢”老人比例已超过50%。并且，老年人口比例正以每年平均3.2%的速度增加。老龄化形势十分严峻。人口流动的加速、家庭规模和结构的变化等都对传统的家庭养老模式提出新的挑战，社会养老需求也逐步增多。

目前，延边朝鲜族自治州已初步形成“以居家养老为基础，以社区养老为依托，以机构养老为补充”的社会养老基本格局。养老工作也以加强养老服务机构建设、改善公共服务设施、保证100%普及率作为应对老龄化的重要目标。然而，中国中西部地区或边疆民族地区由于经济发展水平落后，养老服务供给能力较差[④]，难以投入大量的财力和人力提高养老服务水平。现阶段的社会养老模式依然存在着不少问题，需要积极应对。因地制宜，在加强家庭养老功能的基础上，提高社会养老服务供给水平，形成多元养老模式迫在眉睫。这一问题关系到边疆民族地区构建和谐社会、实现社会稳定和可持续发展。

一、边疆朝鲜族地区跨国人口流动现状及影响

自1992年中韩建交以来，朝鲜族社会的对外开放度进一步扩大，劳动力急

---

① 金强一．朝鲜族社会萎缩的危机及其发展路径选择．延边大学学报（社会科学版），2011（6）．

② 资料来源:http://wenku.baidu.com/link?url=GloF64PT_ aDUigH61QRMSC3aVDBtxORlu-vQBxcaTQHxGmF3FT_ qkJyN6CI40lJm8eMrowNxfRa7AlJGyV6KftEOjLdrJdGbNaTAmKQQe903

③ 李仁子专题调查：“延边朝鲜族自治州老龄工作现状及存在的问题”；调查时间：2013年8月；调查对象：延边朝鲜族自治州老龄委工作人员。

④ 陈英姿，满海霞．中国养老公共服务供给研究．人口学刊，2013（1）．

速向韩国流出。从总体上看，表现出以流出为主、流动速度快、时间长、人数多的特点。韩国法务部2008年统计[①]显示：在韩国的中国朝鲜族人数已达39万，中国朝鲜族流向日本等其他国家的人数有10万以上。也就是说，流向国外的朝鲜族人数有50多万。据延边朝鲜族自治州就业服务局有关人士介绍，延边朝鲜族自治州每年出国劳务人员数达20万，以韩国劳务为主，每年实现劳务收入8亿美元。大规模跨国流动，带动了地区劳务经济的快速发展，增加了居民收入，积累了大量的经济建设资金，也使朝鲜族聚集地在近几年中有了飞速的发展。一些村民也抓住这一机会，转包大量出国人员的土地，推行规模农业生产，促进了土地规模经营和机械化耕作。那些回国人员则主要从事第三产业。这也在客观上促进了产业结构的进一步优化和城市化进程。然而，在经济发展的同时，一些复杂的社会问题也随之出现了。例如，农村聚集地“空巢”化，老年人比重加大从而造成养老困境，“留守儿童”教育也是困难很多，农村男青年婚姻问题很难解决等。与跨国人口流动相生相伴的朝鲜族社会的复杂问题，影响着当地社会的良性运行和协调发展。可以说这些现象是随着城市化的发展，传统农耕社会向产业化社会过渡中所面临的普遍问题。但这一地区多年来急速的跨国人口单向流动也加速了这一进程，造成的社会冲击和不良影响比起任何其他少数民族地区都更加严重。

长期的、单向度的人口流动使当地性别比严重失调，相应地，人口出生率也急剧下降。从目前的情况来看，许多乡村未婚男女青年比例一般为20：1，最严重的地区甚至达50：1。例如，珲春市白金乡的未婚男女比例为57：1[②]。2010年，延边朝鲜族自治州就业服务局相关调查显示，城镇人口中近1/7劳动力出国打工，而在农村这一比例达到1/3，很多朝鲜族家庭大部分人口出国打工，家中只剩下老人和孩子留守。人口自然增长率也持续下降。如表1所示，1990年全州人口自然增长率为10.0‰，1991—1995年一直是7.0‰以下，从1996年开始处在2.0‰以下，2000年之后一直在1.0‰以下的低水平徘徊。

---

① 韩国法务部．外国人统计月报，2008-11-28.

② 中共延边朝鲜族自治州委政研室办公室．探索与实践．2008：183；吉林省计生委．龙井市农村朝鲜族大龄男青年未婚情况调查．2008.

表1　延边朝鲜族自治州历年人口自然增长率

单位：人、‰

年份（年）	出生人数	出生率	死亡人数	死亡率	人口自然增长率
1990	33842	16.4	13308	6.4	10.0
1991	25274	12.1	11780	5.6	6.5
1996	18613	8.5	14455	6.6	1.9
2000	17982	8.2	15757	7.2	1.0
2010	16537	7.5	17383	7.9	-0.4
2012	15399	7.1	14458	6.6	0.5

资料来源：根据2013年延边朝鲜族自治州统计年鉴整理。

人口自然增长率持续下降，也加速了老龄化进程，形势十分严峻。根据全国第六次人口普查资料显示，延边朝鲜族自治州60岁以上的老年人口总数为33.70万，占总人口的14.83%，已超过全国平均水平。地方政府预测，到2030年全州老年人口将达到52.7万，约占全州总人口的38%，达到老龄化的最高水平。其中，朝鲜族老年人口2023年将达到25.6万，约占朝鲜族总人口的35%，达到朝鲜族老龄化的最高峰。这些情况十分明确地表明，积极应对老龄化已成为当务之急。

二、边疆朝鲜族跨国人口流动与家庭养老模式的困境

历经20余年的跨国人口流动，朝鲜族出国打工者在不同的文化情境下，家庭成员的各种观念也出现了很大的差异。家庭成员之间沟通和交流逐渐淡化，带来了婚姻和家庭结构的不稳定。在夫妻感情危机、离婚率上升、涉外婚姻增多已成为普遍性的情况下，传统家庭的稳定性受到了很大的破坏，由此也进一步削弱了家庭的养老功能。2012年，全州常住人口家庭户848380户，家庭户人口2194868人，平均每个家庭户人口2.59人[①]。家庭规模的缩小和结构的变化导致每个家庭赡养老人的负担相对加重。在地区经济还不富裕的情况下，养老已

① 延边朝鲜族自治州2012年国民经济和社会发展统计公报.

成为许多子女的负担。此外，对老年人来说，子女不在身边，缺乏家庭的关爱，也影响了老年人的幸福指数。此外，老年人抚养“留守儿童”的“隔代教育”过程中，所面临的新的压力和困难也困扰着老年人的生活。现在，农活主要由老年人承担，许多工作原本应该是由中青年人承担的。另外，有些老年人虽然物质需求上得到了满足， 可是精神上的空虚和孤独仍影响着其生活质量。

朝鲜族一直以来都把家庭养老当作一种“孝”的具体表现。“赡养父母、敬老爱幼”则是家庭关系中最基本的道德行为或传统美德。过去，朝鲜族家庭实行长子继承制，一般由长子负责赡养老人。按照传统的观念，父母年老，子女应孝敬赡养父母。在传统的家庭养老模式中，家庭以婚姻关系、血缘关系为纽带，为老年人提供生活照顾、亲情交流和精神安慰，以使老年人有安全感和归属感。这种养老方式的独特功能是其他养老方式难以替代的。

长期存在的劳动力流出国外打工的情况，使子女长期不在身边成了一种常态。其结果就是父母与子女的日常交往减少，从而淡化了老人与子女之间的情感沟通。此外，老年人在衣食无忧的情况下，对情感的依赖并不会减少。现在，由于子女长期在国外而使情感无所依托。过去在日常生活中给予老人更多的细致关怀的女性由于长期在外从事劳务活动，也就无法在生活上给予老人更多的关心。体现家庭温情的女性的长期缺位，也在相当大的程度上削弱了传统的家庭养老功能。

迫于生存和生活的竞争压力，子女虽有孝心也不能经常探望父母，无暇顾及老年人。逐渐地，传统的“养儿防老”意识开始淡漠。然而，由于浓厚的亲子关系文化影响，朝鲜族老年人甚至也不顾自己年事已高，为了让子女过上更富裕的物质生活，尽量提供经济上的帮助而奔波劳累，甚至出国打工为子女挣钱。从子女的角度来看，虽有“孝心”，但面临着工作和生活的双重压力，常常不能很好地履行赡养义务。照顾失能或半失能的老年人就更加困难。

随着现实情况的变化，那种传统的赡养老人的方式不得不改变。现在，许多朝鲜族家庭赡养老人的观念也在转变。考虑在父母不能自理的时候，送老人到医护型养老机构的人家逐渐增多。同时，老年人自身的养老意识也正在发生变化。许多老人在能自理的时候不愿跟子女同住，需要更自由的生活，也不愿给子女增加养老负担。考虑等到不能自理的时候去养老机构的想法也开始出现并逐渐增多。可见，随着朝鲜族地区人口老龄化和家庭结构的变化，以及养老观念和养老需求的转变，尤其在生活照料、疾病护理等方面，越来越需要社会养老。新的养老模式正在成为延边地区朝鲜族老人养老的一种选择。

三、边疆朝鲜族地区社会养老模式的选择及存在的问题

（一）社会养老服务的供给现状

为了解决家庭养老功能的弱化，延边朝鲜族自治州政府大力发展社会养老模式。总体上看，社会养老服务对象和服务方式由传统的弱势群体救济转为面向全体老年人的多样化服务。在服务内容上，包括物质和精神方面，由单一的生活护理逐步向康复、文化娱乐、精神安慰等多样化方向发展。目前，已形成“以居家养老为基础， 以社区养老为依托，以机构养老为补充”的基本格局。近年来，出现的“民政一条街”是具有民族特色的公办养老服务设施群。在“民政一条街”上，政府先后投入1.5亿元，建设了建筑面积达4.7万平方米的12个福利设施项目，这些项目正引领朝鲜族特色养老福利设施的建设[①]。目前，“民政一条街”入住对象主要是“三无”老人，同时以收养高龄、独居、失能的贫困老年人为重点，这些福利设施已发挥了公办养老机构的保障功能和示范作用。但是，此类标准的养老设施目前只在延吉和安图县才有，其他县市还没有建设。

随着子女养老负担加重，同时养老观念日益变化，选择养护型机构养老的意愿和对社区养老的需求正逐步扩大。但是，就目前情况来看，城市公办福利机构规模还是十分有限的，始终是床位难求，要入住就得等几个月，难以满足老年人入住公办养老机构的需求。而民办养老机构由于服务质量差、功能单一、缺乏情感交流等原因，拒绝入住的现象较多。

目前，延边当地政府和民办力量已经开始探索结合的办法，努力提供机构养老服务，并加强城乡居家养老服务中心、日间照料室等基础设施建设的工作， 如表2所示。城乡居家养老服务中心乡镇覆盖率达到92.4%，村级覆盖率达到48.5%。城镇社区居家养老服务站197个，日间照料中心184个，基本完成了普及任务。每1000名老人拥有床位数达到33张，超过全国平均水平[②]。“十二五”规划期间，政府计划每1000名老人拥有床位数要达到50张[③]。要完全达到这一目标，还有许多工作要做。从总体来看，政府主要以将养老服务机构建设

① 延边朝鲜族自治州民政局．全州养老服务事业情况汇报．2012-5-16.

② 2013年延边朝鲜族自治州老龄工作报告．

③ 延边朝鲜族自治州民政局．全州养老服务事业情况汇报．2012-5-16.

作为应对老龄化的重要任务来抓。以改善公共服务设施及100%普及作为提升老年人养老保障水平的突破口①。

表2 延边朝鲜族自治州养老服务供给水平

养老服务供给项目	政府供给	民办供给
老年人福利机构（个）	49	136
床位数（张）	5444	7849
收养人数（人）	4656（86%）	4361（56%）
城乡居家养老服务中心（个）	1819	
老人活动室（个）	1289	
日间照料室（个）	876	
为老服务人员（人）	14673	
老年学校（所）	437	
老年协会（个）	1290	
老年法律援助中心（个）	209	

资料来源：根据延边朝鲜族自治州老龄委2012—2013年相关统计、延边朝鲜族自治州2012年国民经济社会发展统计公报数据整理

延边地区在社会养老模式和养老服务供给体系的建构上，正处于加强基础设施建设和提高机构普及率的阶段。

（二）社会养老模式存在的问题

在老年服务工作整体较好的情况下，也存在硬件基础设施依然较为缺乏的问题，没有这些基础设施作为保障，为民解困、为民服务就会失去支撑。随着政府投入力度的不断加大，这些问题有可能得到逐步的解决。而在养老服务机构之间的相互协调以及整体组织结构的有效运转、政府—民办联合、专业化服务供给等方面存在的一些问题则是更加重要的。

① 李仁子专题调查："延边朝鲜族自治州老龄工作现状及存在的问题"；调查时间：2013年8月；调查对象：延边朝鲜族自治州老龄委工作人员。

1. 涉老组织机构设置不统一，缺乏统筹安排

延边地区涉及养老问题的组织机构设置是存在不少问题的。从纵向上看，在延边州政府内，州老龄委统筹老龄工作，主任由副州长兼任，下设老龄委办公室，老龄办的主任由民政局局长兼任，常务副主任主抓老龄工作。除此之外，参与老年人工作的还有老干部局、人力资源部与劳动保障局、文体局等。而在延边州各县（市）政府内与养老相关工作的机构设置又是不同的。有的县（市）是政府行政职能办事机构负责养老工作，有的县（市）是由民政局代管；有的县是民政局内部设置一个工作部门代管全县老龄工作。到了乡镇一级，便没有老龄委，养老问题由民政助理兼职管理或老年协会会长负责。村（社区）是老年协会承担这一工作。上下级机构之间的行政衔接是不够通畅的。此外，养老服务工作处于机构缺编、服务缺岗、人员缺位的状况十分普遍，这与庞大的老龄群体形成了明显的反差，因此，养老服务工作进展缓慢。对于延边州来说，要做好养老工作，就需要进一步充实老龄委的组织机构，形成从上到下、一以贯之的养老服务管理体系。此外，需要加强组织机构之间的横向联系，使民政局、老龄委、人力资源与社会保障局、文体局等各种组织机构之间加强沟通，统筹安排相关业务，提高养老服务供给的有效性和整体运作效率。

2. 对民办养老机构的管理和监督不足

近年来，州政府加大了对民办养老机构的政策扶持。但是，究竟在养老服务的哪些领域加强扶持、怎样加强公办和民办之间的联合、如何调动民办力量等方面尚须进一步探索。当前，在民办养老机构的入住率只有56%左右的情况下，如何从地区老龄化趋势和特点出发，科学地预测未来一段时间内民办养老机构的社会需求量并提高民办养老机构的服务质量是一个重要的问题。目前，民办养老机构存在着功能单一、专业性不强等问题。此外，由于入住协议不完整等原因造成的法律纠纷也十分频繁。要从根本上解决这些矛盾，政府首先要对现有的民办设施进行正规化管理和监督，并按照评估标准，对其入住情况、运营状况等进行全面的评价及整顿。在此基础上，预测今后一段时间内社会所需要的民办养老需求量，把握养老服务的基本底数和发展动态，并向社会公开，提出服务标准和收费标准的参考指标。通过政务公开和政策指导，正确引导民间资本的投资方向，避免由于盲目投资而造成的经济损失。此外，在政府和民间合作模式上，可以探索“公助民办、公建民营”等方式。也可以尝试购买民办养老服务向老年人提供的方式。这种模式，既可以保证服务供给的公共性，也可以保障老年人按需享受民办设施和服务的选择权利。

3. 财政投入不足，居家养老服务难以大面积开展

现有的城乡居家养老服务中心还远远不能满足大部分老年人的养老需求。大部分县(市)没有居家养老服务的专项经费，即便有也没有列入财政预算。人力、物力、财力欠缺，居家养老服务的设施和服务水平不能满足养老服务的需求。日间照料、康复管理等全方位的服务则更是缺乏。与老年人数相比，活动场所狭小、设施落后、冬季无取暖设施等困难仍有待解决。特别是目前老年协会的活动是在自愿和无偿的原则下进行的。

为了保障今后相关活动的可持续发展，对管理者和组织者的待遇问题也需要逐步解决。否则会影响养老服务人员的专业化水平和队伍的稳定。

4. 服务专业化程度低，从业人员匮乏

养老服务队伍专业化水平的提高不仅依赖于本人的觉悟和学习，更多地取决于政府对养老服务工作重要性的认知程度，应为养老服务人员的教育和技能培训提供坚实的基础并保障养老服务人员的各种待遇。由于尚无专门的养老服务技能培训、鉴定机构和统一的职业标准，因而在很大程度上约束了养老服务队伍的专业化建设。具有专业培训和岗位资格证书的服务人员几乎没有，提供的服务专业化水平较低。城市社区养老服务者，基本上承担综合业务，忙于完成上级交办的各种任务。这些人员提供的服务主要是以供给者为中心。尤其在农村，老年服务者们除了承担村里的老龄工作以外，还承担着新农村建设的其他任务，如政策宣传、村容美化、安全巡防等，是村委会的得力助手，可他们没有工资，每年只有200—1000元不等的补贴，都是靠自觉、热情、讲奉献。专业化水平低，很难提供质量高的服务和持续性的活动。政府正面临着有必要提高服务人员的专业化水平和能否提供持续性服务的矛盾，但又不得不提高专业化水平的双重矛盾。

四、结语

经济全球化和对外开放时代，跨国人口流动对流入国和流出国都具有积极和消极的意义。边疆民族地区应从维护地区稳定和促进民族发展的高度，积极探索利用有利因素，克服不利因素的方法，以促进民族地区和谐与可持续发展。赡养老人不仅仅是家庭的责任，也是社会的责任，因而具有公共性的特点。

在目前的情况下，朝鲜族地区继续加强家庭养老功能，发挥出外打工者在韩国等地获得的更为先进的养老服务经验的作用是十分必要的，但同时大力发展和完善社会养老模式也是必需的，两者相结合满足多元养老需求显得尤为重

要。首先，一些到韩国和日本打工的人就是从事养老服务等方面的工作。在这些国家从事过养老护理工作的人员，在工作经验和技术等方面是具有优势的。如果能将这些国家养老服务中的先进经营理念、护理理念和朝鲜族传统养老“孝”文化相结合，形成朝鲜族地区新的养老服务模式，对于养老问题的解决是有很大的作用的。其次，政府应搭建平台，积极提供就业平台，并鼓励参加养老志愿者协会。制定相应的激励机制，充分调动其积极性，弥补养老服务人力资源的不足。最后，制定相关优惠政策及制度，鼓励和引导回国人员把积累的资金投资到养老服务机构建设和老龄产业。随着老龄化的加速，老龄产业具有很大的发展前景。同时，政府保证养老服务供给的公共性特点的前提下，应积极探索与民间在资金和服务等领域的合作模式，这对于缓解养老服务资金投入不足问题，更好地满足老年人日益增长的多元养老服务需求是十分必要的。

从根本上讲，延边地区养老问题能否解决与延边地区经济能否高质量地发展有着密切的联系。大量出国劳务人员不愿回乡或者回乡不定居而长期流动，由此而造成的不利影响及其治理成本事实上最终将更多地由政府来承担。劳动力急速外流的主要原因是经济，那么提高朝鲜族聚集地区经济发展动力以增强地区吸引力，在加快经济发展的同时，创造良好的社会生活及文化环境，让更多的人员回国安居乐业也是解决朝鲜族聚集地复杂社会问题的重要路径。

参考文献：

[1] 金强一. 朝鲜族社会萎缩的危机及其发展路径选择 [J]. 延边大学学报，2011 (6).

[2] 陈英姿，满海霞. 中国养老公共服务供给研究 [J]. 人口学刊，2013 (1).

[3] 韩国法务部. 外国人统计月报，2008-11-28.

[4] 中共延边朝鲜族自治州委政研室办公室. 探索与实践，2008.

[5] 延边朝鲜族自治州2012年国民经济和社会发展统计公报.

[6] 延边朝鲜族自治州民政局. 全州养老服务事业情况汇报. 2012-5-16.

[7] 2013年延边朝鲜族自治州老龄工作报告.

[8] 延边朝鲜族自治州民政局. 全州养老服务事业情况汇报. 2012-5-16.

中国朝鲜族的婚姻观、生育观研究

崔鲜香*

一、问题的提出

据2010年第六次人口普查，中国朝鲜族人口总数为1830929人。朝鲜族原聚居在延边朝鲜族自治州在内的吉林省和辽宁省、黑龙江省、内蒙古自治区等地，改革开放以后，很多朝鲜族迁移到北京、天津、青岛、威海、上海等大城市和沿海城市，或移居到韩国、日本、俄罗斯等邻国，在北京、天津、青岛、上海等地和韩国形成了新的聚居地。

作为一个民族共同体，朝鲜族具有独特的生育特征。据古清中等学者的研究，1973年以后，朝鲜族积极响应计划生育的号召，人口出生率开始下降①。1989年朝鲜族一孩率为66%，二孩率为30.34%，多孩率为3.66%。计划生育政策虽然允许朝鲜族生两个孩子，但朝鲜族的二孩率却低于汉族和全国平均水平，而一孩率却比汉族高15.6个百分点，比少数民族平均水平高25.17个百分点②。而延边朝鲜族人口自1996年开始出现负增长至今，负增长有逐年加大的趋势③。

这些特征吸引笔者研究朝鲜族的生育观。在本文，笔者试图了解国内、国际移居增加的当今，朝鲜族的婚姻、生育情况和婚姻、生育方面的价值观。

*作者简介：崔鲜香，女，博士，长江师范学院副教授，研究方向为朝鲜族女性问题，朝鲜—韩国女性史与文化史研究。

① 古清中．朝鲜族人口的演进．人口学刊，1996（2）：15.

② 古清中，赵凤彩．中国朝鲜族人口发展趋势与特征．人口学刊，1993（6）：43.

③ 李辉．吉林延边朝鲜族人口安全问题研究．东北亚论坛，2007（2）100.

二、研究现状及研究方法

学界对朝鲜族的婚姻和生育问题有不少研究。首先，婚姻方面的研究主要有崔明玉[①]、姜海顺[②]、林明鲜和申顺芬[③]、全信子[④]、郑梅[⑤]等人的论文，其中多数学者主要侧重在研究朝鲜族的婚礼和婚姻习俗、涉外婚姻等问题，较少研究朝鲜族的婚姻观，只有郑梅和姜海顺的论文涉及婚姻观。郑梅在2003年，对延边大学的103名朝鲜族大学生进行了问卷调查，考察了朝鲜族大学生的择偶标准和对恋爱婚姻、介绍婚姻的看法，有其重要学术意义，但是她的调查对象只局限在延边朝鲜族大学生这一群体。姜海顺也对延边大学的76名朝鲜族学生进行了问卷调查，从民族通婚的角度考察了朝鲜族学生希望和哪一民族结婚，有其重要意义。但和郑梅相同，她的研究对象也局限在延边大学的朝鲜族学生，主要考察民族通婚方面的想法。

对朝鲜族的生育问题，有更多研究，主要有曹月晓[⑥]、古清中和赵凤彩[⑦]、韩京清[⑧]、李辉[⑨]、李宝奇和庄宇[⑩]、廉松心[⑪]、朴美兰[⑫]、王化波[⑬]；杨雪和张竞

---

① 崔明玉．延边朝鲜族传统婚礼研究．中央民族大学民族学博士学位论文，2010.

② 姜海顺．朝鲜族民族通婚的调查研究——以延边朝鲜族地区为例．延边大学学报（社会科学版），2012（2）.

③ 林明鲜，申顺芬．婚姻行为中的资源与交换——以延边朝鲜族女性的涉外婚姻为例．人口研究，2006（3）.

④ 全信子．试析中国朝鲜族女性的涉外婚姻．延边大学学报，2004（4）.

⑤ 郑梅．朝鲜族的婚姻及婚姻观研究．中央民族大学民族学硕士学位论文，2004.

⑥ 曹月晓．延边朝鲜族育龄妇女的生育意愿及其影响因素研究．吉林大学硕士学位论文，2010.

⑦ 古清中，赵凤彩．中国朝鲜族人口发展趋势与特征．人口学刊，1993（6）.

⑧ 韩京清，赵利济，施军．1950—1985年中国朝鲜族妇女生育率．西北人口，1989（1）.

⑨ 李辉．吉林延边朝鲜族人口安全问题研究．东北亚论坛，2007（2）.

⑩ 李宝奇，庄宇．民族区域自治与中国延边朝鲜族人口负增长的解决．民族法学评论，2009（6）.

⑪ 廉松心．朝鲜族生育文化述略．黑龙江民族丛刊，2004（2）.

⑫ 朴美兰．20世纪90年代以来延边朝鲜族人口负增长原因探析．东疆学刊，2010（1）；朴美兰．全球化时代延边朝鲜族人口负增长的实质及其特点．东疆学刊，2012（1）；朴美兰．民族学视野下的延边朝鲜族人口问题．中央民族大学博士学位论文，2009.

⑬ 王化波．延边朝鲜族妇女生育意愿的影响因素分析．人口学刊，2005（3）：42-45.

月[①]、郑信哲[②]等学者的论文。其中，曹月晓、李辉等人在延边地区进行抽样调查，分析统计数据，考察了延边朝鲜族人口的生育意愿、理想子女数等问题。朴美兰使用问卷调查方法和深入访谈方法，研究延边朝鲜族人口的生育率等，分析延边朝鲜族人口负增长的原因、实质、特点，具有重要学术意义。然而，她们的研究都以延边朝鲜族为对象，没有把整个中国的朝鲜族作为研究对象，有其局限性。相比之下，古清中、韩京清等学者的论文研究整个中国的朝鲜族群体，然而他们的研究是在20世纪80年代末、90年代进行的，距今时间比较久。

在全球化趋势下，朝鲜族的生活发生了巨大变化。因此，有必要了解当今整体中国朝鲜族的婚姻观和生育观以及婚姻、生育现状。本文主要使用问卷调查方法，进行研究。笔者用朝鲜语设计封闭式问卷，问卷分为已婚者和未婚者问卷两种，在2015年7月2日，用电子邮件发布。因为问卷内容涉及堕胎次数等隐私，所以为保护被调查者的隐私，笔者特意申请新的公共邮箱，公布邮箱地址和密码，被调查者进入邮箱填完问卷后发到笔者的邮箱里。截止到7月20日，共回收264份已答问卷，其中除掉答得不完整的41份，统计、分析了223份问卷。

三、研究结果及分析

1. 调查对象的一般情况

调查对象如表1，男性62人（27.8%）、女性161人（72.2%），女性居多。从年龄上看，40—49岁年龄段83人（37.2%），人数最多，其次是30—39岁年龄段60人（26.9%）。在学历方面，大学本科132人（59.1%），人数最多。其次是博士23人（10.3%），再次是硕士21人（9.4%），本科及以上高学历者居多。在宗教信仰方面，没有宗教信仰的202人（90.6%），人数最多。

居住地分布，除延边以外的东北三省62人（27.8%），人数最多。排在第二、第三位的分别是延边57人（25.6%）和京津地区52人（23.3%）。从居住模式看，与配偶、子女同住者95人（42.6%），人数最多，其次是与配偶同住者32人（14.4%），独居者30人（13.4%），位居第三。兄弟姐妹人数，只有1名的人数最多，共55人（24.7%）。其次是有2名的47人（21.1%）。

---

① 杨雪，张竞月．人口迁移对延边朝鲜族育龄妇女生育行为差异的影响程度分析．人口学刊，2014（4）：33-42.

② 郑信哲．朝鲜族人口自然增长率下降对发展的影响．黑龙江民族丛刊，2006（1）.

家庭月平均总收入，1万元到2万元的人数最多，共59人（26.5%）。其次是8000到1万元的52人（23.3%）。个人月收入或零花钱，3000到5000元的人数最多，73人（32.7%）。排在第二、第三位的分别是1000到3000元的67人（30.1%）和5000到1万元的46人（20.6%）。职业上，白领人数最多，67人（30%），其次是教师46人（20.6%），学生32人（14.4%）位居第三。婚姻状况，已婚者160人（71.7%），未婚者60人（26.9%），离婚者2人（0.9%），丧偶者1人（0.5%）。

表1　调查对象的基本情况

基本情况	问项	频数（人）	比例（%）
性别	男	62	27.8
	女	161	72.2
年龄	18-19岁	12	5.4
	20-29岁	48	21.5
	30-39岁	60	26.9
	40-49岁	83	37.2
	50-59岁	15	6.7
	60-69岁	5	2.3
学历	博士	23	10.3
	硕士	21	9.4
	大学本科	132	59.1
	大专	20	9
	中专	8	3.6
	高中	18	8.1
	初中	1	0.5
宗教信仰	基督教	13	5.8
	天主教	0	0
	佛教	5	2.3
	伊斯兰教	0	0
	其他	3	1.3
	没有	202	90.6

续表

基本情况	问项	频数（人）	比例（%）
居住地	延边	57	25.6
	延边以外的东北三省	62	27.8
	北京、天津	52	23.3
	山东	19	8.5
	上海等华东地区	26	11.7
	其他地方	7	3.1
同住家庭成员	父母	27	12.1
	父母与兄弟姊妹	7	3.1
	祖父母、父母、兄弟姊妹	4	1.8
	配偶	32	14.4
	配偶及子女	95	42.6
	父母、配偶及子女	28	12.6
	独自一人	30	13.4
兄弟姊妹人数	0人	40	17.9
	1人	55	24.7
	2人	47	21.1
	3人	41	18.3
	4人	28	12.6
	5人以上	12	5.4
家庭月平均总收入	5000元以下	31	13.9
	5000—8000元	47	21.1
	8000—10000元	52	23.3
	10000—20000元	59	26.5
	20000—50000元	29	13
	50000元以上	5	2.2
个人月收入或零花钱	1000元以下	19	8.5
	1000—3000元	67	30.1
	3000—5000元	73	32.7
	5000—10000元	46	20.6
	10000—20000元	15	6.7
	20000元 以上	3	1.4

续表

基本情况	问项	频数（人）	比例（%）
职业	教师	46	20.6
	大学教师	18	8.1
	公务员	11	4.9
	学生	32	14.4
	蓝领	7	3.1
	白领	67	30
	个体户	12	5.4
	无业	3	1.4
	全职太太	10	4.5
	专业技术职务	5	2.2
	销售	4	1.8
	服务行业	5	2.2
	其他	3	1.4
婚姻状况	未婚	60	26.9
	已婚	160	71.7
	离婚	2	0.9
	丧偶	1	0.5

2. 婚姻观

为了考察调查对象的婚姻观，分三大类——对婚姻的义务、对婚姻的认识、婚姻的意义，进行了调查（参考表2）。关于婚姻的义务，答“有很多”义务的137人（61.4%），人数最多，其次是有一些义务的56人（25.1%）。可见，绝大多数人认为有义务结婚。

对婚姻的认识，答“结婚比不结婚好”的93人（41.7%），人数最多。排在第二、第三位的分别是“一定要结婚”的90人（40.4%）和“根据情况，结婚也行、不结婚也可以”的36人（16.1%）。答“结婚不如不结婚”的只有2人（0.9%）。显然大多数人对婚姻有正面的认识。

婚姻的意义（多项选择），答“婚姻在人生中有积极意义”的150人（67.3%），人数最多。其次是答“婚姻给人带来心理上的满足感”的132人（59.1%）。排在第三、第四位的分别是答“婚姻给人带来经济方面的安全感”的94人（42.1%）和“婚姻有利于身体健康”的84人（37.7%）。只有9人（4%）答婚姻阻碍自我实现。可见，大多数人认为婚姻有积极意义。

表2 婚姻观

婚姻观	问项	频数（人）	比例（%）
结婚的义务	完全没有	6	2.7
	几乎没有	10	4.5
	有一些	56	25.1
	有很多	137	61.4
	没想过/不知道	14	6.3
对婚姻的认识	一定要结婚	90	40.4
	结婚比不结婚好	93	41.7
	（根据情况）结婚也行，不结婚也可以	36	16.1
	结婚不如不结婚	2	0.9
	绝对不要结婚	0	0
	不知道	2	0.9
婚姻的意义	婚姻给人带来经济方面的安全感	94	42.1
	婚姻给人带来心理上的满足感	132	59.1
	婚姻有利于身体健康	84	37.7
	婚姻在人生中有积极意义	150	67.3
	婚姻不利于女性	10	4.5
	婚姻给人带来种种约束	38	17
	婚姻阻碍自我实现	9	4
	婚姻有利于处理社会关系	55	24.7
	如果结婚，就能受到成年人的待遇	35	15.7

3. 生育观

关于生育子女的责任（参考表3），有一些责任感的94人（42.2%），人数最多，其次是有很大责任的85人（38.1%）。完全没有的只有10人（4.5%），所占比例最小。显然被调查者大多数感到生育子女的责任。

对生育子女的看法，必须要生子女的有107人（47.9%），人数最多。其次是“生子女比不生子女好”的87人（39%）。答“生子女不如不生子女”“绝对不要生子女”的各有1人（0.5%），所占比例最小。可见，大多数人认为要生育子女。

生育子女的理由（多项选择），“因为想当父母”的有110人（49.3%），人数最多。其次是“为了与配偶之间的爱情”的97人（43.5%）。排在第三、第四位的分别是“因为想要长得像我的骨肉”的88人（39.5%）和“因为有利于婚姻生活”的66人（29.6%）。为了传宗接代的只有16人（7.2%）；为了老后赡养的只有14人（6.3%），所占比例最小。

这与李辉[①]、曹月晓的研究结果不同。曹月晓在安图、珲春、图们、龙井、和龙、汪清、延吉，对延边1710名朝鲜族育龄妇女进行了有关生育目的的抽样调查（单项选择），结果无特别目的的所占比例最大，占38.1%，排在第二、三位的依次分别是传宗接代和养老，分别占到31.6%、16.8%，家庭劳动力占0.9%，提高家族地位占5.7%，提高自身地位占5.5%，听老人话占0.9%。[②]虽然问项有些不同，但从传宗接代和养老——这两个相同的问项的调查结果来看，有明显的差距。

表3 生育观

生育观	问项	频数（人）	比例（%）
生育子女的责任	完全没有	10	4.5
	几乎没有	22	9.8
	有一些	94	42.2
	有很大	85	38.1
	没想过/不知道	12	5.4
对生育子女的看法	必须要生子女	107	47.9
	生子女比不生子女好	87	39
	（根据情况）生不生子女都可以	25	11.2
	生子女不如不生子女	1	0.5
	绝对不要生子女	1	0.5
	不知道	2	0.9

① 李辉在2003年12月，在延边朝鲜族自治州的7个地区，对2867户进行了抽样调查。在养老、传宗接代、家庭劳动力、提高家族地位、提高自身地位、听老人的话、无特别目的的等7项中，关于“要孩子的目的”，回答“无特别目的”的所占比例最大，占总人口的35.83%，排在第二、三位的依次是“传宗接代”占33.35%、“养老”占19.15%，对其他几种目的的回答均低于5%。（李辉．吉林延边朝鲜族人口安全问题研究．东北亚论坛，2007（2）：102.）

② 曹月晓．延边朝鲜族育龄妇女的生育意愿及其影响因素研究．吉林大学硕士学位论文，2010：12.

续表

生育观	问项	频数（人）	比例（%）
生育子女的理由	为了与配偶之间的爱情	97	43.5
	因为想要长得像我的骨肉	88	39.5
	因为能消除孤独	41	18.4
	为了老后赡养	14	6.3
	因为有利于婚姻生活	66	29.6
	为了传宗接代	16	7.2
	因为想当父母	110	49.3
	其他	19	8.5
对子女的看法	生育和养育子女是在这个世界上最有意义、最重要的事	132	59.2
	生育子女是理所当然的事	168	75.3
	生育子女是为民族的未来，尽一份社会责任	52	23.3
	为了过好安定的老年生活，需要子女	26	11.7
	父母宁可牺牲自己，也要给子女提供好的条件	55	24.7
	生育、养育子女，有碍于闲暇生活和夫妻生活	8	3.6
	为了传宗接代，一定要有儿子	8	3.6
	一定要有女儿	23	10.3
	即便领养，也要养育子女	11	4.9
	其他	3	1.3

这可能是因为调查对象的身份不同。在曹月晓的调查对象中，农业户口占44.9%，大专及以上学历者占13.9%，高中、初中学历者分别占44.1%、40.0%。而笔者的调查对象绝大多数都生活在城市，学历分布上，大专及以上学历者占87.8%。另外，曹月晓的调查对象只包括女性，其中30岁以上的育龄妇女占90.6%，而笔者针对的是18岁到69岁的男女两性。还有，不能忽视地方因素。在笔者的调查对象中，延边朝鲜族女性有43人，对她们的调查结果显示（参考表4），需要子女的理由，答“为了与配偶之间的爱情”的占58.1%，所占比例最大。为传宗接代的人占9.3%，为老后赡养的占11.6%。这比整体朝鲜族的数据高一点，但和曹月晓的数据相比低不少。这反映居住在城市的高学历层的看法，不管怎样，这些数据说明朝鲜族的传统生育观念已经发生很大的转变，绝大多数人不是为了家庭养老、传宗接代而生育子女。

表4 延边朝鲜族女性的生育观

生育观	问项	频数（人）	比例（%）
需要子女的理由	为了与配偶之间的爱情	25	58.1
	因为想要长得像我的骨肉	22	51.2
	因为能消除孤独	7	16.3
	为了老后的赡养	5	11.6
	因为有利于婚姻生活	15	34.9
	为了传宗接代	4	9.3
	因为想当父母	19	44.2
	其他	1	2.3

对子女的看法（多项选择），答“生育子女是理所当然的事”的168人（75.3%），人数最多。其次是“生育和养育子女是在这个世界上最有意义、最重要的事”的132人（59.2%）。第三是答“父母宁可牺牲自己，也要给子女提供好的条件”的55人（24.7%）。值得关注的是答“为了传宗接代，一定要有儿子”的只有8人（3.6%），所占比例低于“一定要有女儿”的23人（10.3%）。可见，朝鲜族传统的重男轻女思想有很大的转变。

4. 已婚者的婚姻情况

在已婚者中，初婚的155人（96.9%），二婚的4人（2.5%），其他1人（0.6%）（参考表5）。结婚16—20年的39人（24.4%），人数最多。排在第二、第三位的分别是6—10年的36人（22.5%）和11—15年的31人（19.4%）。结婚时年龄，25—27岁的79人（49.4%），人数最多，其次是28—30岁的37人（23.1%）。排在第三、第四位的分别是25岁以下的21人（13.1%）和31—33岁的16人（10%）。

夫妻年龄差，丈夫比妻子大1—3岁的66人（41.3%），所占比例最大。其次是夫妻同岁的32人（20%），第三位是姐弟恋29人（18.1%）。配偶的民族或国籍是朝鲜族的143人（89.4%），人数最多，其次是汉族15人（9.4%）①。择偶方式，恋爱结婚的111人（69.4%），别人介绍结婚的49人（30.6%）。择偶标准（多项选择），重视人品的132人（82.5%），人数最多，其次是重视性格的86人

① 据李晓霞的研究，朝鲜族是属于民族通婚率低的民族，民族人口中的8.44%的人的婚姻是民族通婚，与汉族通婚的占7.59%。（李晓霞．中国各民族间族际婚姻的现状分析．人口研究，2004（3）：69，71.）

（53.8%）。排在第三、第四位的分别是重视才能和未来发展可能性的64人（40%）和重视学历的55人（34.4%）。双职工的138人（86.3%），不是双职工的22人（13.7%）。希望子女配偶是朝鲜族的人数最多，共103人（64.4%），其次是不分民族或国籍的49人（30.6%）。

表5　已婚者的婚姻情况

婚姻情况	问项	频数（人）	比例（%）
	初婚	155	96.9
	二婚	4	2.5
	其他	1	0.6
婚龄	5年以下	23	14.4
	6—10年	36	22.5
	11—15年	31	19.4
	16—20年	39	24.4
	21—25年	13	8.1
	26—30年	9	5.6
	30年以上	9	5.6
结婚时年龄	25岁以下	21	13.1
	25—27岁	79	49.4
	28—30岁	37	23.1
	31—33岁	16	10
	34—35岁	3	1.9
	35岁以上	4	2.5
夫妻年龄差	同岁	32	20
	姐弟恋	29	18.1
	丈夫比妻子大1—3岁	66	41.3
	丈夫比妻子大4—5岁	17	10.6
	丈夫比妻子大6—8岁	12	7.5
	丈夫比妻子大8岁以上	4	2.5
配偶的民族或国籍	朝鲜族	143	89.4
	汉族	15	9.4
	其他少数民族	0	0
	韩国人	1	0.6
	其他外国人	1	0.6

续表

婚姻情况	问项	频数（人）	比例（%）
择偶方式	恋爱结婚	111	69.4
	介绍结婚	49	30.6
择偶标准	学历	55	34.4
	家庭环境	51	31.9
	外貌	39	24.4
	人品	132	82.5
	财力	27	16.9
	性格	86	53.8
	健康	45	28.1
	年龄	28	17.5
	职业、职场	36	22.5
	才能和未来的发展可能性	64	40
是否是双职工	是	138	86.3
	否	22	13.7
子女配偶的民族或国籍	朝鲜族	103	64.4
	汉族	6	3.8
	其他少数民族	1	0.6
	韩国人	0	0
	其他外国人	1	0.6
	不分民族或国籍	49	30.6

5. 已婚者的生育情况

在141名有子女的已婚者中，子女数为1名的99人（70.2%），人数最多，其次是2名的26人（18.4%）（参考表6）。有3名以上子女的只有1人（0.7%），所占比例最小。在160名已婚者中，理想子女数为2个孩子的121人（75.6%），人数最多，其次是1个孩子的26人（16.3%）。有4人（2.5%）答理想子女数为0[①]。怀第一个子女的时间，在婚后1年内的41人（29%），人数最多。排在第二、第三位的分别是婚后6个月内的36人（25.5%）和婚后2年内的22人

① 曹月晓在延边地区进行抽样调查，对1710个问卷的分析，理想子女数为一个孩子的占36%，两个孩子的占61.9%，不要孩子和要3个以上的孩子分别占0.2%和1.9%。（曹月晓. 延边朝鲜族育龄妇女的生育意愿及其影响因素研究. 吉林大学硕士学位论文，2010：10）

（15.6%）。

避孕方式，使用避孕套的82人（51.2%），人数最多。其次是戴宫内避孕环的46人（28.8%）。接受女性结扎手术的5人（3.1%），男性没有1人接受结扎手术（0%）。堕胎次数为0次的71人（44.4%），所占比例最大。排在第二、第三位的分别是堕胎1次的54人（33.8%）和2次的29人（18.1%）。在已婚者中，有子女的141人（88.1%），无子女的19人（11.9%）。

表6　已婚者生育情况

生育情况	问项	频数（人）	比例（%）
子女数	0	15	10.7
	1名	99	70.2
	2名	26	18.4
	3名以上	1	0.7
理想子女数	0	4	2.5
	1名	26	16.3
	2名	121	75.6
	3名	8	5
	4名以上	1	0.6
怀第一个子女的时间	婚后6个月内	36	25.5
	婚后1年内	41	29
	婚后2年内	22	15.6
	婚后3年内	17	12.1
	婚后4年内	6	4.3
	婚后5年内	17	12.1
	其他	2	1.4
避孕方式	男性结扎	0	0
	女性结扎	5	3.1
	避孕套	82	51.2
	宫内避孕环	46	28.8
	口服避孕药	3	1.9
	其他	24	15

续表

生育情况	问项	频数（人）	比例（%）
堕胎次数	0次	71	44.4
	1次	54	33.8
	2次	29	18.1
	3次	5	3.1
	4次以上	1	0.6
已婚者与子女	有子女的人	141	88.1
	无子女的人	19	11.9

6. 家庭内的性别分工

分担家务劳动比例（参考表7），在38名已婚男性中，答“我25%，配偶75%”的15人（39.5%），人数最多，其次是答“我50%，配偶50%”的12人（31.6%）。有8名男性（21%）答“我0%，配偶100%”。在122名已婚女性中，答“我75%，配偶25%”的61人（50%），人数最多，其次是答“我50%，配偶50%”的36人（29.5%）。可见，在被调查者当中，妻子承担75%的家务劳动，丈夫承担25%的家务劳动的比例最高，达总体数量的44.8%，夫妻平分家务劳动的占总体数量的30.6%。

分担养育劳动比例，在有子女的34名男性中，答“我25%，配偶75%”的14人（41.2%），人数最多。其次是答“我50%，配偶50%”的9人（26.5%）。在有子女的107名女性中，答“我50%，配偶50%”的48人（44.9%），所占比例最高，其次是答“我75%，配偶25%”的37人（34.5%）。可见，在被调查者中，妻子承担75%的养育劳动、丈夫承担25%的养育劳动的比例最高，达总体数量的37.9%，夫妻平分养育劳动的占总体数量的35.7%。

表7　性别与家务劳动、养育劳动

性别分工	问项	男（人）	比例（%）	女（人）	比例（%）
分担家务劳动的比例	我100%，配偶0%	1	2.6	12	9.8
	我75%，配偶25%	2	5.3	61	50
	我50%，配偶50%	12	31.6	36	29.5
	我25%，配偶75%	15	39.5	3	2.5
	我0%，配偶100%	8	21	0	0
	我与配偶都不做，用保姆	0	0	6	4.9
	其他	0	0	4	3.3

续表

性别分工	问项	男（人）	比例（%）	女（人）	比例（%）
分担养育劳动的比例	我100%，配偶0%	3	8.8	8	7.5
	我75%，配偶25%	1	2.9	37	34.5
	我50%，配偶50%	9	26.5	48	44.9
	我25%，配偶75%	14	41.2	5	4.7
	我0%，配偶100%	5	14.7	3	2.8
	我与配偶都不做，用保姆	0	0	1	0.9
	其他	2	5.9	5	4.7

表8　对性别分工的看法

	问项	频数（人）	比例（%）
对性别分工的看法	即便是双职工家庭，家务劳动和养育子女的首要责任在于妻子	36	16.1
	由母亲担当养育和教育子女的责任，比由父亲担当好一些	65	29.1
	父亲也能照顾好子女	145	65
	丈夫应负责家庭生计	62	27.8
	父亲也要平等参与养育和教育子女的劳动	166	74.4
	避孕的责任在于妻子	21	9.4
	避孕的责任在于丈夫	41	18.3
	如果妻子负责家庭生计，那么丈夫应担起家务劳动和养育、教育子女的责任	50	22.4
	即便妻子负责家庭生计，也要负责家务劳动和养育、教育子女的劳动	14	6.3
	由父亲负责教育子女的劳动比母亲担当这一责任好一些	16	7.2

对性别分工的看法（多项选择）（参考表8），在223名问卷应答者中，答“父亲也要平等参与养育和教育子女的劳动”的166人（74.4%），所占比例最大。其次是“父亲也能照顾好子女”的145人（65%）。排在第三、第四位的分别是答“由母亲担当养育和教育子女的责任，比由父亲担当好一些”的65人（29.1%）和“丈夫要负责家庭生计”的62人（27.8%）。排在第五、第六位的分别是答“如果妻子负责家庭生计，那么丈夫应担起家务劳动和养育、教育子女的责任”的50人（22.4%）和“避孕的责任在于丈夫”的41人（18.3%）。只有36人（16.1%）认为“即便是双职工家庭，家务劳动和养育子女的首要责任在于女性”。答“即便妻子负责家庭生计，也要负责家务劳动和养育、教育子女的劳

动”的只有14人（6.3%），所占比例最小。

可见，3/4左右的人认为父亲应平等参与养育和教育子女的劳动，大多数人具有性别平等意识。在答“丈夫应负责家庭生计”的62人（27.8%）中，引人关注的是，男性赞成比例比女性高2倍多。在被调查的62名男性中，有29名（46.8%）认为丈夫应负责家庭生计；在161名女性中，只有33名（20.5%）认为丈夫应负责家庭生计。可见，男性更多地保留男性应负责家庭生计的传统观念。虽然有些人仍带有传统的性别观念，但比例不高。

7. 未婚者的倾向

在60名未婚者中，有结婚意向的55人（91.7%），没有结婚意向的5人（8.3%）（参考表9）。打算结婚的理由（多项选择），答“希望有个人生伴侣”的43人（71.7%），人数最多。排在第二、第三位的分别是“年纪大了，可能感到孤独”的28人（46.7%）和“对婚姻的憧憬”的26人（43.3%）。希望配偶的民族或国籍是朝鲜族的有34人（56.6%）[①]，人数最多，但比已婚者的朝鲜族配偶比例（89.4%）低。其次是答不分民族或国籍的19人（31.7%）。择偶方式，答希望恋爱结婚的58人（96.7%），介绍结婚的2人（3.3%），绝大多数未婚者希望恋爱结婚[②]。理想的子女数为2名的43人（71.7%），其次是1名的13人（21.7%）。打算生一名以上子女的有46人（76.7%），没有这一打算的14人（23.3%）。

表9　未婚者的倾向

	问项	频数（人）	比例（%）
有没有结婚意向?	有	55	91.7
	无	5	8.3

① 据姜海顺对延边大学朝鲜族学生的调查，朝鲜族男生中93.5%要与朝鲜族结婚，女生中75.5%要与朝鲜族结婚。男女合起来，有84.5%的朝鲜族学生要与朝鲜族结婚。［姜海顺．朝鲜族民族通婚的调查研究——以延边朝鲜族地区为例．延边大学学报（社会科学版），2012（2）：114.］

② 郑梅在2003年做了一次问卷调查，在延边大学朝鲜族大学生103名中，87.6%的大学生希望恋爱结婚，12.4%的大学生希望通过别人介绍结婚。（郑梅．朝鲜族的婚姻及婚姻观研究．中央民族大学民族学硕士学位论文，2004：31.）

续表

	问项	频数（人）	比例（%）
打算结婚的理由	对婚姻的憧憬	26	43.3
	年纪大了，可能感到孤独	28	46.7
	为了生育子女	18	30
	担心周围人的目光和偏见	5	8.3
	为了经济方面的稳定	11	18.3
	为了心理上的安全感	16	26.7
	希望有个人生伴侣	43	71.7
	为了父母	13	21.7
	因为婚姻有利于社会生活	6	10
	其他	2	3.3
未来配偶的民族或国籍	朝鲜族	34	56.6
	汉族	1	1.7
	其他少数民族	0	0
	韩国人	1	1.7
	其他外国人	5	8.3
	不分民族或国籍	19	31.7
择偶方式	恋爱结婚	58	96.7
	介绍结婚	2	3.3
理想子女数	0	1	1.6
	1名	13	21.7
	2名	43	71.7
	3名以上	3	5
有没有生一名以上子女的打算	有	46	76.7
	没有	14	23.3

8. 对朝鲜族低生育率问题的认识和关注程度

认为朝鲜族低生育率现象有些严重的99人（44.4%），人数最多，其次是认为很严重的61人（27.3%）（参考表10）。可见，大多数人了解朝鲜族低生育率现象的严重性。问低生育率现象对朝鲜族社会的影响，答影响很大的119人（53.4%），人数最多，其次是答有些影响的67人（30%）。关于低生育率现象出现的原因（多项选择），答经济压力的194人（87%），人数最多，第二是身体和精神压力的121人（54.3%）。排在第三、第四位的分别是答“缺少照顾孩子的人”112人（50.2%）和实现自我的需求55人（24.7%）。关于朝鲜族低生育率现象的未来趋势，答需要朝鲜族社会的关心的137人（61.4%），人数最多。排在第二、第三位的分别是“取决于个人意志”的84人（37.7%），政府会解决的38人（17%）。

表10　对朝鲜族低生育率问题的认识和关注程度

	问项	频数（人）	比例（%）
朝鲜族低生育率现象是否严重	很严重	61	27.3
	有些严重	99	44.4
	还可以	17	7.6
	不太严重	24	10.8
	根本不严重	2	0.9
	不知道	20	9
低生育率现象对朝鲜族社会的影响	影响很大	119	53.4
	有些影响	67	30
	还可以	11	4.9
	没有什么影响	12	5.4
	根本没有影响	1	0.5
	不知道	13	5.8
低生育率现象出现的原因	经济压力	194	87
	身体和精神方面的压力	121	54.3
	没有感到需要子女	36	16.1
	时间活动方面的制约	37	16.6
	担心生残障儿	5	2.2
	缺少照顾孩子的人	112	50.2
	实现自我的需求	55	24.7
	初婚年龄的上升	40	17.9
	不孕	33	14.8
	其他	7	3.1
朝鲜族低生育率现象的未来趋势	政府会解决这一问题	38	17
	不关心	13	5.8
	不久的将来，能得到解决	8	3.6
	取决于个人意志	84	37.7
	需要朝鲜族社会的关心	137	61.4
	其他	12	5.4

四、结语

本文使用问卷调查方法，对东北三省和北京、天津、山东、上海等地的朝鲜族进行了问卷调查，通过分析223个问卷，考察了调查对象的一般情况、婚姻观、生育观、已婚者的婚姻情况和生育情况、家庭内的性别分工、未婚者的倾向、对朝鲜族低生育率问题的认识等。

调查对象的基本情况，女性占多数，40—49岁年龄段人数最多，大学本科学历占最高比例。无宗教信仰者人数最多，居住地为延边以外的东北三省的人最多，同住者为配偶和子女的人数最多，兄弟姐妹人数为1名的人数最多。家庭月平均总收入为1万到2万元的人数最多，个人月收入为3000到5000元的人数最多。职业为白领的人数最多，已婚者占多数。

调查婚姻观的结果，感到很有义务结婚的人所占比例最大（61.4%），对婚姻的认识上，认为“结婚比不结婚好”的人数最多。关于婚姻的意义，67.3%认为婚姻在人生中有积极意义，所占比例最高。调查生育观的结果，80%以上的人认为有生育子女的责任。对生育子女的看法，必须要生育子女的（47.9%）人数最多。生育子女的理由，答因为想当父母的人数最多。对子女的看法，答“生育子女是理所当然的事”的，人数最多（75.3%）。答“为了传宗接代，一定要有儿子”的只占3.6%，所占比例低于“一定要有女儿”的比例（10.3%）。

调查已婚者婚姻情况的结果，绝大多数是初婚者，结婚时的年龄在25—27岁的人数最多，结婚已有16—20年的人数最多。从夫妻年龄差看，丈夫比妻子大1—3岁的人数最多。配偶的民族或国籍是朝鲜族的人数最多，69.4%的人恋爱结婚。择偶标准看人品的人数最多，绝大多数是双职工。调查已婚者生育情况的结果，子女数为1名的所占比例最高，理想子女数为2个孩子的人数最多。怀第一个子女的时间为婚后一年内的人数最多。在避孕方式的选择上，使用避孕套的人数最多。堕胎次数0次的（44.4%）所占比例最大，其次是堕胎1次的人（33.8%）。在已婚者中，88.1%有子女。

调查家庭内性别分工的结果，妻子承担75%、丈夫承担25%的家务劳动和养育劳动的比例最高。对性别分工的看法，大多数人具有性别平等意识，74.4%认为父亲也要平等参与养育和教育子女的劳动。调查未婚者倾向的结果，绝大多数人有结婚意向，打算结婚的理由为希望有个人生伴侣的人数最多。一半以上的人希望与朝鲜族结婚，96.7%希望恋爱结婚。理想子女数为2名的人数最多，76.7%打算生一名以上子女。

对朝鲜族低生育率现象，大多数人了解朝鲜族低生育率现象的严重性。一半以上的人认为低生育率现象对朝鲜族社会影响很大。87%认为经济压力是低生育率现象出现的主要原因，一半以上的人认为朝鲜族社会应关心朝鲜族低生育率现象。

本文使用问卷调查方法，考察了朝鲜族的婚姻、生育情况和婚姻观、生育观，和以往的论文主要研究延边朝鲜族的婚姻和生育问题相比，本文包括延边和延边以外的东北三省、京津地区、山东、华东等地的朝鲜族，范围较广，有一定的学术意义。但也存在不少不足之处，首先，调查对象中，男性和未婚者的人数较少，学历分布上大专及以上高学历者多。因此，严格地说，这次调查只能代表朝鲜族中上层人群的价值观和婚姻、生育情况。另外，婚姻观、生育观研究，应结合定性研究，但因为时间关系，这次没能进行深入访谈，有待以后进一步研究。

参考文献：

[1] 古清中．朝鲜族人口的演进．人口学刊，1996（2）．

[2] 古清中，赵凤彩．中国朝鲜族人口发展趋势与特征．人口学刊，1993（6）．

[3] 李辉．吉林延边朝鲜族人口安全问题研究．东北亚论坛，2007（2）．

[4] 崔明玉．延边朝鲜族传统婚礼研究．中央民族大学民族学博士学位论文，2010.

[5] 姜海顺．朝鲜族民族通婚的调查研究——以延边朝鲜族地区为例．延边大学学报，2012（2）．

[6] 林明鲜，申顺芬．婚姻行为中的资源与交换——以延边朝鲜族女性的涉外婚姻为例．人口研究，2006（3）．

[7] 全信子．试析中国朝鲜族女性的涉外婚姻．延边大学学报，2004（4）．

[8] 郑梅．朝鲜族的婚姻及婚姻观研究．中央民族大学民族学硕士学位论文，2004.

[9] 曹月晓．延边朝鲜族育龄妇女的生育意愿及其影响因素研究．吉林大学硕士学位论文，2010.

[10] 韩京清，赵利济，施军．1950—1985年中国朝鲜族妇女生育率．西北人口，1989（1）．

[11] 李宝奇，庄宇．民族区域自治与中国延边朝鲜族人口负增长的解决．民族法学评论，2009（6）．

[12] 廉松心．朝鲜族生育文化述略．黑龙江民族丛刊，2004（2）．

[13] 朴美兰．20世纪90年代以来延边朝鲜族人口负增长原因探析．东疆学刊，2010（1）．

[14] 朴美兰．全球化时代延边朝鲜族人口负增长的实质及其特点．东疆学刊，2012（1）.

[15] 朴美兰. 民族学视野下的延边朝鲜族人口问题. 中央民族大学博士学位论文，2009.

[16] 王化波. 延边朝鲜族妇女生育意愿的影响因素分析. 人口学刊，2005 (3).

[17] 杨雪，张竞月. 人口迁移对延边朝鲜族育龄妇女生育行为差异的影响程度分析. 人口学刊，2014 (4).

[18] 郑信哲. 朝鲜族人口自然增长率下降对发展的影响. 黑龙江民族丛刊，2006 (1).

[19] 李晓霞. 中国各民族间族际婚姻的现状分析. 人口研究，2004 (3).

现代性、跨国流动与个人生活的变迁
——以朝鲜族跨国群体与留守家庭的生活体验为例

李梅花*

概　要： 本文以朝鲜族跨国群体在流动过程中的生活体验为主要分析维度，通过对跨国群体及其家庭的日常生活进行跨地域的追踪田野作业，具体探讨了朝鲜族跨国流动的动机、类型、特点，以及跨国流动与留守家庭日常生活的互动模式和策略，由此洞悉朝鲜族跨国群体日常生活境况中所包含的现代性。

关键词： 朝鲜族；跨国流动；韩国梦；现代性

一、研究背景和问题的提出

随着中韩两国经济文化交流的增强，众多朝鲜族带着发财致富的梦想纷纷前往韩国，朝鲜族社会掀起大规模的赴韩打工热潮。人口的跨国流动和迁移，对朝鲜族社会产生了深远影响，朝鲜族社会从中获得了预期利益，但也由此引发一些社会问题，例如人口流失严重、低生育率和高离婚率、青少年犯罪率上升、农村社会空壳化、耕地抛荒、民族教育危机等。有研究者甚至提出，朝鲜族的国内外流动是导致朝鲜族社会危机的根源，势必进一步导致朝鲜族社会集居地的空洞化，朝鲜族社会也将由此解体并退出历史舞台①。

在剧烈的社会变迁中，朝鲜族的个人生活受到巨大冲击，人们的生存方式、行为模式和价值观念，乃至家庭结构形式都发生了深刻的变化，特别是朝鲜族的传统家庭模式受到了极大的冲击，家庭形态出现异化现象，派生出种种

---

*作者简介：李梅花，女，博士，副教授，延边大学人文社会科学学院社会学专业。研究方向为民族学、中国朝鲜族历史与文化、东北边疆问题等。

① 金强一．朝鲜族人口流动和集居地空洞化问题的对策研究．东疆学刊，2004（3）；金强一．朝鲜族社会萎缩的危机及其发展路径选择．延边大学学报，2011（6）．

变异家庭[①]。朝鲜族在跨国流动的过程中，由于种种原因，无法实现整个家庭的转移，从而出现了夫妻长期两地分居或者父母和子女两地分居的分离家庭模式。对此，有学者认为，配偶一方长期在国外务工，这对婚姻的稳定性带来了一定的负面影响，导致朝鲜族社会离婚率不断上升[②]。也有研究者认为，流动和迁移虽然改变了朝鲜族稳定的家庭生活，但是分离并没有带来家庭的解体。大多数人为了提高经济收入和生活质量愿意承受这种分离，流动并没有冲破朝鲜族的家庭纽带[③]。这两种研究结果，对朝鲜族跨国流动和迁移所导致的分离家庭的判断完全不同，但都有相应的事实支持和扎实的分析。那么，我们应该如何理解这种矛盾？对此，现有的研究仍有进一步解释的空间。与此同时，我们也发现，国内相关研究大多关注跨国流动和迁移对朝鲜族社会经济发展的影响，很少以跨国流动群体为主体，探讨跨国体验对流动群体的日常生活或个人现代性的影响。为此，本文试图通过对跨国群体及其家庭的日常生活进行跨地域的追踪田野作业，从微观角度探讨作为跨国流动群体与留守家庭的生活互动模式和生活经验，细致入微地描述其家庭生活中的个人与情感问题，进而洞悉朝鲜族跨国群体日常生活境况中所包含的现代性，为呈现朝鲜族在社会变迁中家庭生活变革的现代性做出必要而有益的尝试。

在社会科学领域，现代性的含义一直模糊不清，可以用于社会，也可以用于个人，在这里本文关注的是后者，即现代性是个体所拥有的与传统相对应的社会属性。在齐美尔看来，现代性的获得与个人的心理体验和生活体验有关。现代性主要表达的是现代社会中人们的心理体验和生活感触，以显现在货币经济和工具理性日益奴役下现代社会和个体的生存境遇。“现代性的本质是心理主义，是根据我们内在生活的反应来体验和解释这个世界。”[④] 马歇尔·伯曼也指出：“今天，全世界的男女们都共享着一种重要的经验——一种关于时间和空间、自我与他人、生活的各种可能和危险的经验。我将这些经验称作现代性。所谓现代性，就是发现我们自己身处一种环境之中，这种环境允许我们去历

---

① 朴婷姬.朝鲜族社会家庭结构变迁与性别平等研究.东疆学刊，2006（4）；金香兰.当代朝鲜族家庭结构及其伦理的嬗变.延边大学学报，2006（4）；金香兰.社会转型过程中朝鲜族婚姻家庭边缘化的影响及其对策.延边大学学报，2011（4）.

② 姜海顺.延边地区离婚案件的新特点.延边大学学报，2000（3）.

③ 朴光星.跨国劳动力流动与中国朝鲜族的全球性社会网络.中央民族大学学报，2009（5）.

④［英］戴维·弗里斯比.卢晖临，等译.现代性的碎片：齐美尔、克拉考尔和本雅明作品中的现代性理论.北京：商务印书馆，2013：82.

险，去获得权力、快乐和成长，去改变我们自己和世界，但与此同时它又威胁要摧毁我们拥有的一切，摧毁我们所知的一切，摧毁我们表现出来的一切。”① 在这种视角的关照下，朝鲜族跨国流动、背井离乡的经历，未尝不是一种特殊的资源。在这一过程中，他们最有可能深刻彻底地认清自我，并在流动的过程中改变他们的身份、与他人的关系，以及他们的归属和在社会中的位置。由此，本研究以朝鲜族跨国群体在流动的生活体验为主要分析维度，具体探讨以下几个问题：跨国流动的行动逻辑与日常生活体验之间有何关联？流动与跨国体验对他们的生活方式、行为模式、家庭生活和道德规范产生了何种影响？跨国流动与留守家庭日常生活的互动模式和策略是什么？对此，本研究试图通过参与观察、深入访谈和文献分析等定性研究方法，来解答这些问题。

二、离开还是留下：跨国流动的动机、类型及其特点

关于朝鲜族跨国流动的动力机制，现有解释通常以“推—拉理论”为分析框架，认为朝鲜族的跨国流动是推力（中国经济落后、劳动力过剩、收入低等）、拉力（韩国经济发达、高收入和现代化生活）之间博弈的结果。这是一个万能的解释模式，也是一个最无力的解释模式，这种解释模式面临的一个直接困境是：即便面对同样的社会环境，为什么有的人没有流动？社会环境为什么对此人而非对彼人起作用？起作用的机制究竟何在？当问及被访者为什么渴望出国时，普遍的答复是，“虽然比以前生活好了，但如果去了韩国就可以赚更多的钱”。不过，关于为什么要“挣更多的钱”，每个人的叙述和强调点不尽相同，有着更为丰富的内涵。对此，笔者根据访谈内容分类如下。

1. 供养子女型

我1992年就到韩国了。其实，那时候我家生活条件挺好的，可是我的小儿子突然心脏病犯了，延边医院的大夫当着孩子的面说，这病治不好了，你儿子以后就是个半残疾人了。孩子一听就跑出去了，在医院门口哭成了泪人。从那以后，我就一直琢磨着怎么挣钱给儿子治病。这不，机会就来了。我拿到邀请函后，就借了一笔钱去韩国了。（Y某，女，65岁）

---

①［美］马歇尔·伯曼．徐大建，张辑，译．一切坚固的东西都烟消云散了：现代性体验．商务印书馆，2003：15.

2. 追求经济独立型

我是2012年来韩国的。老公先出来的，他是2002年到韩国的，用他邮的钱我们在延吉买了房子。老公虽然在韩国打工赚了些钱，但是他的钱只能用在买房子这样的大事上。孩子的学费、生活费，家里亲戚之间的人情往来，买个衣服、化妆品啥的，都得花我自己的退休费，现在物价那么高，那点钱够干啥啊？家里亲戚都笑话我，说没见过老公在韩国打工的人花钱这么寒酸的。一次过年，家里兄弟姐妹聚会，我喝多了，迷迷糊糊地就坐到我二哥车上的副驾驶位，我嫂子毫不客气地说，下来！这是你坐的位置吗?！我头疼得要死，还是硬撑着下了车坐到后座去了。唉，人没钱，啥兄弟姐妹的，照样不把你当回事。（L某，女，52岁）

3. 生活（事业）变故型

我是2014年6月份来韩国的。我以前是做生意的，家里还开过啤酒屋，以前过年的时候都到海南岛、新马泰去玩。2012年的时候，延吉国贸不是集资吗，我把家里所有的钱都放进去了，图个高利息。没想到，国贸倒闭了，老板也跑了，我的钱也要不回来了。老婆和我天天吵。想继续做生意吧，没本钱；干活挣钱吧，在延边也挣不了几个钱。想想，还是先到韩国。现在来韩国也方便，花个签证的钱，再买个机票，就可以了。（C某，男，56岁）

4. 个人发展型

我是2012年大学毕业后来韩国的。我是朝文专业的，喜欢写小说。我们学校的研究生专业都是文学评论方面的，我不太喜欢，所以就想到韩国来留学。我办了旅游签证到韩国，和在韩国打工的表哥住在一起。我把想去的学校列了个名单，然后拿着我发表的作品和简历，挨个学校联系，心想回国时间到了还联系不上学校，就只能回国找工作了。还好，ZY大学的一位教授很欣赏我，愿意收我做学生，我就留在韩国读研究生了。（Q某，女，26岁）

被访者的叙述，可能会有助于我们理解朝鲜族跨国流动发生的机理，理解他们是在什么样的境遇下做出流动的选择。同时，我们也可以从中发现朝鲜族在做出跨国流动抉择的过程中呈现出来的一些独特现象和特点：

第一，女性是朝鲜族跨国群体中的主力军。改革开放以来，尤其是进入20世纪90年代以后，在市场经济发展和多元文化的冲击下，朝鲜族妇女的自主意识日益加强，加之朝鲜族妇女忍耐、坚毅的性格，使她们在劳动力市场中获得良好的发展空间。在选择到韩国打工的问题上，除了供养子女、提高家庭经济收入之外，追求经济独立、提高自我安全感的欲望以及贫困婚姻生活中的苦恼和冲突相结合，成为朝鲜族女性跨国流动的一大驱动力。她们在做出丈夫留守照顾子女、自己外出打工挣钱的自主选择过程中，付出了更多的牺牲，承担了更大的责任，颠覆了传统的家庭模式和家庭权力结构。

第二，大多数朝鲜族的跨国行动，是经过家庭成员集体商讨后做出的策略性选择。特别是对于那些初期赴韩的朝鲜族女性而言，她们中很多人的韩国之行是通过与自己的丈夫“假离婚”、与韩国男性“假结婚”来实现的，在这一过程中，丈夫的配合和家族的支持非常重要。很多朝鲜族女性在获得韩国国籍之后，再把自己的丈夫及其他亲属接到韩国来打工，从而实现了跨国流动的再生产。通常情况下，朝鲜族家庭在做出“离开还是留下”的选择时，工作和事业发展比较稳定的一方留在国内；办理出国手续容易、身体健康、在韩国容易找到工作、在国内工作不稳定或无职业的一方，则出国打工挣钱。

第三，“相对失落感”，成为朝鲜族跨国流动的主要原因之一。事实上，大部分出国打工的朝鲜族在中国国内并不属于极贫困阶层，他们之所以选择到韩国去打工，是为了继续保持自己的社会经济地位，或者实现向上流动的梦想。当“韩国梦”的成功事例是每天发生在自己身边的现实，当自己的生活和周围人的生活越来越拉开距离，出国挣钱、在延吉买房子、让儿子出国留学等欲望，不断刺激着那些渴求快速富裕起来的朝鲜族，促使他们将跨国流动的愿望化为实际行动。

第四，在跨国流动的过程中，朝鲜族社会出现了道德萎缩和信用危机现象。一些朝鲜族通过中介机构或中间人花钱买邀请函、买卖护照、伪装结婚，这些超越道德和法律的问题成为人们的一种惯习，这在一定程度上冲击和破坏了朝鲜族的家庭伦理及价值观。特别是，有的朝鲜族女性为了达到出国目的，不择手段与韩国人“假装结婚”，严重颠覆了朝鲜族视婚姻为人生大事的传统伦理道德。还有一些人为了达到长期出国的目的，由“假离婚”发展成真离婚，许多原本幸福美满的家庭被拆散，进而导致单亲家庭以及子女教育危机等诸多问题。

第五，随着中韩两国的建交，学术交流也日益频繁活跃，学校与研究机构相互缔结姊妹关系，很多高中毕业生或大学毕业生赴韩国留学。朝鲜族选择韩国留学，与自己语言相同和经费较为低廉相关，因此，在大学或研究机构随处可见朝鲜族的留学生与访问学者。不过，相对初期跨国流动者而言，朝鲜族高层次人才跨国流动范围渐趋多元化，其选择范围扩散到美国、澳大利亚、日本、西欧等发达国家和地区，在韩留学生数目也随之递减。

三、留守与等待：跨国群体和留守家庭的互动与张力

人口的流动必然会改变家庭的结构，家庭结构的变化总是为了实现某种家庭的功能。朝鲜族外出务工的丈夫或者妻子虽然在一定程度上解决了家庭生计问题，但他们却因空间距离而长期无法共同生活，性的权利和义务也因空间距离而难以实现，从而导致婚姻的情感满足功能进一步弱化，这对婚姻关系的稳定无疑会构成一定的潜在威胁。这时，汇款就是一种很好的情感表达方式。用被访者的话来说，"因为我爱你，所以我为你赚钱，并把钱寄给你"。在这里，金钱不仅是交换或积聚物质财富的手段，而且也是传递和表达对家人情感的象征。汇款和接受汇款，已成为赴韩打工的朝鲜族和留守在国内的家庭实现互动的重要内容。通过汇寄和带回资金，外出迁移者实现了家庭内的经济角色。大多数外出迁移者汇寄和带回现金收入是持续性的互动仪式，成为留守家庭稳定的生活来源，增强了家庭的日常生活消费能力。

我到韩国后拼命挣钱，为了省钱，有时候连水都舍不得买，有好几次都晕倒在街上。刚开始的时候，我是非法滞留，所以不能到银行去邮钱，只能托人捎回去，有时候实在没办法，就到首尔站，碰到中国人就问回国吗？不管认识不认识，就把钱给人家，哪怕他拿一半的钱当辛苦费，剩下一半交给家里人也行。后来，我回家和老公一对，有好几笔钱都被那些人昧下了。几年下来，我给家里邮了大概20万块钱。那时候，和老公感情还很好，一打电话听到他的声音，就哭得不行。（Y某，女，65岁）

我丈夫原来在青岛做生意，因为和我结婚就回延吉了，但是在延吉，政府事业单位进不去，做生意也赚不到什么钱，所以在我生完孩子后，他在家帮我看了一年孩子，孩子过了周岁生日，他就去韩国了，在首尔附近的一个工厂干活，每个月挣180万韩币。我一个人带着孩子也不方便，所以就把房子卖了，搬进了娘家。他每月除了生活费都给我邮。他知道我想买车，所以说想买就买，反正他下辈子挣钱就是为了满足我所有的虚荣心。我说买什么样的车，他说，就挑你喜欢的，反正是你开。我喜欢买衣服，他说想穿就穿呗，别人的老婆能穿我老婆为什么就不能穿？他越是这么说，我反而不好意思花钱了。（L某，女，42岁）

按照社会交换理论来说，交换维护着社会关系，在交换行为中，重要的是参与交换的人通过交换维系了他们之间的关系。在分离家庭中，尽管夫妻一方对家庭的经济贡献界限清晰，即外出一方的经济贡献大于留守一方，但却并没有因此而导致留守一方在家庭中处于边缘化的权力地位，反而因为交换资源对于对方的稀缺性价值而更好地维护了夫妻关系和家庭关系的整合。但是，朝鲜族跨国流动人员与其家庭成员之间的汇款行为，实际上是一种协商的契约性安排①，移者与其家庭通过这种契约来保障各自利益以及家庭整体的安全。如果双方同意并遵守这种契约安排，则婚姻关系或家庭关系就有了维系的前提；而一旦不能遵守这种契约安排，或者不能妥善地管理和经营汇款，反而会招致关系破裂。

我老公去韩国的时候，我把家里的钱都让他带走了。我想，他到国外去，万一有个头痛脑热的，身边总得有钱。可能是头没开好，他觉得我不需要钱吧。反正他从来没给我邮过钱。甚至我生孩子、孩子过周岁生日的时候，他也没邮钱。我周围人都说，他肯定是有爱人（韩国语情人的意思）了，我听了心里挺不是滋味的。说实话，我一个人生活的时候，他不邮钱也能过，但是有了孩子，物价这么高，我的工资根本不够用。后来，我一个亲戚说在韩国见过他，说世界杯足球赛的时候，他领着个女的到处看球赛。我一听，彻底寒心了，就给他打了电话，说找个时间回来办离婚手续吧。（Z某，女，40岁）

我到韩国打工挣的钱，先是给大儿子买了房子。大儿媳妇在延吉的银行上班，人挺精明能干的，对我儿子也好。我心想，银行内部的职工汇款啥的不花手续费，我一个老太婆在韩国打工，有个三长两短的，钱放在我这里也不安全，所以每个月挣的钱都邮给大儿媳妇。后来二儿子要结婚了，我就回延吉了一趟。想这两年邮的钱加上以前存的，凑一凑应该能买个房子了。没想到啊，刚一张口，大儿媳妇就说，这钱都用没了。我问，怎么用的，用在什么地方了？我的钱，我不能问吗？可是大儿媳妇就一句话，花了，没了。大儿子也不吱声。我又气，又伤心，号啕大哭。我能怎么办呢？我还能告自己的儿子、儿媳妇吗？（W某，女，69岁）

① Stark, Oded & Lucas, Robert E.B. 1988 (3), "Migration, Remittances, and the Family." Economic Development and Cultural Change.

四、返乡或客居的二难选择

在韩打工的朝鲜族普遍具有一种“客居”心态。大多数被访者表示，他们并不打算在韩国长期居住，对于他们来说，到韩国的目的就是赚钱，在这里苦干几年，等积累了一定的数目后，或者是干不动了，就将返回家乡。返乡回家的人不外乎以下几种：一种是所谓的“失败者”，他们在韩国生活了一段时间后，由于身体原因或者个人原因挣不到钱，所以受挫返乡，基本上他们回去后就不再外出了；二是积累了一定资金的人，他们往往回家乡或者国内其他城市开饭店、茶座、练歌厅、咖啡馆，或者从事其他经营；三是暂时返乡者，比如家中有人生病需要照顾、孩子高考、调养身体、重新办理出国签证等。很多被访者表示，虽然并不满意在韩国的生活，但是相比之下，他们更不愿意待在家里，从而再次踏上赴韩之旅。

我以前在中国的时候，看到那些民工在建筑工地干活，脏兮兮的，心里还挺看不起的，没想到来韩国之后我自己也和他们一样了。一开始心里还挺委屈的，但是看到周围的人都做差不多的工作，心里一想，人家都干着呢，我也干吧，等挣完钱，我就不干了，回国。但没想到，这钱怎么也挣不完，一直干到了现在。一直干呗，啥时候干不动了，就回家。（L某，男，52岁）

我回来是因为女儿要高考，打算她考上大学后再回韩国。我在韩国那么辛苦挣钱，还不都是为了孩子，孩子到了关键的时候，我怎么也得在她身边照顾一年。我在她的学校附近租了一个房子，一天三顿饭让她吃得好。但是，在家待着也挺烦的，在韩国的时候，天天能进钱，回家了，钱没挣，倒是哗哗地往外流。延吉的物价怎么这么高，我看有的东西比韩国都贵，我真怀疑，那些挣死工资的人都是怎么过日子的？（S某，女，53岁）

我回来是重新办签证，大概等几个月就又去韩国。在韩国的时候，挺想回家，等真回到家了吧，烦心事多，也不愿意待了。我那个丈夫，自己的钱舍不得花，自己老婆挣的钱那是一点都不心疼，出门就打出租车，买的补药都几百块。稍微说几句吧，还不高兴。现在不像过去还吵架，现在都吵不起来了，也不想吵。我回去后，和丈夫也没有什么话说，也不在一

个房间里睡觉。（L某，女，58岁）

朝鲜族返乡之后再次踏上赴韩旅途，是基于以下几个原因：一是他们已经不适应国内的生活了。那些去韩国打工的朝鲜族，他们开始逐渐适应在韩国的工作和生活方式，已经不适应国内的生活，甚至对国内某些现象产生不理解、反感、否定的态度；二是夫妻一方赴韩打工，造成家庭成员之间空间距离增大，夫妻之间或者父母子女之间在很多层面上沟通不良，感情淡漠；三是赴韩打工虽然改善了家庭生活，增加了经济收入，但返乡后如果不能开源的话，难免坐吃山空，所以为了维持较高消费以及保持已经取得的经济地位，进入了消费——出国打工——再消费——再出国打工的循环。

五、结论与讨论

朝鲜族为了实现“韩国梦”，跨越了原来的居住国——中国，进入了一个自认为比较熟悉的“故国”——韩国，由此走上了从想象的“熟悉”到现实的“陌生”这一“文化震撼”跨国流动之路。但是，这一路途充满了崎岖和不确定性。朝鲜族希望借由空间的流动，去赌博性投资未来美好生活的“韩国梦”，尽管入梦时疲惫不堪，梦醒时惶恐不安，但在这一旅途上永远人潮汹涌，络绎不绝。

朝鲜族跨国同源民族的语言文化优势，的确为他们在韩国的工作和生活带来了便利条件，但他们并不会因为同源的族群身份而获得额外的好处。他们通过工作中透支和受损的身体，真切体会到了劳动和生活环境的恶劣以及难以言传的歧视和冷漠。他们的生活和行为方式遵循着自己的逻辑，而与市场体制和城市的现代化生活无关。作为韩国社会一个特殊群体，朝鲜族游走于社会主义国家和资本主义国家之间，穿梭于城市和农村之间，徘徊于传统社会和现代社会之间，这种独特的生存实践形成了他们怎样独特的“现代性”？他们的现代性与留在家乡没有流动的人相比，是否更为现代呢？

家庭生活的不完整构成了当前朝鲜族社会赴韩打工潮下最大的隐痛和暗伤。由于配偶一方长期在国外，妻子或者丈夫不得不独自忍受家务和工作的艰辛和孤苦。如若夫妻都外出务工，子女则留给家中的祖辈或亲属抚养，结果造成亲子关系疏远，而亲子交往的缺失对子女的正常社会化和健全人格发展带来不利影响，以致形成目前备受关注的朝鲜族“留守儿童”教育问题。如此看来，朝鲜族出国务工虽然增加了家庭的经济收入，但是家庭生活的内容本身被掏空了。背井离乡的“韩国梦”，对于朝鲜族的家庭究竟意味着什么？

从被访者生活史的田野调查中，我们所读出的最能刻画其群体特征的一个词便是：漂泊。为了追求美好生活而背井离乡的朝鲜族，在异国他乡的繁华都市中只是匆匆过客，而故乡也成为越来越陌生的、不愿回去的地方，他们注定了是异乡客、“无根花”①。那么，一个不停走在流动和迁移之旅的民族，其跨国流动的体验是积极的，还是失败的②？对于他所处的国家和社会的发展有何意义？对于这个民族本身的发展又有何意义？这些都是本研究今后将继续探讨的问题。

参考文献：

[1] 金强一．朝鲜族人口流动和集居地空洞化问题的对策研究．东疆学刊，2004（3）．

[2] 金强一．朝鲜族社会萎缩的危机及其发展路径选择．延边大学学报，2011（6）．

[3] 朴婷姬．朝鲜族社会家庭结构变迁与性别平等研究．东疆学刊，2006（4）．

[4] 金香兰．当代朝鲜族家庭结构及其伦理的嬗变．延边大学学报，2006（4）．

[5] 金香兰．社会转型过程中朝鲜族婚姻家庭边缘化的影响及其对策．延边大学学报，2011（4）．

[6] 姜海顺．延边地区离婚案件的新特点．延边大学学报，2000（3）．

[7] 朴光星．跨国劳动力流动与中国朝鲜族的全球性社会网络．中央民族大学学报，2009（5）．

[8]［英］戴维·弗里斯比．卢晖临，等译．现代性的碎片：齐美尔、克拉考尔和本雅明作品中的现代性理论．北京：商务印书馆，2013：82.

[9]［美］马歇尔·伯曼．徐大建，张辑，译．一切坚固的东西都烟消云散了：现代性体验．商务印书馆，2003：15.

[10] Stark，Oded & Lucas，Robert E.B. 1988（3），“Migration，Remittances，and the Family.” Economic Development and Cultural Change.

① 参见延边朝鲜族女作家许莲顺《无根花》：“我是无根花，从一个地方飘到另一个地方，漂无所依……我在风起风落之间往来于两个世界，但任何地方都不是我的落脚之处。对另一个世界的怀念、遗忘、乡愁、仇恨让我痛苦不堪。我从此地飞到彼地，永无停歇。我生活在两个世界里，又从两个世界中逃离。我是谁?”。(바람꽃.범우사. 1996：7.)

② Caren Freeman. Making and Faking Kinship: Marriage and Labor Migration between China and South Korea. Cornell University Press，2011：243.

流动的困惑：跨国流动中的朝鲜族身份认同多元化

朴今海　张葱竹*

摘　要： 朝鲜族跨国人口流动及其规模在改革开放后的30多年中持续增长。在跌宕起伏、曲折多变的跨国流动中，在韩朝鲜族不断改变其流动方式和生活环境的同时，实际也在改变着自己的社会关系和群体的归属结构，其归属感、价值观、认同感也在不断地被打破和重塑。比起20世纪90年代末朝鲜民族“族性”的淡化与中国人的“国民性”的强化，2000年代后半期开始，由于韩国对朝鲜族政策环境的不断改善及朝鲜族本身的各种共时性的复杂身份，形成民族认同和国家认同的交错和张力，其身份认同呈现出日趋开放和多元的特点，这在某种程度上对国家认同的建构形成一定的冲击和挑战。

关键词： 朝鲜族；跨国流动；身份认同；多元化

朝鲜族跨国人口流动及其规模在改革开放后的30多年中持续增长，尤其是1992年中韩建交以后增长速度明显加快。据2016年韩国有关部门统计，在韩朝鲜族已达65万多人，超过了中国朝鲜族总数的1/3。综观30余年的朝鲜族跨国流动轨迹，实在是起伏跌宕、复杂多变，在漫长的流动过程中，朝鲜族的身份认同亦日趋多元化。本文采用访谈、参与观察和文献资料分析相结合的研究方

---

*作者简介：朴今海，女，朝鲜族，延边大学民族研究院院长、人文社会科学学院社会学系教授、博士生导师，主要研究方向为少数民族文化；张葱竹，延边大学2017级马克思主义民族理论与政策专业博士生。【基金项目】本文系吉林省规划办基地项目《跨国流动视域下的朝鲜族身份认同建构与重塑》的阶段性成果。

法，基于自2004年以来笔者对17位[①]在韩朝鲜族个体进行的跟踪调查，重点探讨在韩朝鲜族身份认同之变化的阶段性特点及其影响因素。

一、族性的淡化：介于同胞与外国人的“他者”的身份意识（20世纪90年代—2000年代初）

（一）朝鲜族跨国流动的兴起

中国朝鲜族与韩国的接触始于20世纪80年代，以个别朝鲜族的探亲为主。伴随1992年中韩两国正式建立外交关系，韩国政府逐步放宽探亲途径，朝鲜族以探亲、寻亲为主要动因的跨国流动骤然升温。探亲往来过程中，人们对两国生活水平的悬殊差异了然于心，探亲也就逐渐演变成朝鲜族探亲者创造财富、增加收入的一种谋利手段，以“探亲为名、创收为实”的跨国人口流动开始盛行。为数极多的朝鲜族借赴韩探亲之机，携带我国名贵的中草药及补品，除用作馈赠亲朋的小部分外，把大部分在韩国以高价售卖。直至1994年，随着朝鲜族赴韩人口数量的急剧增加以及药材倒卖泛滥、假药充斥市场，兴盛一时的“探亲+卖药”的跨国流动迅速降温。因探亲签证有时间期限，加之韩国人对朝鲜族由狂热变冷淡的“骨肉情”，不少朝鲜族探亲者选择非法滞留的方式来继续创收，即由药材倒卖转向持久的打工战，出国探亲也自此冷清。

恰逢此时，随着韩国经济突飞猛进的发展，韩国出现了劳动力严重短缺的社会问题。为此，1993年韩国政府出台“产业研修生制”，开始引进外籍劳务人员。具有语言优势的朝鲜族不惜倾家荡产，通过各种渠道率先加入劳务输出的队伍行列。但是由于外籍产业研修生不受《韩国劳动基准法》的保护，研修生被辱骂欺凌、超时加班、拖欠工资等受害事件接连不断，致使研修生大量跳槽和非法滞留。

---

① 17位访谈对象的选定是2004年笔者在韩国当交换教授时，根据年龄、性别、经历、签证类型、职业、滞留时间等特征而筛选出来的。其中入籍者（结婚移民者）2人，持有D-3产业研修生签证者10人、留学生2人、偷渡者1人、探亲者2人。其中持有效身份的有11人，非法滞留者（黑户）有6人（逾期产业研究生3人、偷渡者1人、逾期探亲者2人）。2014年笔者再次访韩时，追踪这17位访谈对象，发现其身份、签证类型等发生很多变化，入籍者3人（结婚移民者1人，其余2人）、H-2访问就业签证者 6人；持有F-4在外同胞签证者3人、F-2居住签证者2人、回国者3人（其中留学生2人、放弃韩国国籍的结婚移民者1人）。除回国者外，全部持有有效签证。

韩国政府在鼓励引进外国劳动力的同时，为了解决一些低收入韩国男青年的结婚问题还鼓励国际婚姻。因同文同种的人文因缘、韩国相对优越的生活条件、悬殊的收入差异以及涉外婚姻所带来的一系列连带效应等多种因素，涉外婚姻也成了朝鲜族跨国流动的主要形式。为达到赴韩打工的目的，不少朝鲜族已婚夫妇竟把婚姻当儿戏，不惜出演与原配丈夫“假离婚”、与韩国丈夫“假结婚”的闹剧。一种以“婚姻为名、打工为实”的跨国流动悄然兴起，且愈演愈烈[①]。

除了上述以打工为目的的各种形式的跨国流动外，留学生的流动也渐趋活跃。由于同种同文的历史背景以及韩国方面对朝鲜族留学生的各种优惠政策，建交初期韩国成为朝鲜族学子的留学首选之国。但随着改革开放的进一步深入和生活水平的不断提高，对优质教育的渴望促使朝鲜族高层次人才跨国流动渐趋多元化，美国、西欧、日本、澳大利亚等发达国家和地区成为其新的求学地，在韩留学生数目也从而随之递减。

（二）民族认同到民族认异：国民性的强化

1992年中韩建交后，将近半个世纪处于敌对国的韩国一夜间成为朝鲜族淘金的首选之国。之所以韩国具有如此大的吸引力，主要还是靠同文同种的族裔情结。尽管将近半个世纪朝鲜族与韩国未曾有过来往，且生活在社会主义体制的中华大家庭，但大多数朝鲜族的身份认同上不仅有现实的朝鲜族的民族认同和中国国民的国家认同，而且还有对“想象的祖籍国”的天赋的情结和向心力。正因如此，改革开放以后成千上万的朝鲜族满怀“血浓于水”的同胞之情与期待，争先恐后地踏上韩国务工之路。但是，谁也未曾料到朝鲜族的族裔期望被现实无情地打破。

首先是生活和工作上的欺压与歧视。因为朝鲜族劳工多集中在劳动密集型产业和服务业，不仅工作环境和工种带有“三D”性质，且日工作时长远远超过8小时，而收入却远低于韩国民众的平均水平。加之由于劳工者身份上的制约（或为黑户，或为跳槽者，或为非就业签证，或为偷渡者等），受不良老板肆意欺压剥削，拖欠工资的遭遇屡见不鲜。不稳定的工作、超负荷的劳动时间和强度、简陋的吃住条件、危险的工作环境以及与付出不对等的薪金报酬，这一切使在韩朝鲜族劳工身心承受着巨大压力。朝鲜族劳工者切身体会到，除就业时

① 朴今海，王春荣．流动的困惑：朝鲜族跨国流动与边疆地区社会稳定．中南民族大学学报，2015,（02）．

语言方面比外国人务工者略有优势外，在韩国人眼里，朝鲜族也无非是“外国人”，而且是只能从事“三D”业种的社会最底层的穷人而已。无处不在的歧视、等级差异与边界的划分及压迫，彻底打破了朝鲜族对祖籍国的想象，作为同一民族的“族性”大打折扣。

> 到韩国之前，对韩国抱有很大的期望，毕竟是同样一个民族，同样一种语言，但是到韩国之后我才意识到这可不是想象中的天堂。最难以忍受的是对中国和对朝鲜族的鄙视。我还是一个大学毕业生，曾经还当过师范老师。而只有高中学历的老板竟敢在我们面前问“你们在中国的时候有没有电视?”“中国吃得怎样?”等近乎白痴的话。更气死人的是，同样的职场职员，对待韩国职员多少还带有点恭谨，而对待朝鲜族职员时就随便谩骂，“胡狗”“蠢猪”等各种辱骂没完没了。嗨，有的时候真想揍他几拳，但想起家乡的家族也只能忍气吞声。
>
> （访谈对象：ZD；时间：2004年5月8日；地点：加里峰洞）

其次是政治上的非同胞待遇。朝鲜族的祖先为自19世纪末起，或迫于生计或为了从事反日运动而迁移到中国东北的朝鲜人的后裔，与韩国人同属一个民族。按理来讲，时过一个世纪以后重返“故国”的在韩朝鲜族理应得到韩国社会的尊重和平等对待。然而国家与政府层面的一系列差别化对待，使在韩朝鲜族再次感受到被边缘化的失落感。他们不仅经济上遭受压迫，而且在政治上、法律上得不到与韩国国民同等的公平待遇。更为甚者，同样为韩民族后裔，朝鲜族与来自美国、日本等国朝裔的待遇有着天壤之别。这种差别化待遇在韩国政府1999年颁布的《在外同胞法》里表露无遗。经历20世纪90年代的经济危机，韩国政府为广泛吸引海外朝裔来韩投资，同时加快新民族国家建设的步伐，制定出台了《在外同胞法》，其内涵是赋予海外朝鲜族裔类似双重国籍的待遇。然而，该法却公然把中国朝鲜族和苏联的高丽人拒之门外，其理由为朝鲜族和高丽人均是在大韩民国成立前移居海外，未曾拥有过大韩民国国籍。时至2004年，在广大在韩朝鲜族与韩国人权组织的示威与抗争下，该法案终于得以修订，然而这种法律上的公开歧视给朝鲜族带来的心灵创伤却没有因法案的修改而抚平。《在外同胞法》事件使得中国朝鲜族逐渐认识到，在韩国政府及国民眼里，自己只不过是低人一等的外籍劳工而已。

再次是文化上的异质化。朝鲜族是源于朝鲜半岛的跨界民族，韩国之所以成为朝鲜族跨国务工的首选，主要缘于同文同种的文化情结，语言成为朝鲜族最大的就业优势。但令朝鲜族悲哀的是，韩国的韩国语和延边的朝鲜语在语调、词汇上都有相当大的差别，朝鲜族特有的“延边口音”反倒成为一个象征落后、愚昧的朝鲜族身份“标签”，遭到蔑视的眼神。除延边口音外，韩国的媒体、电影（《黄海》《新世界》等）等常有意无意地给朝鲜族群体贴上偷渡者、罪犯甚至是杀人犯等负面的标签，导致大众对其出现偏离实际的认知偏差，形成极其负面的刻板印象。媒介对朝鲜族的污名化，无疑是雪上加霜，严重影响了在韩朝鲜族的社会适应，多数人尽可能地努力去掉自己的延边口音，不愿意公开自己的“朝鲜族”身份。

朝鲜族为了一个梦想——为尊严、为富足、为子女教育……千方百计到“同文同种”的韩国，但是在韩生活环境和经历中，朝鲜族所体验到的更多的不是“民族认同”，而是“民族认异”。在祖籍国被边缘化的过程中，朝鲜族切身感受到介于同胞与外国人之间的与其初衷相异的“他者”身份，而这“他者”的身份不但强化了其对于祖籍国的疏离感，而且还无形中延续和强化了其作为中国人和中国朝鲜族的身份认同和归属认同。很多有关对朝鲜族的研究成果也在强调，“通过劳务输出韩国，朝鲜族的认同意识经历了从族群认同渴望到族群认同弱化再到国家认同不断强化的动态变化过程”①；“改革开放不仅没有削弱我朝鲜族的爱国心，相反在很大程度上提高了他们作为中国人的意识”②。

当然，“打断骨头连着筋”，割不断的族裔情结和文化联系，使在韩朝鲜族跨国族群认同并不因为上述诸多因素而完全消失，朝鲜族主观上对经济收益的渴望以及对族裔的相对安全感和语言上的便利、韩国对朝鲜族政策的一再调适等客观因素致使成千上万的朝鲜族在韩国忍气吞声，长期滞留，这也为后来朝鲜族的认同意识分化埋下了伏笔。

二、融入与固守：跨国流动的新变化与身份认同的多元化（2000年代中期—）

（一）朝鲜族跨国流动的新变化

为了加强与海外韩民族的纽带关系，也为了给韩国境外的朝鲜民族创造自

---

① 周建新，黄超．跨国民族劳务输出中的族群认同与国家认同——以龙井市龙山村S屯朝鲜族劳务输出韩国为例．思想战线，2011（2）．

② 王铁志，李红杰．对外开放与中国的朝鲜族．民族研究，1997（6）．

由来韩的条件和就业的机会，2007年3月韩国政府出台了“访问就业制”。尽管之前韩国政府也曾出台“产业研修生制”“雇佣许可制”，但其适用范围是包括中国在内的其他国家的外籍劳动力，而“访问就业制”仅针对中国的朝鲜族和苏联的高丽人。韩国法务部向符合访问就业制条件的朝鲜族发放有效期为5年的访问就业签证（H-2），有效期内可在韩就业，自由进出境。由于访问就业制大大降低了朝鲜族的准入门槛，给朝鲜族社会带来的变化可谓天翻地覆，在韩朝鲜族总数骤然上升（见图一）。2009年，韩国政府又出台了“在外同胞签证”（F-4），进一步放宽朝鲜族的准入条件，对朝鲜族法人企业代表、个人企业代表、跨国企业干部及职员、媒体干部及记者、大学教授、会计师、律师、同胞团体代表、博士学位持有者等从事“专门职业”的朝鲜族发放有效期为5年的F-4签证。尽管F-4签证对象限于从事“专门职”的朝鲜族，且严禁从事劳务，但总体上来讲给朝鲜族的自由往来开了绿灯。至2014年，韩国政府又给包括朝鲜族在内的“未满60周岁的外国国籍同胞”发放停留期90天以内、有效期为3年的“同胞访问签证（C-3-8）”，使得全年龄段的朝鲜族可以自由出入韩国。随着韩国对朝鲜族政策环境的不断改善，朝鲜族跨国流动也有了一系列新的变化，以致直接影响其认同意识。

首先，在韩朝鲜族总体规模急剧增长。2007年之前，朝鲜族进入韩国除探亲、产业研修生、留学生、结婚移民者等之外的渠道非常有限，一般来讲在韩

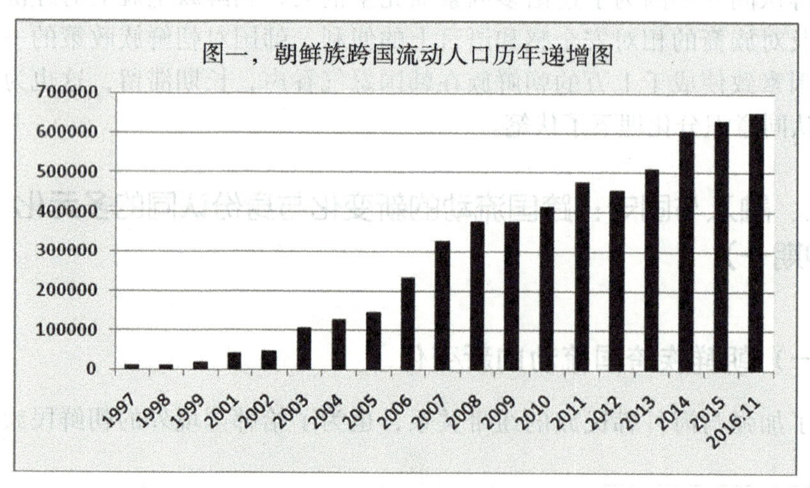

资料：2009—2016年数据来自法务部出入国·外国人政策本部：《出入国·外国人政策统计月报》（2009—2016）；其余数据则参考金贤仙（音），《在韩朝鲜族的聚居地域与定居意识》《社会与历史》第87辑（2010）。

国没有亲戚者只能通过中介机构和蛇头，支付昂贵的手续费才能进入韩国。2007年的访问就业制，首次采用配额制的方式对在韩无亲戚的朝鲜族控制签证发放，使得该类人群也可以通过正当渠道到韩国。准入门槛的降低使在韩朝鲜族总量急剧上升。

其次，身份年龄结构多元化及以家族为单位的定居化趋势。自1993年产业研修生制度到2007年的访问就业制，在韩朝鲜族主要以30—60岁的青壮年劳务者为主，但2009年韩国出台在外同胞签证以后，因其发放范围扩大到诸多领域的“专门职业”及其父母和配偶、20岁以下子女等，在韩朝鲜族的身份年龄结构大为扩大。除传统的劳务主力军外，还有留学生、商人、配偶、孩子、父母等。身份年龄结构的多元化，意味着过去以劳工者为单位的个体流动逐渐变为以劳工者及其家庭成员为单位的家族流动，而且其居住形式也渐趋定居。尤其是2014年出台“同胞访问签证（C-3-8）”之后，随从家族流动的老年人口及学龄人口大为增加，以致朝鲜族较为集中的永登浦区大林洞大东初等学校和九老区加里峰洞永一初等学校学生大多为朝鲜族学生。相对高的经济收入、家族成员相聚等主观上的原因，加之相对优越的交通及公共设施、医疗福祉待遇等客观条件诱使朝鲜族趋于定居化。

再次，在韩朝鲜族社会网络及共同体的形成。尽管在韩朝鲜族总量持续上升，但大部分朝鲜族排外意识比较明显，他们常以血缘、族缘、地缘、乡缘、业缘、学缘等为纽带，在大林、加里峰、安山等地形成聚居区，并编织密集的社会关系网络，将自身的朝鲜族的族裔身份凌驾于韩国的社会结构之上，与当地韩国人相区隔或与韩国人保持一定的社会距离，形成自身的共同体，以此抵御来自韩国主流社会的排斥，并应对韩国主流社会的各种就业竞争，克服主流社会的各种歧视，强化族裔自立和团结的保障机制。随着韩国政策环境的改善以及朝鲜族自身的社会参与意识的提高，在韩朝鲜族也开始努力打破朝鲜族自身的族裔限制，积极寻求与韩国主流社会的沟通与融合，各种社会团体也应运而生。

（二）在韩朝鲜族身份认同的分化

在跌宕起伏、曲折多变的跨国流动中，在韩朝鲜族不断改变其流动方式和生活环境的同时，实际也在改变着自己的社会关系和群体的归属结构，其归属感、价值观、认同感也在不断地被打破和重塑。比起20世纪90年代至2000年代初的较为单纯的朝鲜民族“族性”的淡化与中国人的“国民性”的强化，2000年代后半期开始，由于韩国对朝鲜族政策环境的不断改善及朝鲜族本身的各种共时性的复杂身份，形成民族认同和国家认同的交错和张力，其身份认同呈现出日趋开放和多元的特点，这在某种程度上对国家认同的建构形成一定的冲击和挑战。当2014年笔者再访韩国追踪2004年的访谈对象时，发现17人的身份及签证类型有了很大变化：除3人回国者（留学生2人、放弃韩国国籍的结婚移民者1人）外，14人全部为有效签证者，其中入籍者3人（婚姻移民入籍者1人、非婚姻移民入籍者2人）、永久居住者2人、在外同胞签证持有者4人、访问就业签证持有者5人。

1. 加入韩国国籍者

国家认同是身份认同的重要组成部分，国家认同一般指的是一个民族群体对所在国家的认同，主要表现在个人对国家所持有的感性和认识以及理性层次的利益考虑。国家认同的主要标志是国籍认可①。在持久化的韩国生活中，随着各种社会结构因素的改变，朝鲜族的国家认同，尤其是对国籍的认可开始有变化。据不完全统计，在韩朝鲜族当中加入韩国国籍者有10万人左右②。当然，这10万入籍者，其入籍动机各有差异，主要分如下几种类型。

一是寻根型。祖籍在朝鲜半岛南部的朝鲜族第一代人，尽管过了将近一个世纪的历程，但对母国仍然怀有强烈的情结，落叶归根、认祖归宗的意愿非常强烈。祖籍在韩国庆商南道金海市的朴先生道出了心灵深处那种对故土的刻骨铭心。

> 我是1939年随父母集团移民到安图的，当时我大概10岁多一点。我家亲戚大部分在韩国。韩国亲戚家的族谱上都有我的名，甚至韩国户籍上都有我的名。虽然离开故乡这么多年，但我终究忘不了家乡的一山一水、一草一木，还有儿时与同伴们一起捕鱼、捉迷藏等一起嬉玩的场面。尽管这么多年间韩国的家乡也发生了很多的变化，变得非常陌生，亲戚之间也较为生疏，但我还是根据我父亲生前的遗嘱，把他们的骨灰移葬到韩国的老家，我的家属也在这里安顿下来。毕竟是我的故乡嘛……
>
> （访谈对象：PRF；时间：2014年12月；地点：在永登浦区大林洞）

二是婚姻型。中韩建交之后，尽管韩国政府出台了产业研修生制、雇佣许可制等招募外籍劳工制度，但由于手续烦琐、等待时间长、名额有限、蛇头盘

① 郑一省．移民政治认同对国家关系的影响——以东南亚一些国家为例．东南亚纵横，2012（12）．

② ［韩］同胞世界新闻．第339号.2015-06-24.

剥等原因，对大多数朝鲜族来讲韩国仍为遥不可及的国家。山重水复疑无路，以“婚姻为名、打工为实”的“假结婚”成为实现韩国梦的一种捷径，由此出现了结婚移民者的入籍现象。但这些婚姻移民者的入籍动机与上述寻根型不同，更多的是出于功利性的目的，因此其身份认同不像寻根型那样单一，而存在诸多困惑与矛盾。

我是1999年通过国际婚姻到韩国的，与韩国丈夫过了3年之后离婚。现在我的国籍是韩国。当时拿韩国国籍的目的就是，一是为了我自己能够在韩国安心挣钱，二是为了能够邀请在中国的亲戚。因为那时，到韩国简直是难如登天，我拿韩国国籍之后，先后邀请了妈妈和姐姐，后来又邀请了姐夫和舅舅。没有国籍，我哪能邀请得了那么多人……我虽然法律上是韩国国民，但我从来没把自己看成是韩国人，而韩国人也从未把我看作他们的韩国国民……

（访谈对象：KJ；时间：2004年5月；地点：京畿道安山市）

三是功利型。随着在韩朝鲜族经济实力的增长，有些人愿意在韩国长期发展，但他们却有着种种不便，大至开业、购房、出国、子女入学、社保，小至看病、申请信用卡等，诸多差别待遇都不利于其融入当地主流生活。而有些人随着思想意识的开放和经济实力的增长，不再固守一地，利用自己的社会资源积极寻求与韩国社会的互动，想要“择良木而栖之”。又有些人开始关注政治权利，积极参与各种政治活动，甚至对市议员、国会议员竞选也表露出高度的参与意识。如2016年韩国第二十届国会议员比例代表选举中，韩籍朝鲜族报名申请者共有13名（申请韩国执政党“新世界党”的比例代表有7人；申请在野党“共同民主党”的比例代表有6人）。尽管他们最终都未能获得议员席位，而且其竞选动机也各有不同，或为积累政治资本，或为朝鲜族利益呼吁，但此举意味着在韩朝鲜族社会也从边缘走向主流、从封闭走向开放，寻求与主流社会的沟通与融合。2014年笔者再度访谈Z先生时，其一段话便证实了这一点。

2004年接受你的采访时，我也曾说过即便让我加入韩国国籍我也绝对不会加入，因为当时我也非常恨透韩国人的欺负、歧视。但我也没想到时过10年之后，我还是拿了韩国国籍。经过多年的拼搏，我在韩国开了旅行社。因为没有韩国国籍，我的事业、我的财产、后代的教育……反正我和我家族的生存都受到很多拘束。再说，不拿韩国国籍，也无法为在韩朝鲜族利益申辩，根本没有话语权。我的目标是继续做大我的事业的同时，争取个市议员、国会议员，尽可能地让韩国政府和韩国人改变对朝鲜族的态度，多出台有益于朝鲜族的政策……当然我心里也是很矛盾，很纠结。常有人问我是中国人，还是韩国人。因为我拿了韩国国籍，所以从法律身份上应该是韩国人。但是，包括我自己在内，谁能把我看作韩国人呢？我想我还是，至少我的心还是中国人，或者是中国朝鲜族……

（访谈对象：ZD；时间：2014年7月；地点：大林洞）

那么，如何界定入籍朝鲜族的身份认同，尤其是国家认同呢？国籍是一个法律概念，规定公民的权利和义务。一个人除了法律身份外，还有民族身份、社会身份、职业身份、心理身份等等。除了极少部分第一代寻根型入籍者之外，婚姻型、功利型入籍者的入籍动机具有明显的功利性特点，其文化脐带仍然与中国血肉相依。更为引起笔者注意的是，被访谈的2名结婚移民入籍者当中1名已放弃韩国国籍；2名非婚姻移民入籍者当中1名仍然以非正常途径保留中国国籍，实际上为双重国籍者。对未来的不确定性使他们游走在中韩之间，一边权衡着成为两个国家国民的长短处，一边又考量着自己在两个国家的被接受程度。从中可见其内心深处的困惑与纠结。

2. 两难选择的永久居住者

笔者在调查中发现，很多在韩朝鲜族愿意在韩国长期滞留。韩国当前的劳动力市场需要、韩中收入差异、相对人性化的各种基础设施和生活环境、福利待遇等，驱使朝鲜族在韩国长期滞留。但他们不想从根本上融入这个国家，因为他们看出韩国人与朝鲜族之间纵然距离再近，也有一道无法逾越的鸿沟。他们不愿意放弃“中国人”和“中国朝鲜族”的身份，把中国看作为自己的最终归宿。“现实的韩国，未来的中国”便是多数在韩朝鲜族的人心所趋。在鱼与熊掌不可兼得的情况下，他们选择既能保留中国国籍，又能够长期滞留韩国的永久居住权。据韩国有关部门统计，2016年在韩朝鲜族永久居住者共85363人[①]。

其实凭我现在的条件，我完全可以加入韩国国籍，但我现在只拿永久居住证。因为中国经济总量持续增长，说不定未来几年美国也敌不过中国，何况是韩国。我希望我的子女们在中国发展。再说改国籍千万要慎重一些，国籍事关一个人的前程，不是易如反掌说改就改的简单事情。因为

① ［韩］法务部出入国·外国人政策本部．出入国·外国人政策统计月报，2016（11）．

没有金钱、社会关系等各种基础，即便我现在加入韩国国籍，也无法融入韩国的主流社会……但至少现在，我还是想生活在韩国。这里，挣钱也容易，还有交通、医疗、服务态度、文化生活等等都比中国好。以后等我老了，孩子们想回国的时候我也跟着他们回去。

（访谈对象：PCD；时间：2014年7月；地点：新吉洞）

虽然P先生一再强调中国人的身份，但访谈中也不难发现经济方面的实用性和文化方面的同质性对其身份认同的影响以及潜意识当中保留的族裔身份认同。

3. 愿为中国国民（朝鲜族）者

尽管在韩朝鲜族趋于定居化，且身份认同上也出现了一些分化现象，但绝大多数朝鲜族还是愿意选择中国人和中国朝鲜族的身份。因为大多数朝鲜族到韩国的主要目的是经济因素，韩国对其而言只是实现致富目的的“临时的客居地”而已，之所以忍苦耐劳就是为了短期内挣钱致富，有朝一日重新嵌入中国社会，让自己的家族获得富足和有尊严。他们靠亲缘、乡缘、学缘等形成聚居区，编制各种社会网络，游离于韩国主流社会之外，是韩国社会中的“不可同化”者和“他者”[①]。在韩朝鲜族不同的社会阶层中，对回国具有较强意愿的是农民阶层。对其而言，在中国家乡拥有的土地及国家的“三农”政策就是定心丸，给他们的归属注入了强心剂。

我对韩国国籍一点兴趣都没有。干吗加入国籍呢？即便加入国籍，你也是社会最底层。我来韩国的目的就是为了挣钱，挣了钱让我子女上个好的大学。再说我是农民，不愁后路。反正家里有地、有房子，再说现在农村政策多好！在这儿忍气吞声，挣几年钱之后回家安度晚年。

（访谈对象：KZD；时间：2014年8月；地点：大林洞）

在韩国留学、就业的年轻一代也更倾向于回国。因为在他们身上很少有像祖父母那一代的与生俱来的所谓“血浓于水”的根基因子，其成长背景也是在改革开放以后的中国，学历层次较高，因此他们更注重中国的大舞台，更关注中国的未来发展，不想重走祖父母辈的老路。历年在韩朝鲜族留学生数的递减

① 刘燕玲．居住国、跨国和全球视角——美国华人身份认同研究的文献述评．东南亚研究，2015（6）．

便是一例。在韩朝鲜族留学生总数由2010年的2956人降至2016年的186人[①]。

三、思考与建议

通过上述对跨国流动中出现的朝鲜族民族认异（国民性的强化）到身份认同趋向多元化的阶段性变化分析，如下几个问题值得深思。

第一，对朝鲜族跨国流动及其身份认同的变化要有一个整体性、动态性的把握和理解。不管是一个个体或群体，其身份认同并非一成不变，尤其是族群认同与国家认同“不是一个固定的本质，而是一个创造的过程”。在当今世界日益呈现出全球化和流动性的背景下，国际移民的族裔身份认同处于一个不断选择和再选择、塑造和重塑的动态过程之中[②]。作为跨界民族和“离散者”（Diaspora）的朝鲜族，由于其共时性的多种归属与现实生存环境的复杂性，其认同意识也在发生多元化的变化。他们也在靠自已的多元身份并根据不同的场合需要，灵活地在不同的身份间切换，以实现利益最大化。在多重认同中族群身份认同和国家认同的关系便是认同的关键和核心。族群认同与国家认同之间存在对立与冲突，甚至把族群认同凌驾于国家认同之上，其后患不堪设想。要充分尊重“既力求保持本族群的文化习俗，不接受被完全同化，又想方设法跨越各类经济、社会、政治障碍，以求能够融入当地社会”的“离散者”的“微妙处境”[③]，不能用少数朝鲜族加入韩国国籍的局部现象来以偏概全，也不要忽略在韩朝鲜族身份认同多元化趋势，注重因地制宜，合理引导，倡导“和而不同，多元并存”的族群与国家关系。

第二，综观将近30年的朝鲜族跨国流动及其身份认同的变化轨迹，影响朝鲜族认同意识的因素，虽然不排除与生俱来的所谓“血浓于水”的原生论（primordialists）的因素，但更多的是受“政治与经济资源的竞争与分配”等社会结构的影响，亦即工具论（instrumentalists）的因素。因此，其族群认同具有多重性以及随客观环境而变化的特点。对绝大多数在韩朝鲜族来讲，经济因素是其跨国流动的主导性因素，也是构建国家认同和民族认同的关键要素。尽管多数朝鲜族没有把韩国当作移民的最终目标地，但中韩两国悬殊的收入差异，加之

---

① ［韩］法务部出入国·外国人政策本部．出入国·外国人政策统计月报，2016（11）．

② 黎相宜，周敏．抵御性族裔身份认同——美国洛杉矶海南籍越南华人的田野调查与分析．民族研究，2013（1）．

③ 李明欢．Diaspora:定义、分化、聚合与重构．世界民族，2010（5）．

日趋人性化的韩国政策环境和便利的基础设施、社会环境、文化因素等诸多社会环境要因致使他们在韩国长期居留，也在影响其身份认同的变化。

第三，积极引导在韩朝鲜族回国创业。少数民族国家认同的建构、国家的实力及政策因素至关重要。之所以出现将近70万的不同阶层、不同年龄结构的朝鲜族群体在韩国长期滞留，主要源于韩国政策环境的不断改善和悬殊的收入差异。朝鲜族是一个跨界民族，其聚居地为我国东北亚开放开发的前沿阵地，更是对外邦交与边境政治极为敏感的地方，政治、经济、文化、军事战略地位至关重要，加强其国家认同建构对维系边疆巩固安宁、促进民族团结进步具有举足轻重的作用和影响。如果说，在此之前的国家认同构建的因素中，经济只是作为众多因素中的一种而只在某些阶段、某些情况下才凸显的话，那么20世纪80年代末至今，可以说正在成为当今全球化时代构建边民国家认同的主导性因素①。因此，国家和政府应以保障和改善民生为基础和重点，大力推进边疆民族地区的就业、住房和科技、教育、文化、卫生等各项民生事业以及社会事业，积极引导流动人口的回乡创业，以实实在在的好处切实增强其幸福感、归属感和自豪感，这也是加强跨界民族国家认同的基本途径。

参考文献：

[1] 朴今海，王春荣．流动的困惑：朝鲜族跨国流动与边疆地区社会稳定．中南民族大学学报，2015（2）．

[2] 黎相宜，周敏．抵御性族裔身份认同——美国洛杉矶海南籍越南华人的田野调查与分析．民族研究，2013（1）．

[3] 李明欢．Diaspora:定义、分化、聚合与重构．世界民族，2010（5）．

[4] 刘燕玲．居住国、跨国和全球视角——美国华人身份认同研究的文献述评．东南亚研究，2015（6）．

[5] 王铁志，李红杰．对外开放与中国的朝鲜族．民族研究，1997（6）．

[6] 郑宇，曾静．跨国民族流动与国家认同构建——以云南省文山州马关县箐脚村苗族为例．北方民族大学学报（哲学社会科学版），2010（4）．

[7] 郑一省．移民政治认同对国家关系的影响——以东南亚一些国家为例．东南亚纵横，2012（12）．

[8] 周建新，黄超．跨国民族劳务输出中的族群认同与国家认同——以龙井市龙山村S屯朝鲜族劳务输出韩国为例．思想战线，2011（2）．

① 郑宇，曾静．跨国民族流动与国家认同构建——以云南省文山州马关县箐脚村苗族为例．北方民族大学学报（哲学社会科学版），2010（4）．

延边地区朝鲜族返乡回国人员的创业活动现状研究

方美花　玄清霞*

摘　要： 本文运用田野调查方法考察延边地区返乡创业人员的创业活动现状，通过调查分析延边地区返乡创业人员的创业活动过程、经营情况以及所面临的困难，提出返乡创业活动可持续发展方面的对策与建议。政府部门在招商引资方面不能只重视大项目，也要对规模小而零散的营业户给予更多的扶持。而且，要设立传授经济知识、经营模式、经营哲学等有关创业所需的专门知识的服务机构，使创业人员面对快速变化的市场形势能够成功地适应下来。另外，政府可以考虑给予在延边地区长期就职人员一些待遇或社会保障的优惠政策。

关键词： 朝鲜族；国际移民回流；创业；跨国主义

一、绪论

二战以后，西方社会劳动力的移动相对比较活跃，由于经济、社会文化、家庭等因素的影响，国际“回国移民”（International Return migration ）人员也不断增加。从20世纪70年代开始，西方学界已经着手系统研究国际“回国移民”问题。西方学界对返乡回国人员的早期研究主要集中在Return migration的定义与分类、Return migration的原因、Return migration的社会适应、对母国的影响等领域。进入20世纪90年代，中、日、韩学术界也从本民族共同体的角度出发，对中国的归侨和从拉丁美洲、东欧、中国等地回到日本的日侨以及从美国、萨哈林等地回到韩国的韩侨等“回归移民”人员的社会适应、民族或国家认同、社会整合进行了研究。与此同时，20世纪90年代初期，人类学家席勒

* 作者简介：方美花，女，博士，延边大学人文社会科学学院，研究方向为中国朝鲜族历史、中国朝鲜族现实问题、女性问题等。玄清霞，女，2015级在读研究生，研究方向为中国少数民族史。

(Schiller) 等在研究移民现象时发现，现代跨国移民行为并非像以前那样“连根拔起”或者“一去不返”，而是和母国或移民输入国保持着各种各样的密切联系，进而提出移民研究要抛弃传统的民族—国家中心，从更广阔的全球视角来研究族群和文化的跨国流动现象。跨国主义（transnational theory）一经提出便引起了学术界的关注，并被越来越多地运用于民族性跨国流动、跨文化融入和跨国网络等现象的研究。随着全球化进程的推进，学术界关于跨国主义、跨国网络等理论开始应用到华侨华人研究中，用以解释全球化进程中华侨华人日益频繁的跨国联系，并在此基础上对现有理论进行完善，并提出更具学术解释能力的理论，以应对全球化给民族主权国家带来的挑战和机遇。

在全球化过程中，20世纪90年代中国朝鲜族也开始走向国外，分别移动到韩国、日本、俄罗斯、美国等国家。据统计，截至2004年上半年，延边朝鲜族居民遍布世界88个国家①，为国际移民的重要组成部分，而经历了人口流动30年之久的现在，返乡回国的朝鲜族也不断增加。那些朝鲜族回国到北京、上海等大城市，青岛、大连、威海、烟台、广州、深圳等沿海城市，延吉市等延边地区及东北三省城市重新定居生活。重要的是，国际回国人员中的一部分人如返乡创业人员保持与海外的跨国联系，并且在已有的跨国网络关系中延伸出新的更具现代性的网络关系，成为国内发展和国际接轨的一个桥梁，发挥着纽带作用。因此，朝鲜族返乡回国创业人员也是国际“回国移民”研究的主要研究对象。

以往关于国际“回国移民”的研究主要涉及了归侨身份认同和社会适应问题、跨国主义理论及其在归侨领域的应用研究、跨国网络和社会资本理论在华侨华人问题领域的应用研究。这些有关华侨华人的历史回顾、跨国网络实践及社会资本运用等方面的研究为后续研究者提供了宝贵的研究思路、观点、框架、路径，为解决侨务领域的实际问题提供了政策建议和意见。但是，在他们中间很少将中国朝鲜族国际“回国人员”作为研究对象，目前为止，仅有几个人进行零星的研究，还没有产出有分量的学术成果。如金钟国的《延边海外劳务回国人员的动向及再创业问题研究》(《延边党校学报》2004-02)，分析了出国劳务人员的价值、贡献及劳务输出对延边州经济和社会发展的重大作用；张文生《金融危机引发赴韩劳务人员回国潮》(《吉林金融研究》2009-03)，对延边州地区赴韩劳务人员的基本情况进行了阐述，并分析了引起赴韩劳务人员回国潮的原因及影响；王敏的《延边劳务回国人员生活状况调查与思考》(《社会

① 金成光. 延边列入全国出入境重点管理区. 吉林新闻（朝），2005-1-8.

学研究》2013-01）、全锦子的《关于延边州返乡妇女生存发展状况的几点思考》（《延边党校学报》2009-06）对海外劳务人员回国后的生活状况和回国后所存在的问题进行了分析，并提出了对策和建议；李宏宇的《朝鲜族赴韩劳务人员返乡回国创业研究》（延边大学硕士论文，2014）对延边地区返乡创业人员的返乡类型、创业过程及困境进行个案研究，提出政策性建议。虽然这些研究对朝鲜族返乡回国现象进行了探讨，但都是以官方的统计数据为依据，缺乏田野调查及个案研究。而且缺乏理论的支撑，对出国劳务返乡人员发展战略及政策调整提出的意见和建议缺乏广度和深度。

本论文旨在吸收前期研究成果基础之上，考察延边地区主要是延吉市与龙井市返乡回国人员的创业过程、经营情况，通过考察揭示返乡回国人员的经济活动所面临的困境，进一步探究返乡创业人员政策体系建构。为此笔者于2016年7月至8月，对延边地区的返乡回国创业人员进行了田野调查，访谈对象是经营茶酒吧、比萨店、串店、咖啡店、表演酒吧、美发店、心理咨询所、服装店、网购店、汽车机油维修店、山庄、网吧、幼儿园、早期教育中心、文化村等15种项目的创业人员。据调查，返乡回国人员当中开创饮食业的占70%左右，因此，本研究的访谈对象中经营饮食业的人员较多。

二、延边地区返乡回国人员的创业过程

1. 创业项目

对于返乡人员来说，创业的成功与否与创业项目的选择有着密切关系。据调查，返乡人员的创业项目与他们之前从事的经济活动大多相关联。具体来讲，从韩国归来的人员在韩国打工时就已经开始计划回国创业，因此在饭店打工时能够学习有关饮食方面的技术，以在韩国掌握的技术为基础回国创业。出国打工15年后回国的金日山曾在韩国江南烧烤店当料理师，回国后以所学技术为基础并进一步加以开发，现经营烧烤店。延吉某比萨店的经营者在韩国打工时也主要是在比萨店工作，回国后为了经营比萨店，还曾再次回到韩国自费学习比萨制作技术，而向这位比萨店经理传授技术的就是当年他在比萨店里工作时结识的韩国人店长。

另外，从国内其他城市返乡创业的朝鲜族中，有一些人没有花费资金学习技术，只是通过在韩国的亲戚掌握有关饮食技术之后便经营饭店。个案中金虎哲便是通过在韩国开猪蹄店的姐姐所传授的技术而在龙井开了辣猪蹄店。他掌握了烤猪蹄的主要技术，同时考虑到制作调料的繁杂程序，便从韩国邮寄调味

料。这样的实例说明，在回乡的朝鲜族创业过程中，以其家族为中心的跨国网络起着重要的作用。

除了掌握相关技术后开店的事例之外，也有跟着流行盲目开店的案例。个案中某串店经营者金继泰在经营串店成功之后，有几名该店的常客认为他们开串店也会生意红火，便在附近也开了串店。而他们之所以能够轻松地开串店是因为开串店投资相对少，投资额大概10万元到15万元左右。

总之，返乡创业者的创业项目主要是根据在过去所从事的行业中掌握的技术为基础来选择的，而在这个过程中经营者自身的劳动经验或以家族为中心的跨国网络起着重要作用。

2. 融资状况

延边地区返乡回国人员一般会挣30万元至100万元人民币后回国。如果业主要开一个有一定规模、装修高档的营业店，因市场经济形势的变动、汇率的下降等原因这些资金是远远不够的。因此，返乡人员要在创业之前一般会遇到资金不足、融资困难等问题。

在这种情况下，返乡人员往往会通过多种渠道实现成功融资。其中最重要的渠道就是家人、亲戚、朋友等家族为中心的网络和社会网络。个案中从上海返乡的太振秀在2014年跟朋友合伙投资100万元开烧烤山庄，他的投资资金就是在美国的母亲借给他的。

除此之外，也有一些返乡人员融合零散资金合伙创业，也有不投入资金而是利用自己掌握的技术来划分利润的案例。如个案中的李尚军目前经营位于延边大学的一家咖啡店，之所以能够不投资而与投资者成为合伙人，是因为他有丰富的调制果汁、咖啡等方面的技术及经营经验。李某曾于2008年在延吉市经营果汁店，以后规模扩大到拥有11个加盟店，但当时因为缺乏经营策略而无法运营11个加盟店，因此把经营权转让，后来投入6000万韩币到韩国学咖啡、果汁等方面的制作技术和经营知识。凭借着所掌握的技术，成为他的创业合伙的人力资本。

另外，还有一些朝鲜族利用自己的社会资本从银行贷款投资创业的案例。如从新西兰回国的崔美亚夫妇就是通过银行贷款150万元投资于网购，年销售额可达700万元左右。

目前，延边州正大力支持“回引工程”，实施创业优惠政策。为吸引外出务工人员返乡创业，延边州研究制定了《关于开展外出务工人员返乡创业工程的推进方案》，形成了州、县、乡三级工作体系。在下发的返乡创业“1+6”系列政策文件中，明确规定了准入政策、产业政策、土地政策、培训政策、用工政策、金融政策、补贴政策、税收政策、激励政策等九大扶持政策。与此同时还积极优化服务措施，梳理汇总各部门涉及返乡创业相关扶持政策，编印《返乡创业政策汇编》《返乡创业支持体系示意图》《返乡创业服务手册》，为返乡创业人员提供个性化政策信息服务。各县市根据返乡创业人员实际情况，划分类别，打造不同工作载体，优化服务平台，开展税费减免、项目融资、人员培训、信息咨询等创业服务，有力促进了返乡创业工作[①]。

值得注意的是，笔者调查的返乡回国人员却都没有享受过政府的返乡创业优惠政策。仅就“返乡青年创业专项贷款政策”来看，2014年7月，共青团延边朝鲜族自治州委下发文件，为鼓励支持返乡青年积极创业，共青团延边朝鲜族自治州委、延边农村商业银行共同制定《延边州返乡青年创业专项帮扶贷款工作办法（试行）办法》，为延边朝鲜族自治州返乡青年每年下发1200万元专项帮扶贷款。此项帮扶贷款分3年发放，每年发放1200万元，3年累计发放3600万元。贷款对象年龄在18周岁（含）至45周岁之间，具有长期在外学习、工作、创业经历，并于近几年返回家乡投资创业的延边籍青年。贷款期限为一年，贷款利率按照中国人民银行挂牌公告的贷款基准利率执行，贷款利息由州、县（市）两级共青团组织进行全额贴息。贷款额度一般为5万元，对项目正常运作超过2年、市场前景好、收入预期可观的贷款申请人，可将贷款额度提高至10万元[②]。

之所以会出现返乡创业人员没有享受到优惠政策的情况，据笔者调查，首先是因为返乡创业者不了解这些政策，而且“返乡青年创业专项贷款政策”等举措也没有实现与即将创业的返乡人员的需求相对接。因为在一般的情况下，创业者们都是缺乏创业启动资金而面临困难，一旦创业开始运作很少有再扩大规模的情况，而且5万到10万元的贷款额度对那些营业规模较大的人员来说也只是杯水车薪。

综上所述，在返乡人员的融资过程中，家人、亲戚、朋友等人力、社会资本起着最重要的作用。通过对返乡回国创业活动的调查，我们可以发现朝鲜族社会不是因人口迁移而面临民族社会解体，而是以跨越多个国家的跨国联系为基础构建着新形态的共同体。

① 延边州返乡创业工作成果显著 返乡逾万人 四千余人开始创业. 吉林省县城网，2016-10-14.

② 延边州出台返乡青年创业专项贷款政策. 中国吉林网，2014-07-10.

3. 创业地点与场所

返乡人员一般都会选择在延吉市或延吉市的卫星城市龙井市进行创业。当然也有在其他城市创业的案例，但在一般的情况下，创业者们会考虑到市场经济发展、人口流动规模、消费水平等综合因素，最后判断延吉市会创造出更多的利润而在延吉市创业。

值得一提的是，访谈者中龙井市出身的返乡者一般会回到自己的家乡龙井市创业。因为龙井到延吉的路程约30公里，开车只需要15—30分钟。而且他们还认为只要经营有特色，也会吸引延吉市等周边城市的客源。除此之外，他们都很热爱自己家乡，觉得回到龙井是理所当然的，在故乡的生活也是幸福的。

另外，在选择开业场所时，大部分受访者都会购买门市房而扩大利润。而购买门市房也需要50万元到100万元或更多的资金投入。这些资金也是通过家族、亲戚为中心的网络为基础完成融资的。

三、延边地区返乡回国人员的经营状况

1. 确保客源方面

如上所述，延边地区的返乡回国人员大部分以在韩国所学饮食技术为基础开店。据笔者调查，炸鸡店、猪蹄店、烧烤店、八爪鱼火锅店、手擀面店、海鲜火锅店等都是以韩国的饮食技术为基础创业的。正因为如此，最先喜欢光顾这些饭店的也是曾在韩国有过这些饮食体验的返乡回国人员。特别是像炸鸡、猪蹄等饮食属于韩国的大众饮食，在韩国随处可见，叫外卖也很方便，因此习惯于这些韩国饮食的朝鲜族回到延吉对此也很是热衷。

但这些饮食与韩国相比价位较高。以炸鸡为例，以韩国人均国民收入与延吉市市民人均收入相比，其价格是比较贵的。具体来讲，在韩国一只炸鸡的价格一般为12000到15000韩币左右，在延吉一只炸鸡的价格平均为70元人民币。如果从炸鸡价格与国民收入比率来看，2015年韩国人均国民收入27340美元，延吉市民的人均收入为3215美元，那韩国的炸鸡价格与国民收入的比率为1：217，但延吉市炸鸡价格与国民收入比例为1：27，这就说明在延吉市一只炸鸡的价格为韩国的8.35倍。在这种情况下，延吉市消费这些饮食的次数相对来说是比较少的。

因此，为了确保更多的客源，业主们必须要动员自己的社会网络，主要是通过家族、亲戚、朋友、知人等社会网络宣传自己的店。这些亲朋好友们会在聚餐时前往自己亲属所经营的店铺。一般朋友圈里生意人、公务员等上班的人

多的话利用餐馆的次数多，而且他们也帮业主登微信圈宣传餐馆。因此，如果业主的社会网络越大，或者业主的亲朋好友的社会圈越大，其宣传效果会更好，从而可以较有把握地确保客源。

但是，为了确保客源就要维持原有的风味，而且还要提供一定的服务让顾客们满意，同时还要准确地把握延边人的心理、文化特性，这样才能确保长远的顾客来源。个案中经营咖啡店的李尚军在因咖啡的价格较贵而快要倒闭的情况下，把咖啡价格调到最低价格，实施制造符合大学生文化的环境，从而确保了学生客源。

除此之外，经营网购等这样的新型行业就不必通过面对面的交易、相互沟通等人际关系，直接提供网上服务与顾客沟通，主要以对顾客的亲切的态度、打折、满足顾客要求等沟通与服务为基础确保客源。这种行业的顾客来源是多种多样的，顾客的要求也千差万别，为了确保顾客有时对提出无法满足要求的顾客也要报以亲切的态度对待，这是开网购业主们在经营中面临的最大困惑。

2. 技术更新方面

延边地区返乡人员不仅以在韩国学的技术为基础创业，而且在经营过程中如果需要更新技术也往往利用自己的跨国网络来进行。前述延吉某比萨店业主创业之前利用在韩国建立的人脉关系学会了制作比萨的技术，在回国经营过程中业主发现经营品种的单一影响到比萨店的利润，也无法满足顾客们多种多样的需要。因此决定进一步完善菜单，而此时所需的制作技术也是通过此前的人脉获得的。目前利用微信等方式与韩国的朋友保持联系，每当韩国方面比萨店开发新菜单就会及时告诉业主，业主也会在开发新产品时前往韩国学习技术。

像这样返乡回国创业人员的跨国移动活跃，能够及时到韩国汲取技术，这是因为过去限制出国条件的韩国出入境政策发生改变，从2007年开始实行了接受无缘故朝鲜族就业政策。可以说，在返乡回国人员的创业及经营中，韩国的出入境政策也起到了重要的作用。而且扩散到诸多国家、地域、城市的以血缘、地缘为中心的跨国网络，在国外或其他城市里建立的与韩国人、汉族的人脉关系对返乡回国人员的创业起到了不可忽视的作用。

3. 掌握经营模式方面

创业成功与否始终与创业者的经营模式有关。延边地区返乡人员的创业也不例外。成功与否跟创业者独特的经营理念以及符合时代发展、地区特征的经营模式有关。

首先，从韩国归来的朝鲜族创业者们一般都采用韩国式的经营模式。上述比萨店业主学习韩国餐馆的成功秘诀，把那些成功人士们的经营模式与理念用于自己的比萨店经营。如每周在微信会员里按时发红包，每次得皇冠的会员可以享受一次免费享受比萨的机会。这种在微信里确保客源的经营模式越来越普遍，这种经营模式也逐步影响到创业的成功与否。

其次，从国内城市回来的创业者们也会到韩国学习经营中所需的管理、经营模式。前述经营咖啡店的李尚军为了获得经营方面的知识，曾专程到韩国江南最先进的学校学习有关经营知识，这些后来成了他主要的人力资本。

再次，经营具有一定规模的有限公司的业主们，其经营模式比较先进而且专门性很强。目前经营11个有限公司的严勋曾在美国专修经营学，回国之后于2015年与美国的某机油公司建立战略伙伴关系，创办了机动车机油店。他以在美国学习的独特经营哲学计划未来几年内在延边开办30个机动车机油加盟店，在吉林省开办300个，在全东北开办1000个。目前在延边已经开办了8家加盟店。对他而言，机动车机油店的经营是一个系统，而这个系统是具体化、体系化、动态化、人性化的一个实体。

总之，返乡回国人员的经营模式主要是从韩国、美国等先进国家吸取的，而且各行业摸索符合时代与地区的经营模式以力图取得成功。重要的是先进而新颖的经营模式应符合延边地区的地理、人文、文化特征才能发挥作用，否则就会产生反效果。

四、创业及营业过程中面临的困难及解决方式

1. 长期劳动力的不足

据统计，2015年延边地区的人口总数达216万，其中朝鲜族占36.3%。可以说在每个朝鲜族家庭中平均就有两至三人迁移到国外或其他城市，虽说到目前为止返乡回到延边的朝鲜族有10000多人，但延边地区的朝鲜族人口总数还是呈现出减少趋势。特别是2007年韩国实施访问就业制度之后，越来越多的待业朝鲜族为了挣钱迁移到韩国。

朝鲜族的人口迁移无疑导致了延边地区长期劳动力减少。对于企业、公司或个体营业户来说，缺乏人力资本是无法有所发展的。可以说，再先进的技术如果缺乏人力资源的支撑也是无法实施的。

据调查，返乡创业者们在经营过程中遇到的最大困难就是无法雇佣长期劳动力。目前，在延边地区很难招聘朝鲜族服务员，即使招聘到了通常也就干几个月左右，大多都会以到韩国或其他城市为由辞职。因此，大部分业主都会雇用汉族员工，但长期在一个地方干活的汉族员工也很少。这就会导致业主利用

大量时间向雇用人员传授饮食技术、管理方法，在用人的培养上消耗精力和时间，从而影响了正常的运营。面对这样的现实情况，业主们往往会以优先雇用朝鲜族雇员为原则，实在不能招聘朝鲜族才会雇用汉族人员，而且还要尽量留住雇员，以给雇员较高的工资、节假日奖金等方式来吸引雇员的长期就职。

2. 先进技术及经营模式与延边文化的不吻合

延边地区返乡创业者一般都是掌握创业所需的技术之后开始创业。想要创业但没有确切投资方向的人员一般大多投资到饮食业。因为饮食业不像服装业那样资金周转不流畅。而且相比其他行业，饮食业不需要特殊的技术，只要保障饮食的味道，确保客源就可以运作。

但返乡回国创业人员中以创业失败而告终的案例也很多。虽然掌握了先进的技术和经营方式，但如果没有把握好延边地区的区域特征与文化也会成为无用之物。返乡回国创业人员一般都会为把自己所掌握技术与经营模式如何与延边地区文化特征接轨而感到困惑。如果能成功地实现两者之间的接轨，那么就会拥有非常有利的条件，在激烈的市场竞争中把握先机，否则就会陷入困境而导致创业失败。

据调查，延边地区饮食文化的特点之一就是与韩国餐饮单一的菜品样式不同，要提供种类多样的菜品才行。如韩国的烧烤店的菜单上就只有烧烤类，但延边烧烤店的菜单上只有烧烤可能会让顾客感到单一，因为延边朝鲜族习惯在一个餐馆里同时点多样的饮食，因此把韩食、中餐菜单都加进去才能留得住客人，否则会因没有自己想要点的菜而离去。在笔者访谈的案例中，开烧烤店的金日山在开业初期曾照搬韩国的模式，菜单里全都是有关烧烤的饮食，但面临客人们多样的需求，只好把一些韩食与中餐加进去。但对于经营者来说，如果增加中餐就要招聘中餐料理师，从而多支出工资而影响餐馆的利润及经营。

不仅如此，饮食的味道也不能全部照搬韩国的味道。前述比萨店老板在经营过程中发现，延边地区朝鲜族或汉族不太喜欢过甜的味道，而是喜欢重口味有香料味的食物，因此及时把比萨的味道改为适合延边地区人们的饮食习惯，目前保持一定的利润。与此相反，如果没有考虑延边地区人们的饮食习惯，主张维持韩国的饮食味道就会逐渐失去客源最终宣告倒闭。除了味道方面，规模和氛围方面，延边地区人们比较喜欢装修豪华而规模大的场所。延边大学附近的一家咖啡馆就是一对从韩国学习调制咖啡技术的夫妇开的，但规模比较小，装饰也很朴素，这就不太符合喜欢大店面而且装修豪华的延边地区人们的文化，因此没有维持到几个月就倒闭了。这也是反映朝鲜族浅尝辄止的民族行为特征。所有创业都有1年至3年的适应期，如果在专门技术和新颖的经营模式支撑的情况下，持续摸索与延边地区形势接轨的方法也不是没有成功的可能性。

总之，返乡回国创业的朝鲜族们一般都学习和引进了先进技术和经营模式，但却在嫁接延边地区文化与自身的技术、经营模式上感到困惑。只有及时地把握区域特征并寻找解决方法才能成功地避免倒闭的危机，否则都会以失败而告终。

3. 行政手续的繁杂及行政人员的不友好态度

朝鲜族返乡创业者们大多长时间生活在外地并习惯了外地的生活环境与规范，返乡之后反而不太适应延边地区的生活习惯与处事方式。这种现象可以说是文化之间的相互冲突，也是有着两地生活经验的行为主体价值观变化的具体表现。

具体来讲，朝鲜族返乡创业者们在创业初期到有关部门办理行政手续时，很多人都无法接受行政手续的繁杂及行政人员的不友好态度。行政手续本来就很繁杂，受理的行政人员不负责任地只要他们提供所需要的材料，却很少详细说明具体办理的办法或解决的方法，而且态度也不太友好。特别是从韩国回来的朝鲜族们把韩国有条不紊的行政服务体系、行政人员亲切的态度跟延边地区的行政体系和行政人员的服务态度相比，都认为很难接受延边地区繁杂的行政体系和不规范的行政服务。

他们认为办理行政手续时遇到的种种不愉快是因为长时间在外地生活失去了延边地区的人脉，在政府或事业单位没有认识的人。因此，在办理正常的手续受种种阻碍的情况下，就会动用所有可以动用的人脉与办理行政手续的人员进行事先的“人际”沟通，认为这样才能事半功倍、畅通无阻。这说明目前延吉等县级市的行政体系还不够规范，要想畅通无阻地办理行政审批手续就离不开人际关系。在这样的社会背景下，对于返乡创业人员来说建立新的社会网络是其重要战略之一。

五、返乡回国创业人员的跨国联系及特征

20世纪90年代中国朝鲜族开始走出国门，源于探亲形式的出国打工热愈演愈烈，现已有几十万朝鲜族常年工作、生活在世界各地。走出国门的朝鲜族并没有“各自为政”，而是在移居地形成了形形色色的新的城市族群共同体，并通

过血缘、地缘等关系网络建构了全球性社会网络①。族群内部的社会关系和社会网络并没有在流动过程中解体弱化，而是在新的移居环境中作为重要的社会资本重新得到强化②。据朴光星的研究，朝鲜族的社会网络可以分为“社区—社团—网站结合型”“社团—网站结合型”“社团型”等，朝鲜族通过建立这种社会网络，在世界各地形成派生的共同体并以此适应迁入地社会环境。

那么，结束长年外地生活返乡人员的情况如何呢？是因为返乡而与之前的迁入国或迁入地断绝了联系，还是与这些国家与地域保持着联系呢？从上述分析可以看出，延边地区返乡创业人员虽然回到故乡，但仍然与国外或其他城市的家族、亲戚、朋友保持着联系，积累和扩大创业所需的各种资本。而且他们的跨国网络依然呈现出以血缘、地缘为基础的特征，而且也显示出与韩国人建立人脉等跨国社会资本的建立及维持的特性。

六、结 语

本论文旨在考察延边地区返乡创业人员的创业基础、经营过程以及所面临的困难，探讨解决方式并揭示返乡创业人员的跨国网络及特征。本论文所包含的理论意义和现实意义可概括如下。

首先，返乡创业人员通过以血缘、地缘为中心的跨国网络、跨国社会资本取得自身创业所需的各种资本。这些返乡创业人员的经济活动呈现出的跨国活动及跨国网络等现象，说明人口迁移没有导致延边地区族群共同体的松散或解体，而是逐渐成为新的跨国空间。其次，在招商引资方面政府部门不能只重视大项目、大客户，也要对规模小而零散的营业户给予更多的扶持。正确认识他们最迫切、最直接和最关心的需求，制定相关优惠政策。另外，在政府层面设立传授经济知识、经营模式、经营哲学等有关创业所需的专门知识的服务机构，使创业人员面对快速变化的市场形势能够成功地适应下来。不仅如此，还要积极摸索解决长期劳动力不足的方法。政府可以考虑给予在延边地区长期就职人员一些待遇或社会保障的优惠政策。

总之，延边地区返乡人员的创业活动是一种典型的跨国活动行为，是形成跨国空间的主要组成部分，作为跨国联系的行为主体返乡回国人员的创业活动

---

① 朴光星．跨国劳动力流动与中国朝鲜族的全球性社会网络．中央民族大学学报，2009（5）：20.

② 同上．

在延边地区经济、政治、文化方面起着重要的作用。因此，政府部门应加大力度改善硬软环境，提供返乡创业良好的发展空间，从而使延边地区在“一带一路”等国家发展战略中发挥独特的作用。

参考文献：

[1] 马艳. 跨国主义理论的反思性建构——基于对义乌跨国穆斯林移民群体的调查”. 回族研究，2014（4）.

[2] 全锦子. 关于延边州返乡妇女生存发展状况的几点思考. 延边党校学报，2009（3）.

[3] 金钟国. 延边海外劳务回国人员的动向及再创业问题研究. 延边党校学报，2004（2）.

[4] 王敏. 延边劳务回国人员生活状况调查与思考. 现代国际，2013（1）.

[5] 李宏宇. 朝鲜族赴韩劳务人员返乡回国创业研究. 延边大学人文学院社会学系硕士论文，2014.

[6] 朴光星. 跨国劳动力流动与中国朝鲜族的全球性社会网络. 中央民族大学学报，2009（5）.

[7] 王趸兴. 东南亚归侨跨国网络研究——以暨南大学归侨为例. 暨南大学国际政治系硕士论文，2014.

[8] 程天志. 农民工返乡创业过程中社会网络作用研究. 吉林大学社会学硕士论文，2014.

[9] 周聿峨，郭秋梅. 跨国主义视角下的华人环流思考. 八桂侨刊，2010年第3期.

[10] 周敏，刘宏. 海外华人跨国主义实践的模式及其差异——基于美国与新加坡的比较分析. 华侨华人历史研究，2013（1）.

[11] 郭玉聪. 福建省国际移民的移民网络探析. 厦门大学学报（哲学社会科学版），2009（6）.

[12] 李明欢. 侨乡社会资本”解读. 中华侨华人历史研究，2005（2）.

[13] 郑一省. 多重网络的渗透与扩张：华侨华人与闽粤侨乡互动关系的理论分析. 中华侨华人历史研究，2004（3）.

[14] 金成光. 延边列入全国出入境重点管理区. 吉林新闻（朝），2005-1-8.

民族教育与文化

预防朝鲜族中学校园暴力蔓延之管见
——基于朝鲜族中学校园暴力实证研究

朴政君*

摘　要：伴随着社会转型所引发的朝鲜族社会的劳务输出、涉外婚姻及互联网、智能手机等的普及，朝鲜族中学生的社会化问题屡屡浮现，就校园暴力的实证研究表明，朝鲜族中学的校园暴力现象实存却微乎其微。在家庭和社会对青少年的教育功能相对薄弱的前提下，朝鲜族中学能够预防校园暴力蔓延的重要启示是，实施小班化教育、关怀人及人的需要、重视生命存在、尊重个性，创造和谐的生态教育环境。

关键词：朝鲜族；青少年；校园暴力；生态教育环境

一、问题的提出

近年来各国中学生暴力犯罪呈现高发态势，其在未来较长时期内仍将保持较高水平。我国中学生暴力犯罪具有犯罪年龄低龄化、手段残忍化、行为共同化的特点，凸显了我国中学生暴力犯罪的严重性①。中韩1000名初一学生校园暴力经历比较研究表明，中国被调查者中有过暴力侵害其他同学经历的高达87.5%，并且有91.1%的学生曾因害怕校园暴力而讨厌上学，而在韩国分别有68%和68.8%的被调查者实施过和经历过校园暴力，并且有71.8%的学生曾因为惧怕暴力而厌学。关于校园暴力成因的认识主要集中在“小团队差异或矛盾”“欺负人乐趣”“相互理解不足”“性格差异”“教师不公平”和“教师关心不足”上，中国中学生的比例分别是67.8%、64.6%、67.7%、42%、28.4%和14.0%，而韩国中学生的比例分别是36.0%、47.9%、19.3%、19.3%、9.5%和

*作者简介：朴政君，男，博士，副教授，延边大学人文社会科学学院社会学专业，研究方向为民族理论与政策、社会心理学等。

① 祁进玉．“跨学科视野的学校暴力”比较研究［D］．第三届东北亚民族文化论坛，2012，6.

4.9%[①]。在日本，学生在学校经历校园暴力的现象由来已久，但是现在这种“校园暴力”问题越来越严重化。近年来学生在学校被欺负的事件频繁发生，而且由于不堪忍受欺凌，孩子们自杀的案件不断发生[②]。校园暴力实施地点一般是教室、体育馆、阶梯、卫生间、运动场、其他偏僻的场所以及在上学和放学的路上，高年级学生对低年级学生、力气大的学生对力气弱的学生的肢体碰撞和语言攻击的暴力行为司空见惯，还存在着一种直接以利益侵犯或虐待为目的的暴力行为，性暴力也有增加的趋势。校园暴力不仅发生在学生之间，也发生在师生之间。纵观国内学者对校园暴力所作的界定，可以概括出两种代表性界定模式：以“校园”为中心的校园暴力界定模式和以“师生”为中心的校园暴力界定模式[③]。

中学生正处在心理发展、社会化的关键时期，参与施暴和被施暴的学生都有同龄人的一般心理特点和其特殊性。施暴学生的特征是自我中心，易兴奋，忍耐性差，不考虑对方的立场和心理意识，缺乏罪恶感和同情心，让他人痛苦和为难。暴力犯罪伴有精神质和神经质人格，这种人格特征的形成与不良家庭环境和父母的不良教育方式有关[④]。从家庭环境上看，频繁施暴的学生家庭的总体特征是父母对子女过度控制，不激励子女的自主性，家庭的组织性差。此外，父母和子女间缺少温情和亲和，缺少交流，敌对和冲突多，父母对子女身体施暴。而被施暴的学生性格上内向，具有过敏性情绪气质特征。他们的家庭环境是，父母和子女间比较亲密，但沟通和讨论不足，父母对子女过度保护。关于校园暴力的发生，除了学生自身和家庭、社会因素之外，包括教师自身在内的学校教育的缺失也再次凸显。

校园暴力已经成为影响家庭和谐、校园安全、社会稳定的重要因素之一[⑤]。尽管我国的校园暴力问题已经成为青少年教育工作中迫在眉睫的值得关注的要点问题之一，但研究表明，校园暴力事件并不是平均地分布在各个学校，而是

---

① 辛永林．国内校园暴力研究的最新进展和问题思考［J］．长春：现代教育科学，2012（12）．

② 秦宗川．论我国中学生暴力犯罪的态势及其预防［J］．南阳：南阳师范学院学报，2014（8）．

③ 宋雁慧．校园暴力丛生现象研究［J］．北京：中国青年研究，2012（7）．

④ 郭俊伟，等．青年暴力人格与家庭环境、父母教养方式和相关性研究［J］．重庆医科大学学报，2008（第33卷第3期）．

⑤ 吕君，等．中韩初一学生关于校园暴力认识与经历的比较及启示［J］．长春：现代教育科学·普教研究，2015（5）．

集中呈现在某一小部分学校和学生之中的丛生现象①。

朝鲜族社会伴随着社会转型所引发的劳务输出、涉外婚姻及互联网、智能手机等的普及，有的朝鲜族中学班级有高达90%的单亲或无亲学生，朝鲜族中学生又极易接受国内各地区和周边国家的多元信息，使得朝鲜族中学生人格得到和谐发展，可有效地解决社会化进程中人生发展课题，变得更加多元化，其中也包含着具有引发校园暴力的可能性。

本研究从民族社会学的视角探析朝鲜族中学的校园暴力现象，以揭示包括少数民族中学在内的我国中学预防校园暴力蔓延的相关启示，不仅如此，本研究对预防和扼制未成年犯罪，维护校园正常的教育和教学秩序，保持朝鲜族社会和边疆的安定，无疑具有积极的现实意义。

二、朝鲜族中学校园暴力现状分析

本研究采用了分层抽样方法，调查吉林省内朝鲜族初中、高中一年级和二年级学生（本研究针对的是朝鲜族中学的校园暴力现象，故排除了汉族学校的朝鲜族中学生），共366名。

本研究发放问卷400份，回收400份，其中排除无应答或双重回答及缺乏诚意的问卷34份，在最终分析中采用了366份，有效应答91.5%。基于有效问卷366份，采用SPSS（18.0）进行了相关分析。

（一）研究对象的社会人口学特性

本研究为了分析朝鲜族中学生学生对校园暴力的态度、经验有无和经验实际状况，设置了研究对象的性别、学年、家庭经济水准、班级成绩、生活环境、家族状况、父母学历以及在学校的人际关系。

1. 研究对象的基本情况

如表1所示，研究对象的性别比例及学年比例相对合理。研究对象的家庭经济水准和学习成绩在中等程度最多，分别是85.5%和51.1%，只有29%与双亲夫妇一起生活，父亲和母亲的学历层次最多的是高中毕业，学校人际关系不理想者仅有6.6%。

① 马海燕．关于日本“校园暴力”问题的研究［J］．长春：才智，2013（12）．

表1　研究对象的人口社会学特征

变量	区分	频度（名）	比例（%）
性别	男	159	43.4
	女	207	56.6
学年	初一	93	25.4
	初二	85	23.2
	高一	93	25.4
	高二	95	26.0
家庭经济水准	上	29	7.9
	中	313	85.5
	下	24	6.6
学习成绩	上	97	26.5
	中	187	51.1
	下	82	22.4
家庭环境	正常家庭	106	29.0
	单亲、无亲家庭	260	71.0
父亲学历	初中毕业及以下	99	27.1
	高中毕业	138	37.7
	高中毕业以上	129	35.2
母亲学历	初中毕业及以下	110	30.1
	高中毕业	139	38.0
	高中毕业以上	117	31.9
学校的人际关系	非常不好	5	1.4
	不好	19	5.2
	一般	104	28.4
	好	151	41.3
合计		366	100

（二）对校园暴力的态度

本研究为了分析朝鲜族中学生对校园暴力的态度，设置了校园暴力的严重程度、班级受暴力的学生数、主导班级暴力的学生数和类型、校园暴力经常发生的场所及原因、抢钱的原因、被排斥的原因、校园暴力对被施暴者的情绪影响、遇见学校暴力的态度以及校园暴力的预防对策等相关问项。关于校园暴力的态度的结果分析如表2和表3所示。

1. 校园暴力的态度

关于校园暴力的态度统计分析结果如表2所示。

表2 校园暴力的态度

变量	区分	频度（名）	比例（%）
校园暴力的严重程度	不严重	115	31.4
	一般	137	37.4
	严重	114	31.2
班级中被施暴的学生数	没有	248	67.8
	1—2名	88	24.0
	3—4名	16	4.4
	5名以上	14	3.8
班级中主导施暴的学生数	没有	261	71.3
	1—2名	58	15.8
	3—4名	24	6.6
	5名以上	23	6.3
施暴者的类型	本校的同年级学生	155	42.3
	本校的前辈	41	11.2
	其他学校学生	42	11.5
	其他	128	35.0

续表

变量	区分	频度（名）	比例（%）
校园暴力经常发生的场所	教室	88	24.0
	走廊	23	6.3
	学校卫生间	105	28.7
	公共场所（娱乐场）	150	41.0
校园暴力发生的原因	性格差异的意见对立	116	31.7
	力气大的学生掌握主导权	81	22.1
	与父母的关系不良或对经济状况的不满	31	8.5
	与教师的关系或对成绩不良的不满	15	4.1
	被施暴的学生看似懦弱	91	24.9
	其他	32	8.7
掠夺钱财发生的主要原因	显摆力气	49	13.4
	零花钱不足	141	38.5
	对方害怕觉得有意思	103	28.1
	被抢劫后报复	23	6.3
	其他	50	13.7
发生孤立的主要原因	被害者的问题（失误等明确的错误行为）	48	13.1
	被害者提供原因（傲慢， 无视他人等个人原因）	146	39.9
	对被害者的猜忌或嫉妒	35	9.6
	觉得被害者软弱	65	17.8
	没有特别的理由	72	19.7
校园暴力的预防对策	加害学生的人性教育必要	127	34.7
	对加害学生的事后管理	108	29.5

续表

变量	区分	频度（名）	比例（%）
	对加害学生的严肃处理	57	15.6
	对被害学生的保护方案	74	20.2
合计		366	100

由表2得知被试者对校园暴力的态度如下：

有关校园暴力严重程度，有114名（31.2%）认为校园暴力现象严重或很严重，104名（28.4%）认为在班级里受暴力的学生数有1—4名，14名（3.8%）认为有5名以上，部分学生认为有暴力现象但不普遍。

有关班级中备受暴力的学生数，有248名（67.8%）认为不存在，82名（22.4%）认为有1—2名，16名（4.4%）认为有3—4名，14名（3.8%）认为有5名以上。

有关班级中主导施暴的学生数，261名（71.3%）认为不存在施暴的学生，58名（15.8%）认为有1—2名，24名（6.6%）认为有3—4名，23名（6.3%）认为有5名以上。

有关施暴者的类型，155名（42.3%）认为是同班同学，41名（11.2%）认为是同校的前辈，42名（11.5%）认为是其他学校的学生，数同班同学最多。

有关校园暴力经常发生的场所，依次是公共场所（空地）或娱乐场（150名、41.0%）、学校卫生间（105名、28.7%）、教室（88名、24.0%）和走廊（23名、6.3%），公共场所（空地）或娱乐场和学校卫生间是学校暴力经常发生的场所。

有关校园暴力发生的原因，有116名（31.7%）认为是性格差异的意见对立，81名（22.11%）认为力气大的学生掌握主导权，31名（8.5%）认为与父母的关系不良或对经济状况的不满，15名（4.1%）认为与教师的关系或对成绩不良的不满，91名（24.9%）认为被施暴的学生看似懦弱，32名（8.7%）认为有其他原因，即把性格差异归结为校园暴力发生的主要原因。

有关掠夺钱财发生的主要原因，有114名（38.5%）认为是零花钱不足，103名（28.1%）认为对方害怕觉得有意思，49名（13.4%）认为显摆力气，23名（6.34%）认为被抢劫后报复，50名（13.7%）认为有其他原因，零花钱不足为掠夺钱财发生的主要原因。

有关发生孤立的主要原因，有146名（39.9%）认为是被害者提供原因（傲慢，无视他人等个人原因），65名（17.8%）认为被害者软弱，48名（13.1%）

认为显摆力气，35名 （9.6%） 认为对被害者的猜忌或嫉妒，72名（19.7%）认为没有特别的理由。

有关校园暴力的预防对策，有127名（34.7%）认为有必要对加害学生进行人性教育，108名（29.5%）认为要对加害学生进行事后管理，74名（20.2%）认为要加强对被害学生的保护措施，57名（15.6%）认为要对加害学生进行严肃处理。

2. 对校园暴力现状的态度

关于校园暴力现状的态度统计分析如表3所示。

表3　对校园暴力现状的态度

变数	区分	频度（名）	比例（%）
校园暴力对被害者情绪的影响	完全没有影响	21	（5.7%）
	不会有影响	19	5.2
	一般	44	12.0
	有影响	118	（32.2%）
	有深刻的影响	164	44.8
如果遇见校园暴力状况如何	想帮助但怕受被害不敢站出来	223	（60.9%）
	想积极地出面给予帮助	71	（19.4%）
	可能有被害的可能，所以不必参与	46	（12.6%）
	与我无关的事情	26	（7.1%）
合计		366	100

由表3得知被试者对校园暴力现状的态度如下：

有关校园暴力对被害者情绪的影响，有164名（44.8%）认为有深刻的影响，118名（32.2%）认为有影响，仅有21名（5.7%）认为完全没有影响，说明大部分被试者认为校园暴力对被害者情绪是有影响的。

有关如果遇见校园暴力状况如何，有223名（60.9%）认为想帮助但怕被伤害不敢站出来，71名（19.4%）认为想积极地出面给予帮助，有46名（12.6%）认为有被伤害的可能，所以不必参与，有26名（7.1%）认为与己无关，表明大部分被试者还是想帮助受害者，但大部分怕惹事，比起要出面积极地帮助受害者更多的是自我保护或者自我中心的心理占主导。

（三）校园暴力经验

关于校园暴力经验统计分析如表4所示。

表4　校园暴力经验

变量	区分	频度（名）	比例（%）
受过校园暴力的经验	有	17	4.6
	没有	349	95.4
实施校园暴力的经验	有	14	3.8
	没有	352	96.2
合计		366	100

由表4得知：被试中仅有17名（4.6%）表明有受过校园暴力的经验，其余349名（95.4%）表明没有校园暴力经验，充分说明，朝鲜族中学尽管有一些校园暴力现象，但比起中国其他地域或校园暴力频繁的其他国家其状况不明显。

在被试中仅有14名（3.8%）表明有实施校园暴力的经验，其余352名（96.2%）表明没有实施校园暴力经验，表明尽管有部分学生有实施校园暴力的经验，但属于少数，没有形成团队。

（四）受到校园暴力的经验

关于受到校园暴力现状统计分析如表5所示。

在被试中受到校园暴力的次数为1—6次的学生有8名（2.4%），7次以上的学生有2名（0.5%），可见，经常受到校园暴力的学生为少数。在被试中被掠夺钱财的次数为1—6次的学生为10名（2.7%），7次以上的学生为1名（0.3%），表明掠夺钱财的现象不普遍。在被试中被孤立的期间为1—2周最多，共有5名（1.4%），3个月以上有2名（0.5%）。被试认为经历校园暴力的场所按教室（4名，1.1%）、走廊和练歌厅/娱乐室及其他（2名，0.5%）、学校卫生间和学校周边（各1名，0.3%）顺序发生，与先行研究结果相似。

被试中受到校园暴力后想过报复的有7名（1.9%），自暴自弃和因为不安不想上学的各2名（0.5%），有过自杀想法的有1名（0.3%），其中想报复为比例最高，和校园暴力对受害学生的心理带来各种不良影响的先行研究结果一致。被试中经历校园暴力后和谁都没说和向家族求救各5名（1.4%），向朋友/前辈求救有2名（0.5%），其余的学生要么自己疗伤或依靠家长。除此之外，3名（0.8%）受害的学生认为求救后对问题解决没有多少帮助，2名（0.5%）认为有了决定性的帮助，2名（0.5%）认为问题反而变得更加恶化。被试中4名（1.1%）认为不求救的理由是怕得到报复，1名（0.3%）认为没有多大帮助。

表5 受到校园暴力的经验

变数	区分	频度（名）	比例（%）
受到校园暴力的次数	无应答	355	97.0
	1~2次	6	1.6
	3~4次	2	0.5
	5~6次	1	0.3
	7次以上	2	0.5
被掠夺钱财的次数	无应答	355	97.0
	1~2次	7	1.9
	3~4次	2	0.5
	5~6次	1	0.3
	7次以上	1	0.3
被孤立的期间	无应答	357	97.5
	1-2周	5	1.4
	3周-1个月	1	0.3
	1-3个月	1	0.3
	3个月以上	2	0.5
校园暴力经验场所	无应答	354	96.7
	教室	4	1.1
	走廊	2	0.5
	学校卫生间	1	0.3
	学校周边	1	0.3

续表

变数	区分	频度（名）	比例（%）
	练歌厅/娱乐室	2	0.5
	其他	2	0.5
经历校园暴力后的感受	无应答	354	96.7
	自暴自弃	2	0.5
	报仇	7	1.9
	因为不安不想上学	2	0.5
	有过自杀的念头	1	0.3
经历校园暴力后求救	无应答	354	96.7
	和谁都没说	5	1.4
	家族	5	1.4
	朋友/前辈	2	0.5
求救后问题解决状况	无应答	359	98.1
	更加恶化	2	0.5
	没有多少帮助	3	0.8
	起到决定性的帮助	2	0.5
没有求救的原因	无应答	361	98.6
	怕受到报复	4	1.1
	认为不会有多少帮助	1	0.3
合计		366	100

（五）实施校园暴力的经验

关于实施校园暴力现状统计分析如表6所示。

表6　实施校园暴力经验

变数	区分	频度（名）	比例（%）
实施校园暴力的次数（个人）	无应答	361	98.6
	1—5次	3	0.8
	6—10次	2	0.5
	11—15次	0	0
	16次以上	0	0
实施校园暴力的次数（团体）	无应答	362	98.9
	1—5次	3	0.8
	6—10次	1	0.3
	11—15次	0	0
	16次以上	0	0
掠夺钱财的次数	无应答	363	99.2
	1—5次	2	0.5
	6—10次	1	0.3
	11—15次	0	0
	16次以上	0	0
实施孤立的期间	无应答	362	98.9
	1—2周	1	0.3
	3周—1个月	1	0.3
	1—3个月	1	0.3
	3个月以上	1	0.3
实施校园暴力的场所	无应答	361	98.6
	教室	1	0.3
	走廊	1	0.3

续表

变数	区分	频度（名）	比例（%）
	学校卫生间	1	0.3
	学校周边	1	0.3
	练歌厅/娱乐室	1	0.3
实施学校暴力后的感受	无应答	360	0.3
	感到快感	1	0.3
	感到后怕	1	0.3
	感到对不起被害者	1	0.3
	感到是错误的事	3	0.8
合计		366	100

关于实施校园暴力的经验由表6所示。被试对个人实施校园暴力的次数的应答中，1—5次有3名（0.8%），6—10次有2名（0.5%），可以看出经常实施校园暴力的学生数为极少数。被试以团体的方式实施校园暴力的次数的应答中1—5次有3名（0.8%），6—10次有1名（0.3%），同样可见以团体的方式实施校园暴力的学生属极少数。被试对掠夺金钱的次数的应答中1—5次有2名（0.5%），6—10次有1名（0.3%），表明掠夺钱财的现象不普遍。被试中实施孤立的期间在1—2周和3个月以上各1名（0.3%），期间较长。被试中表明实施校园暴力的场所是教室、走廊、学校卫生间、学校周边以及练歌厅/娱乐室的各1名（0.3%），表明校园暴力在校园内和在校园空间之外可能发生的相对隐蔽空间。关于实施空间之外暴力后的感受，被试中认为是错误的事情的有3名（0.8%），感到快感、后怕以及感到对不起被害者的各1名（0.3%），可以看出，实施空间之外暴力后大部分学生意识到是不良的行为，也有愧疚和后怕的心理，仅有部分学生感到快感。

三、结论与启示

朝鲜族中学校园暴力相关结论和成因分析将对预防我国中学校园暴力蔓延具有深刻的启示作用。

（一）结论

通过对朝鲜族中学校园暴力相关问卷调查结果的分析，得出如下结论：

1. 朝鲜族学校存在校园暴力，但与国内的其他地域或校园暴力频繁出现的其他国家相比，朝鲜族中学的校园暴力仅限于个人的不良行为，不带有普遍性。

2. 朝鲜族中学仅有部分学生在受到校园暴力或者实施校园暴力。

3. 实施暴力校园的学生中同学校同班级的学生或同学校的前辈最多。

4. 实施校园暴力最多发生的场所有学校卫生间、校舍内的走廊外，还有游乐场、工地，部分发生在练歌厅/娱乐室。

5. 校园暴力发生的主要原因是基于性格差异的意见对立和觉得对方好欺负。

6. 抢劫金钱或被抢的现象不带有普遍性，但偶尔发生的原因是缺零花钱或无视对方。

7. 被孤立的时间最长的是1—2周，孤立现象产生的主要原因是被害者提供实施原因或视被害者软弱。

8. 认为校园暴力对被害者带来精神上的严重打击。

9. 如果遇见校园暴力现象大部分学生很想给予帮助，但持有唯恐事后被害而不敢出手的消极态度的学生较多。

10. 被施暴后从意识上曾有过报复的想法或自暴自弃，部分因不安情绪不愿上学或想过自杀。

11. 被施暴后部分学生和谁都没有诉说过，部分和家族或朋友/前辈求救过。

12. 被施暴后曾求救过但没有多少帮助。

13. 不求救的原因是怕事后遭到报复。

14. 施暴后基本上都意识到施暴是一件错误的事情。

15. 实施暴力的学生和受到暴力的学生大部分是缺损家庭的学生。

16. 校园暴力预防对策方面关注了对加害学生的人性教育和事后管理。

从以上结论归纳得出，尽管朝鲜族中学存在一些校园暴力现象，但因实施暴力和受到暴力的学生数占整个研究对象的比例甚小，表明朝鲜族中学学校暴力不带有普遍性，所以对产生校园暴力的原因的相应研究上不能进行具有价值的统计分析。

（二）启示

与我国其他地方和周边发达国家中学校园暴力实况相比较，尽管朝鲜族中学校园暴力实存，但其量和不良影响极少，可以说朝鲜族中学有效地预防了校园暴力的蔓延，而这一事实对我国其他民族学校和其他地区预防校园暴力蔓延有一定的启示作用。

为了探析本研究结论的成因，近期对以中国朝鲜族主要聚集地延边朝鲜族自治州及部分县市级教育部门和部分朝鲜族中学进行了半年的田野调查，其结果如下：

1. 21世纪前校园暴力严重

从20世纪80年代末至90年代末10多年期间，朝鲜族中学包括校园暴力在内的青少年不良问题比较严重，如群体性斗殴、抢钱（或物）、损坏公共设施等频频发生，但进入21世纪后朝鲜族中学的校园暴力现象不太严重，几乎没有因为校园暴力而恐惧上学的现象发生。

2. 实施“小班化教育”

进入21世纪之后，朝鲜族教育伴随着社会转型所引发的朝鲜族社会的劳务输出、涉外婚姻及计划生育迎来了生源急剧下降，每个班级自然形成“小班”的所谓的严峻局面。与此同时，国家第八次基础教育课程改革提倡以学生为主体的教育理念，作为朝鲜族的主要聚集地延边朝鲜族自治州的基础教育部门立即探索在生源减少且单亲无亲学生数增多的不利情况下最能有效地促进学生的认知发展和人格发展的有效途径——“小班化教育”，力争做到珍惜每个学生的生命价值，关爱学生的个性存在，尊重个性差异，为学生创造和谐的校园生态环境，到“十二五”末期已在全州朝鲜族义务教育阶段全面实施了小班化教育。

3. 加强“家校合作”

由于朝鲜族中学的班额均在35名以下，班主任能在极短的时间内了解学生的家庭环境、生长特点、学习状况、人际关系、兴趣爱好等学力和人格发展相关的必要信息并建立有效的档案，根据学生教育的多元化特点，班主任不仅努力提高个性化教学设计与实施的质量，同时为了提高教育效能，班主任与家长建立了多种家校联网，与家长保持联系经常，并根据学生的实际情况不论针对生活问题还是青春期的问题，都能够及时地给予调整，而且能够进行个性化辅导，形成了良好的师生关系，不仅提高了归属感，也提高了学校适应的柔韧性，使学校成为学生幸福的生活乐园和成长的摇篮、家长满意的学校。

4. 人性化的学校文化活动和民族教育活动

第八次基础教育课程改革以来，朝鲜族中学相信学生发展的教育力，不论从课堂学习上还是班级管理上，为学生创造自主学习、自主管理和自主发展的良好氛围，开展合作学习，做到了传帮带，使每一个学生在学校学习共同体中提高了自我效能感，激发了学习动机，逐渐地让学生愿意参与学校的各项活动。常年来，朝鲜族中学开展了丰富多彩的人性化的学校文化活动，尤其是开展具有学校特色的民族文化教育活动，帮助学生了解“我是谁”，提高民族意识和国家认同，促进了中学生的社会化进程，学会自尊、自律和自立。

总之，在家庭和社会对青少年的教育功能相对薄弱的前提下，朝鲜族中学能够预防校园暴力蔓延的重要启示是，实施小班化教育，关怀人及人的需要，重视生命存在，尊重个性，创造和谐的生态教育环境。

朝鲜族祖孙家庭青少年学校适应研究

朴秀英*

摘　要： 延边地区留守家庭青少年问题日益凸显的情况下，本论文针对朝鲜族留守家庭类型中占最大比重的祖孙家庭青少年，分析其学校适应的影响因素。以369名朝鲜族祖孙家庭青少年为被试，研究结果显示，自尊、师生关系、朋友关系、养育态度、年龄为显著的影响因素。青少年的自尊、师生关系、朋友关系、养育态度，对学校适应起到正的影响；相反青少年的年龄对学校适应有负的影响，也就是青少年随年级的增加，学校适应水平变低。最后，以研究结果为基础提示了提高朝鲜族祖孙家庭青少年学校适应能力的介入方案。

关键词： 朝鲜族祖孙家庭青少年；学校适应；影响因素

一、引 言

延边朝鲜族自治州位于吉林省东北部，是朝鲜族最大的集聚地。自从建州以来，经过半个多世纪的努力，延边州的经济、政治、文化等方面得到了前所未有的发展。这些发展与国内外的各种有利因素有着紧密的联系。1979年中国的改革开放政策、1992年中韩建交、中国的西部地区发展战略及2009年长吉图开发战略，还有延边人民的辛勤的努力下，得到了迅速发展。但其中外汇收入对延边地区经济发展起到了不容忽视的重大作用。据统计，近年来，延边地区的外汇收入达10亿美元，是延边朝鲜族自治州GDP的2.5倍①。延边人民主要来往韩国、日本、俄罗斯、美国等国家。其中主要对象国是语言交流方便的韩国。据韩国出入国外国人政策本部的统计，2016年底在韩外国人当中，朝鲜族

---

*作者简介：朴秀英，女，博士，延边大学人文社会科学学院社会学专业，研究方向为民族地区社区工作与青少年心理辅导。

①张姝．延边州对韩跨国劳务输出现状及影响［J］．长春理工大学学报（社会科学版），2012（6）：88-90.

约占65万人。通过这些劳务输出，可观的外汇收入直接促进了延边地区的经济发展和家庭收入的提高。

劳务输出是一把双刃剑。虽然为延边地区的发展和居民收入的提高创造了有利的条件和物质基础，但也对延边社会带来了一定的负面影响。这是因为这些劳务输出群体的大多数是中年人，因此导致父母与成长期的子女长期分居的社会现象出现。这说明延边地区留守家庭形成的主要原因是父母的外出（海外）务工。随着延边地区海外务工人员的不断增加，留守家庭青少年数量也继续增加。目前，延边朝鲜族自治州内留守学生占总朝鲜族学生的60%以上，甚至在一些班级的80%—90%以上是留守学生。这些留守家庭的类型有祖孙家庭、单亲家庭、委托家庭等。但其中祖孙家庭的比重约达40%，在诸多留守家庭类型中占比最高①。这些祖孙家庭青少年缺乏父母的监督，得不到及时的情感上的激励，很难与父母形成积极的亲子关系。这些青少年从情绪上较容易忧郁不安，学习成绩偏低，人际关系不顺，问题处理能力偏差，行为上表现出逃课、学校暴力、吸烟等学校不适应问题②③。众所周知，青少年的主要任务是学业，他们的大多数时间在学校度过，在学校青少年既完成学习，还与同学和教师形成人际关系，施展自己的才华。但是不适应学校生活的青少年容易出现学习上的怠慢与逃课现象，不遵守学校纪律，与同学矛盾重重，学习成绩偏差，迷恋网络世界。因此为了促进青少年的适应与发展，其学校适应研究很必要。

随着延边留守家庭儿童与青少年问题的加深，社会与学术界对其的关心也浓厚，研究活跃。在国内外研究中发现，青少年的适应和发展受到诸多领域因素的影响。比如从个人角度的自尊和忧郁不安④、在家庭领域的亲子依恋关系⑤

---

① 延边朝鲜族自治州妇联．延边州留守·流动儿童情况调查报告，2008，8.

② 朴今海，郑小新．延边地区朝鲜族留守儿童的教育与监护问题［J］．延边大学学报（社会科学版），2009（1）：103-108.

③ Schroeder，R. D.，Osgood，A. K.，& Oghia，M. J. Family Transitions and Juvenile Delinquency. Sociological Inquiry，2010，80（4）：579-604.

④ Lee，A.，& Hankin，B. L. Insecure attachment，dysfunctional attitudes，and low self-esteem predicting prospective symptoms of depression and anxiety during adolescence. Journal of Clinical Child & Adolescent Psychology，2009，38（2）：219-231.

⑤ Scott，S.，Briskman，J.，Woolgar，M.，Humayun，S.，& O′connor，T. G. Attachment in Adolescence: Overlap with Parenting and Unique Prediction of Behavioral Adjustment. Journal of Child Psychology and Psychiatry，2011，52（10）：1052-1062.

和养育态度，还有学校领域的师生关系和朋辈关系①②对青少年的学校适应和发展均起到重大影响。但以往的关于延边朝鲜族青少年适应的研究具有以下不足点。其一，没有细分研究对象。即使研究留守家庭青少年，但对留守家庭类型中比重最高的祖孙家庭青少年缺乏具体研究。其二，青少年的学校适应受诸多方面的影响，但有些研究缺乏对各领域因素的探讨。其三，朝鲜族留守家庭青少年的研究缺乏研究问题的针对性。有些研究指出青少年的各种问题，并提出对策，但是从整体上做到了面面俱到，很少针对具体问题进行研究。这将影响所提出的对策在实践上的指导意义。因此，在本研究中，针对朝鲜族祖孙家庭青少年为研究对象，探讨影响青少年学校适应的因素，并根据研究结果，提出提高青少年学校适应的方案。

二、研究方法

（一）研究对象

为了研究，对延边朝鲜族自治州内的两个市的两所初中学校和一所高中学校进行问卷调查。所有被试均以班级为单位进行整群取样，共收回781份，其中有效祖孙家庭样本共369名。初中生235人（63.7%），高中生134人（36.3%）。从性别上，女生225名（61.0%），男生144名（39.0%）。年龄在12到20岁之间，平均年龄为15.77岁（SD=1.87）。

（二）研究工具

在本研究中，考虑到被试为朝鲜族学生，运用了韩国语版的量表。这些问项均得到朝鲜族学校教师和社会工作教授的指导，进行修正，并对8名学生进行了实验性的调查。还有对量表中的负向题转换正向题后相加。这些量表采用5点评分，0表示“从未”，4表示“非常同意”。

---

① Suldo, S. M., Friedrich, A. A., White, T., Farmer, J., Minch, D., & Michalowski, J. Teacher Support and Adolescents′ Subjective Well-Being: A Mixed-Methods Investigation. School Psychology Review, 2009, 38 (1): 67-85.

② Rubin, K. H., Dwyer, K. M., Booth-Laforce, C., Kim, A. H., Burgess, K. B., & Rose-Krasnor, L. Attachment, Friendship, and Psychosocial Functioning in Early Adolescence. Journal of Early Adolescence, 20 04, 24 (4) : 326-356.

1. 学校适应：运用Hernandez的学校生活适应的问项，包括学习生活、学习态度、学校纪律遵守、学校行事参与等领域，由22个问项组成。得分越高，表示学生的学校适应能力越高。本研究中该问卷的Cronbach´ α系数为0.882。

2. 自尊量表：采用韩国青少年调查（KYPS）中运用的量表，该量表由“我认为我具备好品德”“我认为我有能力”“我认为我有价”“有时我觉得我毫无用处”“有时我觉得我是个坏人”“有时我觉得我是个失败的人”等6个项目构成。得分越高，表示更积极评价或认识自己，随之自尊水平越高。本研究中该问卷的Cronbach´ α系数为0.721。

3. 忧郁不安：该量表由“我事事不关心，没有兴趣”“我事事担忧”“我有时毫无理由地很不安”“我有时毫无理由地很孤单”“我有时毫无理由地很郁闷”“我有时毫无理由地不想活”等6个项目构成。得分越高，表示青少年的郁闷、忧郁、不安水平越高。本研究中该问卷的Cronbach´ α 系数为0.852。

4. 养育态度：采用韩国青少年调查（KYPS）中运用的量表，该量表由“他（她）顾怜我”“他（她）相信我自己能做好”“即使是小碰伤他（她）很在乎我”“他（她）关心我能否做好”“他（她）肯帮助我”等5个项目构成。得分越高，表示养育者的养育态度越积极、肯定。本研究中该问卷的Cronbach´α 系数为0.675。

5. 亲子依恋: 采用韩国青少年调查（KYPS）中运用的量表，该量表由“父母和我努力一起度过更多的时间”“父母总是关心和爱我”“父母和我促膝谈心”等6个项目构成。得分越高，表示与亲子关系更亲密、信赖、稳定。本研究中该问卷的Cronbach´α 系数为0.840。

6. 师生关系：采用韩国青少年调查（KYPS）中运用的量表，该量表由“我向老师倾诉我的苦恼”“我觉得老师关心和爱我”“将来我想成为像老师一样的人”等3个项目构成。得分越高，表示师生之间的情感互动良好，学生与教师形成了越亲密的关系。本研究中该问卷的Cronbach´ α 系数为0.643。

7. 朋友关系：采用韩国青少年调查（KYPS）中运用的量表，该量表由“在学校有很多学生，但我常常觉得孤独、寂寞”“在学校我和同伴和睦相处”等两个项目构成。得分越高，表示与同伴形成越亲密友好的关系。本研究中该问卷的Cronbach´ α系数为0.504。

8. 控制变量：性别和年龄。本研究中还讨论了青少年的性别与年龄因素对学校适应的影响。在性别变量上，按“男”=1、“女”=0分别录入，年龄让学生直接填写。

（三）研究方法

第一，通过 SPSS 19.0 频率分析考察了祖孙家庭青少年的基本情况。

第二，通过SPSS 19.0 相关关系分析确认了主要因素与学校适应之间的相关关系。

第三，通过多元回归分析探讨了各因素对延边朝鲜族祖孙家庭青少年学校适应的影响。

三、研究结果与分析

（一）祖孙家庭基本状况

本研究中主要围绕“联系频率”“与父母的分居理由”“与祖父母一起生活的期间”“居住地”等方面考察了朝鲜族祖孙家庭青少年的基本现状。首先，从祖孙家庭青少年与父母联系频率上看“常常”为190名（51.5%）最高。但“定期联系”的只占9.2%，说明青少年与父母之间的定期交流的机会很少，青少年不能定期向父母汇报自己的近况，这些将导致亲子关系很难形成稳定的依恋关系。其次，父母和子女分居的理由是“父母就业”为绝大多数（84.6%），而且与祖父母一起生活期间为97个月（8年）以上的占一半（50.7%）以上。这表明父母为了外出务工把年幼的子女托给祖父母，并且这样的分居状况长期延续下去。最后，祖孙家庭在城市形成的比例为69.1%，是农村30.9%的两倍多，这表明在延边朝鲜族地区留守家庭在城市形成的可能性也更大。

表1 祖孙家庭基本状况

区分		频率（名）	百分比（%）	总数（百分比）
联系频率	无	4	1.1	369（100%）
	偶尔	46	12.5	
	普通	95	25.7	
	常常	190	51.5	
	定期	34	9.2	
与父母的分居理由	离婚、死亡等	57	15.4	369（100%）
	父母外出就业	312	84.6	

续表

区分		频率（名）	百分比（%）	总数（百分比）
与祖父母一起生活期间（个月）	1-24 25-48 49-72 73-96 97以上	44 48 51 39 187	11.9 13.0 13.8 10.6 50.7	369（100%）
居住地	农村 城市	114 255	30.9 69.1	369（100%）

（二）相关关系分析

为了验证各因素与学校适应之间的关系，本研究进行了Pearson相关关系分析。由表2可以看出学校适应与主要因素之间均存在统计上显著的正或负的相关关系。其中，性别、年龄、忧郁不安与学校适应呈负向相关关系。 相反，自尊、教师关系、朋友关系、养育态度、亲子依恋等变量与学校适应呈显著的正向相关关系。

表2 相关关系分析

学校适应	
性别	-0.121*
年龄	-0.342**
自尊	0.425**
忧郁不安	-0.395**
养育态度	0.346**
亲子依恋	0.371**
师生关系	0.571**
朋友关系	0.398**
性别： 1=男，0=女 *P<0.05，**P<0.01，***P<0.001	

（三）各因素对学校适应的影响

为进一步分析性别、年龄、自尊、忧郁不安、养育态度、亲子依恋、师生关系、朋友关系对学校适应的影响，进行了多元逐步回归分析。在第1模型中，投入性别和年龄因素，其共同解释学校适应12.5%（F=27.217，p<0.001）。在第2模型中，控制性别和年龄的情况下，投入自尊、忧郁不安、教师关系、朋友关系、养育态度等因素，其共同说明学校适应48.9%，比模型1增加了36.4%的说服力（见表3）。这时性别不再是显著的影响因素，而对学校适应的影响因素依次为教师关系、自尊、 养育态度、朋友关系。如青少年与教师的关系越亲密，自尊水平越高，养育态度越积极肯定，朋友的关系越友好，青少年的学校适应水平越高。另外，在控制变量中年龄对学校适应起负面影响，即随年龄的增加，青少年的学校适应水平降低。

表3 各因素对学校适应的影响

	学校适应
性别	−.074
年龄	−.202***
自尊	.211***
忧郁不安	−.086
养育态度	.108*
亲子依恋	.002
师生关系	.384***
朋友关系	.102*

性别：1=男，0=女

*P<0.05，**P<0.01，***P<0.001

四、结论

本研究为了探讨影响延边朝鲜族祖孙家庭青少年学校适应的因素，对延边朝鲜族青少年进行了问卷调查，其中有效样本数为369份。具体研究结果及相应的介入方案如下。

第一，从朝鲜族祖孙家庭青少年的基本状况来看，与父母联系频率为“定期联系”的只占9.2%，这说明青少年与父母之间的稳定的情感关系，要从时间和空间上受限制，青少年无法对父母产生亲密感和信赖感。还有父母和子女分居的主要理由是“父母就业”，一半以上的青少年与祖父母一起生活期间为8年以上。在延边朝鲜族地区，没有稳定职业的大多数成年人选择外出就业，所以在城市形成的留守家庭的可能性更大。父母为了更高的家庭经济收入，把幼小的子女托付给祖父母，然后只汇给生活费。因此延边地区祖孙家庭的经济状况普遍良好。

第二，影响延边祖孙家庭青少年学校适应的主要因素依次为师生关系、自尊、养育态度、朋友关系和年龄。比如在学校，青少年与教师和朋友的关系越亲密，越有助于学校适应。这些结果表明青少年的大多数时间在学校度过的情况下，教师和朋友的学业或情感上支持和理解能够帮助青少年克服并解决一些问题，促进他们的学校适应。还有家庭的养育态度和青少年的自尊对青少年的学校适应起积极作用。这是因为青少年与父母长期分居的情况下，祖父母的养育态度对青少年的情绪发展和社会适应带来重要的影响。虽然祖父母能解决衣食住的基本条件，但由于代沟，与青少年的情感交流上受阻，很难指导青少年的学习，在教育方面面临困难。因此，社区和学校应通过对祖父母的教育，让他们学习与青少年交流的技巧，使得祖父母不仅给青少年提供物质上的支持，而且帮助祖父母在情绪上与青少年产生共感带。这些还可以减轻祖父母的精神上的养育负担。青少年的自尊一向是影响精神健康和提高社会适应能力的保护因素，青少年的自我概念甚至影响他们的以后就业和发展①。为了能够让青少年积极肯定地认识自己，可以进行多种介入方案。如自我主张强化训练、个人特长培养等途径可以提高自尊，进一步促进青少年的学校适应。

第三，在本论文中亲子依恋和忧郁不安没有对学校适应起直接显著的影响。这一结果显示，父母与子女之间分居的时间太长，青少年也已基本上逐步适应了“留守”状况。在这种情况下，父母对青少年发展的直接影响力降低，所以祖父母的养育态度直接影响青少年的适应能力。可是亲子沟通是青少年的人格形成和社会适应的有利因素②，父母应该定期与子女进行交流，形成稳固的情绪上的共感关系，在提高学校适应方面发挥积极的促进作用。本研究中还得出，青少年的忧郁不安等情感问题没有直接影响他们的学校适应。这将说明两者之间肯定有中介调节因素，如本研究中对学校适应有直接影响力的自尊、师生和朋友支持等因素。这些可以缓解青少年的忧郁不安水平，有助于提高青少年的学校适应。因此学校和家庭需要有意地观察并探索这些保护因素，降低负

① 段彩彬，刘春雷．大学生就业焦虑与父母教养方式、自我观念之关系［J］．沈阳大学学报，2013（5）：668-672.

② 郭瞻予，张慧杰，石杨，吴月函．离异家庭亲子沟通与初中生人格特点的相关分析［J］．沈阳师范大学学报（社会科学版），2009（2）：119-123.

面情绪对青少年的直接的消极影响。

综上所述，本研究分析了延边朝鲜族祖孙家庭青少年学校适应的各种影响因素，但有以下局限性，望在以后的研究中弥补。其一，本研究中采用了横向数据，没有进行纵向分析。以后研究中要进一步分析随着时间的推移各影响因素对学校适应的影响及其变化。其二，对延边州两个市的3所学校进行调查，研究结果的普遍化受到一定的影响。

参考文献：

[1] 张姝. 延边州对韩跨国劳务输出现状及影响 [J]. 长春理工大学学报（社会科学版），2012（6）。

[2] 延边朝鲜族自治州妇联. 延边州留守、流动儿童情况调查报告. 2008，8.

[3] 朴今海，郑小新. 延边地区朝鲜族留守儿童的教育与监护问题 [J]. 延边大学学报（社会科学版），2009（1）.

[4] Schroeder，R. D.，Osgood，A. K.，& Oghia，M. J. Family Transitions and Juvenile Delinquency. Sociological Inquiry，2010，80（4）:579-604.

[5] Lee，A.，& Hankin，B. L. Insecure attachment，dysfunctional attitudes，and low self-esteem predicting prospective symptoms of depression and anxiety during adolescence. Journal of Clinical Child & Adolescent Psychology，2009，38（2）:219-231.

[6] Scott，S.，Briskman，J.，Woolgar，M.，Humayun，S.，& O´connor，T. G. Attachment in Adolescence: Overlap with Parenting and Unique Prediction of Behavioral Adjustment. Journal of Child Psychology and Psychiatry，2011，52（10）:1052-1062.

[7] Richaud de Minzi，M. C. Loneliness and depression in middle and late childhood: The relationship to attachment and parental styles. The Journal of Genetic Psychology，2006，167（2）:189-210.

[8] Suldo，S. M.，Friedrich，A. A.，White，T.，Farmer，J.，Minch，D.，& Michalowski，J. Teacher Support and Adolescents´ Subjective Well-Being: A Mixed-Methods Investigation. School Psychology Review，2009，38（1）: 67-85.

[9] Rubin，K. H.，Dwyer，K. M.，Booth-Laforce，C.，Kim，A. H.，Burgess，K. B.，& Rose-Krasnor，L. Attachment，Friendship，and Psychosocial Functioning in Early Adolescence. Journal of Early Adolescence，2004，24（4）: 326-356.

[10] 段彩彬，刘春雷. 大学生就业焦虑与父母教养方式、自我观念之关系 [J]. 沈阳大学学报，2013（5）.

[11] 郭瞻予，张慧杰，石杨，吴月函. 离异家庭亲子沟通与初中生人格特点的相关分析 [J]. 沈阳师范大学学报（社会科学版），2009（2）.

延边多元文化的文化涵化与社会发展

全信子　杜国川*

摘　要：延边多民族的族源记忆与多元文化形态，随着长期不同民族文化间的接触交流及相互杂糅的历史变迁，产生了独特的“文化涵化”现象，并带来了多元共存和谐发展的文化氛围，凸显着共生效应，促进着社会发展和进步。

关键词：延边；多元文化；文化涵化；社会共生、社会发展

从人类学的视角看，一个族群文化与另一族群文化接触变迁的过程，被称之为“涵化”。“涵化指的是这类现象：不同的数个群体或者个体之间，在社会生活中彼此发生持续的、直接的接触，以致改变了原有文化模式的现象。”①即不同文化在接触的过程中，会相互借位吸收，对另一方的文化特质逐步肯定，使文化的相似性不断增加，从而使其原有的文化发生变迁或变异。

延边地区作为朝鲜族、汉族及满族等多民族聚居区，虽各民族文化特色凸显，但在长期交往和交流中，不同文化间的碰撞与接触，产生了文化涵化，形成了多元共存的和谐局面。延边朝鲜族自治州之所以能获得“民族团结模范州”四连冠桂冠，除了有其历史因素、政策因素之外，更有其文化涵化因素。这种文化涵化形成了延边复合多元的人文特征，促进着东北亚地区的和谐、共生及发展。

---

*作者简介：全信子，女，朝鲜族，人文学院社会学系教授，民族学博士生导师，研究方向：跨境民族文化研究；杜国川，男，汉族，博士，云南曲靖师范学院，讲师，研究方向：云南地区少数民族研究、边疆地区少数民族经济文化比较等。

［基金项目］国家社科基金重大招标项目“中国边疆地区的边民离散与回归研究”（14ZDB109）

① RedfieldR，LintonR，HerskovitsM. Memorandum on the study of Acculturation. AmericanAnthropologist，1935，38：149-152.

一、族源记忆与多元文化

图们江流域虽为多元民族地区，但从其文化序列上看，先住民可谓满族。闻名遐迩的“安图人”就是满族的先世。连绵的长白山贯穿延边大地，丰富的林业、矿产资源，适合于狩猎民族生活，并造就了独具特色的满族文化。在历史长河交替流淌中，满族文化更加丰富和发展，成为延边多元文化的一条主线。先秦时期满族祖先肃慎人便在此生活，留下了大量的文化遗存，如小营子古墓群、新兴洞墓群、金城墓群、石岘墓群等，都是古肃慎文化在延边的例证。公元7世纪，靺鞨人建立渤海国，珲春市杨泡满族乡渤海国城的遗址萨其城、三家子满族乡八连城遗址、敦化六顶山敖东城遗址、和龙西古城中京显德府遗址等，更加丰富了延边满族文化的内涵。辽、金时期，“完颜女真”“长白山女真”作为延边地区主要族群，留下了“长东古城堡”“城子山山城”“海兰古城”“罗子沟古城”等女真遗址。清朝统治期间，清政府为了进一步开发延边，加强中朝边境的管理，1714年在延边设立第一个官衙——珲春协领，置军置民设防，从宁古塔南下的正黄、镶黄、正白三旗，成为延边最早居民。随着满族人口逐渐增多，延边地区各城镇、地点、江河都打下了满族文化的烙印。

中原文化虽然较早地波及图们江流域，但直到1409年，中原王朝才在延边地区设立行政机构，即军政合一建制的地方性政权——奴儿干都指挥使司，对辖区的管理，主要采取派驻兵或以巡视的方式，因此，汉民涉足于延边可谓清初。清朝统治者为保护满洲“龙兴之地”及资源，对东北实施了封禁政策，严禁关内汉民流入东北地区。然而，尽管如此，山东等地居民因生活贫苦，灾害连连，为了生存不顾禁令，冒险闯入东北，“闯关东”也就由此而来。直至1860年，清政府面对国内民众起义、国外沙俄蚕食东北边疆现状，为了缓和民众与政府矛盾，增加辽东地区的防御，迫不得已对东北地区解禁，随之再次形成移民浪潮。民国时期，山东地区天灾人祸，人口压力增大，军阀作乱，东北张作霖当局招垦，政局相对稳定，山东移民数量激增。到抗日战争时期，日本占领东北，修筑铁路、军事要塞，发展重工业，采伐矿产、林业资源，从关内大量招募、诱骗、虏获劳工，这一时期每年有近90万劳工迁移，仅1927年至1937年内地人口迁移东北就有741万[①]。1949年后，由于东北约80%的居民由关内迁来，与关内的居民有着千丝万缕的渊源，以亲属关系为纽带，自发进入东北的

① 杨子慧．中国历代人口统计资料研究．北京：改革出版社，1996：1408.

不计其数，形成了中华人民共和国成立后最大的移民潮。

总之，延边地区最早的土著居民是满族，而关内汉民则是“闯”过北封关隘陆续来到延边，成为延边多元文化的基点。而作为迁入民族的朝鲜族，作为外来文化的代表者，也形成了独具特色的文化体系。

由于中朝两国唇齿相依，隔江相望的地理优势，自明代初期，生活在图们江流域的女真人经常到朝鲜庆源进行互市，开始了货物流通，以各取所需。后随着货物交易规模的扩大，逐渐扩展到会宁、钟城等其他地方。“随着中朝互市交流的频繁，同时伴随着彼此文化交流的增加。图们江、鸭绿江流域的女真人，既受汉文化的持续影响，也由朝鲜文化及风俗所濡染，边民间逐渐出现了通婚现象。”① 19世纪后半期，随着朝鲜北部连年发生自然灾害，为了生存，朝鲜边民纷纷“犯禁”迁徙到我国图们江以北，由此两国边民之间的交流更为活跃。1860年，中俄签订《北京条约》，清政府推行了“移民实边”的方针策略，以加强边防，但招募到延边的汉民远远不能满足“移民实边”之需，就首肯了早已在图们江北岸开垦生活的朝鲜移民。1885年，清政府为了进一步规范和管理朝鲜垦民，在珲春建立了“越垦总局”。同时清政府划图们江以北长约350公里、宽20多公里的区域为朝鲜垦民“专垦区”，优待和安抚朝鲜垦民。1910年“日韩合并”后，很多朝鲜的抗日志士逐步来到延边建立反日根据地，陆续建立了朝鲜族学校，培养反日人才，并在村里组织宗教及反日团体，为延边多元文化增添了丰富的文化内涵。

满族作为东北古老的民族，世代居于“白山黑水”间，创造了满族文化，成为长白山文化体系，并以其“自强不息”和“厚德载物”的自在形式，丰富了中国多元文化的内涵。随着历史岁月的迁徙，满族文化虽然深受中原文化影响，甚至被同化，但在延边的多元文化中，处处可见满族的文化遗留。如地名“珲春”即满语的“边防”，敦化谓“风口”，布尔哈通河为“长满柳树的地方”之意。

朝鲜族文化作为移民文化，在形成长白山文化体系的过程中仍功不可没。朝鲜族自古便以长白山为“灵山”，其文化包含着很多与长白山相关的传说与痕迹。延边朝鲜族主要聚居区的很多地名，如药水洞、龙水泉、南道村、北道村等，都是朝鲜族移民的历史见证。不仅如此，朝鲜移民将朝鲜半岛的水稻栽培技术逐步引入延边，形成延边的水稻文化，并逐渐推广到东北各地。自19世纪

① 孙春日．延边多元与复合文化格局的形成及其人文特征．中南民族大学学报，2013（4）：64-69.

末，朝鲜垦民便开始在我国边境种植水稻，主要集中在图们江北岸钟城崴子(今龙井市光开乡光昭一带)。到1900年，在龙井以东海兰江畔的瑞甸平原和智新大教洞附近开始试种水稻，然后逐步扩展到延边各地[3]。目前，水稻农业已经成为延边农业的主要支柱之一。

以上的族源记忆，形成了延边社会的多元文化模式。多元文化在相互碰撞、相互交流中，在各自保持本民族文化特征的前提下，也相互寻求着沟通与和睦共生。这种独特的以汉族、朝鲜族、满族为主要族群杂居的历史记忆和历史背景，形成了延边多元文化的格局。并且，各族群在社会交互过程中，也促进了文化的涵化与整合。

二、文化涵化与整合

涵化是人类文化变迁的重要方式，是不同民族长期接触交往过程中必然产生的文化现象。文化相对论学派赫斯科维茨给其定义为“是由个别分子所组成而具有不同文化的群体，发生持续的文化接触，导致一方或双方原有文化模式的变化现象”，也就是说，涵化是指不同民族之间持续接触交往而引起原有文化形式或结构的变迁。其中涵化的过程包括：文化之间的文化特质的传递，接受文化一方的成员可以选择接受或是拒绝；文化的结合，涵化不是被动的吸收，而是一种全新的文化融合和接受的过程。另一方面，涵化在本质上具有创造性，即本文化系统中的特质与外来文化的特质相结合或替代。也就是说新的文化特质并不是简单地取代或融合或同化原有旧的文化体系，而是经过漫长历史变迁逐步替代并接受原有存在的旧的文化中核心成分及特质。

长期以来，延边地区始终处于独特的多元文化的社会形态，汉族和朝鲜族无论在生活习俗还是在生产方式上，都出现了你中有我、我中有你的交融格局，形成了汉族朝鲜族化和朝鲜族汉族化的共生共存又异化的局面，比如汉族会长袖善舞跳朝鲜族舞蹈能以假乱真甚至更好；辣白菜腌制水平也不分伯仲。而朝鲜族也掌握了汉族饮食文化中的“煎炒熘炸”等看家本领；朝鲜族说的普通话也带有东北人特有的地方特色。目前，朝汉族之间的通婚现象越来越多也越来越普遍，生活习俗相互渗透，相互启发，相互学习，共存共进，这种多元化共生化恐怕是其他民族无法比拟的。凡此种种，说明文化传播的方式有其独特性，即通过一种文化形态向其范围之外转移或扩散，引起相互之间的文化互动、吸收借鉴以及整合创新的过程。朝鲜族作为跨境民族，从朝鲜半岛迁移到东北地区，不仅带来了水稻种植技术，而且在延边与汉族等其他民族生活中，渐渐将自己的生活习俗传播到汉族民众之中。从此以后，各民族相互学习，相互交流。在不同文化持续接触中，文化传播即不可避免，没有文化传播，涵化也就不可能实现。

研究表明，朝鲜族迁入中国境内数百年来，始终没有失去本族群文化的核心特质，同时发挥着积极的涵化作用。究其原因，应该说这是一个具有强烈文化保护和开放意识的先进民族。或者与其说朝鲜族在文化涵化的过程中表现出较强的族群文化保护行为，不如说朝鲜族本身具有更加清晰的文化自觉意识，同时对他者文化又无排他性，寻求平行发展，去粗取精，借位吸收。从而为延边地区多元文化发展做出了贡献。

延边文化涵化的主要表现形式：

首先是文化的平行互动。文化的平行互动是指彼此尊重积极欣赏的互动。譬如某一社区中不同文化所占比例虽然有多少之分，但在互动中，彼此都表现出开放的包容的积极态度，做到了互相尊重，相互赞美，相互欣赏，从而产生升华效应，形成了文化丰富繁荣、多元发展、美美与共的态势。由于延边是多源多流的地区，其经济土壤和文化土壤都非常肥沃。在这里，无论是土著居民，还是外来居民，都没有因生存而产生的竞争与摩擦，汉族、朝鲜族虽然有着不同的文化表征，但他们来延边的动机是相同的。所以，长期以来，始终相安无事，各自安居乐业。随着历史的发展，延边这种多元文化也在相互影响着，在人与人交往中，处处体现出儒家“己所不欲勿施于人”“推己及人”“仁者爱人”的思想行为准则，成为社会成员交互的行为规范，也是正确处理好自己与他人、个体与社会关系的内在约束。在多元复合文化、土著文化和外来文化的对话碰撞和杂糅过程中，朝汉满等民族在各自保持特色的基础上，更寻求“和而不同”特色凸显的风格，使这种多元文化变得多姿多彩，绚烂而耀眼。延边有许多满族语言的地名和朝鲜族的地名至今并列存在，汉族的旱田农耕文化与朝鲜族水稻文化并存，朝汉等饮食文化长期并存也相互渗透。这些文化现象都是平行发展和互动的结果，在开放和继承中实现了和而不同，容而各异，保持特色，彰显共生多元文化和谐发展的局面。

其次，文化的接触与传播。文化涵化应关注两个前提条件：一是文化接触，二是文化传播。文化接触是指不同文化群体长期持续地接触交流，时间越长，范围越广，交往越深，相互采纳的文化因素就越多，从而文化的相似性就越大①。居住在延边的汉朝两个民族持续几百年，共同开发延边，生活习俗有很

---

① 林耀华．民族学通论．中央民族大学出版社，1997：397.

多相似之处，朝鲜族饮食文化中的泡菜文化和酱文化，在汉族生活中也是一项不可或缺的日常生活内容。文化传播又称文化扩散，是指一种文化从发源地向其他地区扩散与辐射，引起互动与采借的过程，尤其是延边地区的礼仪文化具有这种文化辐射效应的显著特点。儒家文化产生于中国，后传播到朝鲜并渗透至每个家庭，尤其是儒家文化中最著名的“三礼”（《周礼》《仪礼》《礼记》）中的祭祀仪式、人生礼仪、节日礼仪、生活礼仪等理念已浸染整个韩国家庭。因此，朝鲜族迁入中国时，其生活礼仪完全以儒家文化为模式，在几百年的时间流逝过程中，这些礼仪始终影响着人们思想观念和生活习惯。然而，随着全球化的影响、人与人之间关系的物化、西方文化的渗透，礼仪文化已被逐渐淡化。尤其在生活礼仪方面尤为突出，比如对待长辈、亲友等方面过去各个民族都有着严格的规矩，现在不讲长幼序列的情形随处可见。然而，延边朝鲜族有着强烈的民族自觉意识，坚守传统精华，无论历史如何更替变迁，始终对礼仪文化保留完好，尤其在生活礼仪方面，已经影响该地区的其他民族，成为生活礼仪的一个典范和规范。这些生活礼仪潜移默化地影响着各民族的下一代尊老爱幼的良好风气。如朝鲜族年轻人在长辈面前饮酒时一定转过身，以示敬意，这种习俗在延边的汉族几乎也都这么做。

再次，文化的交融与整合。文化交融与整合是指为了自身文化的发展，采用外来文化的要素，在周围文化特质中，选择符合本文化有利的特质，加以利用，同时也会更改本文化的一些特质，从而达到了自身文化发展的新高度。在经济生活方面，汉族、朝鲜族因迁出地生态环境原因，汉族擅长种植玉米、大豆等农作物，而朝鲜族主要以水稻种植为主，在延边黑山白水之间，土地肥沃，适合种植水稻的荒甸子沼泽很多，两个民族互相学习，生产方式因此达到一种完美整合。

在文化涵化的过程中，也会出现文化的顺涵化或者逆涵化，当对所接触文化主动接受时为顺涵化，相反则为逆涵化。相比较，顺涵化的文化因素效应最大，即最符合社会成员心理满足度，符合社会发展规律。而当文化的逆涵化产生时，逆涵化的文化因素效应降低，并不符合社会成员的心理要求，另一方面错误地引导逆涵化的文化因素，会使社会成员产生抵触的心理，不利于社会稳定及发展。在延边地区，各民族之间的文化涵化大体是一种顺涵化，即不同族群文化借位吸收，彼此认同他者文化因素，其结果，使得各民族之间相互影响，相互作用，进而实现社会共生，和谐发展。

三、社会共生与发展

“共生”一词的概念最早缘于生物学，特指不同的生物体共同生存，并利用自己与对方的特质，相互利用、相互依存、相依为命的生物现象。这种自然界的现象也同样存在于社会科学领域。随着社会的发展，人们的交往越来越密切，尤其是在高度发展的全球化、现代化社会里，高端技术、高科技产品引领着时代潮流，人与技能，人与生产工具的综合利用，越发密切，不仅生产领域如此，多元社会、多元文化，人与人之间，族群与族群之间，同样形成了互不离开、互相依赖的共同体，“共生理论”也因时代之需应运而生。

“共生理论”认为，共生是自然界、人类社会的普遍现象；其本质是协同与合作。协同是自然与人类社会发展的基本动力之一；互惠共生是自然与人类社会共生现象的必然趋势[①]。“共生共存、和谐发展”。延边作为多元文化的地区，各民族之间经过一个漫长的历史洗礼，在相互交往和生活中，已经形成了相互欣赏、相互学习、共同发展的多元复合共同体。这也源于延边作为清代的封禁地，是汉族和朝鲜族与满族一同开发了这块荒地，他们在成为这里的开拓者的同时，都面临着日帝的侵略、蹂躏、践踏的悲惨遭遇，为保卫这块富庶的土地，他们浴血奋战，共同坚守，写下了不朽的篇章。新中国诞生以后，他们又共同建设着这个美丽的家乡，结成了你中有我、我中有你的共生关系。

从共生理论来看延边地区民族交往中的和谐支撑，最重要的就是一种“共生关系”。这种共生是两者之间互惠互利，协同发展，它体现了民族交往中的“共在”与和谐的最高境界。和谐是我们要构建的社会目标，因为社会本身呈现的是多元多样多流化的形态，因此，无论是民族还是文化，只有包容才能共存，只有包容才能共生。延边各民族的践行，给了这个理论一个生动而真实的诠释，无论在历史上还是在现实里，始终处于共生并存的成长发展之中。

首先，延边地区具有复合文化的包容性。复合文化即多价值观、多元的文化要素共存共处，相互接触、相互影响、相互联系，并保持各自特色的一种文化。承认差异、包容差异、寻求沟通、寻求理解、和谐相处，体现了一种对他者文化的尊重与宽容精神。如我们所说的“长白山文化”和“图们江文化”历来就是延边复合文化的重要内涵，也是我们理解延边多元文化的核心。流传至今的满族神话和朝鲜族神话以及留在延边的满族地名与朝鲜族地名，还有日本

---

① 王瑜卿．民族交往的多维审视．北京：中央民族大学出版社，2012：18.

文化的痕迹等，也都体现了多元复合文化的宽容精神，成为延边地区社会发展的重要支撑。

其次，延边地区经济利益的互补性。众所周知，朝鲜族是跨境民族，随着改革开放，1992年中韩建交以后，两国关系的改善、经济利益的驱动以及民族认同等因素，朝鲜族赴韩流动趋之若鹜。尤其是很多朝鲜族农村的农民赴韩打工，其土地几乎都租给了汉族农民。朝鲜族农民赴韩挣钱，而土地又租给了汉族农民，这种经济利益的互补性，又形成了一种新型的共生关系。如汉族通过种植大量土地，收入可观，朝鲜族不仅在韩国挣钱，自己的土地又得到了耕种，获得了租金。不仅如此，朝鲜族农民的现代生活方式不断地影响着汉族农民，加快了城市化和现代化的步伐。

再次，延边多元共存的边缘效应。延边各民族杂居方式形成了一种边缘文化，即不同文化背景的人们长期交往、杂居，并建立了独特的文化区域。在这个文化区域里，“多样共生”是其特征之一。因此，共生概念与边缘文化具有内在的联系，而边缘效应为这种文化提供了理论依据。在自然科学界，生态系统内部随着生物多样性的增加，使其系统处于被动型，导致变异，为其效应的表现，这个边缘地带有利于生物多样性的发展，而文化的多样性与生物多样性虽不能一概而论，但有相通之处。“‘多样共生’既是生物之间的一种互利关系，也是人与人之间以及人与自然之间相互依存、和谐统一的共存关系。”①

延边的共生关系不仅带来了社会的发展和历史的进步，同时展示了一种新的文化生命力。在这样的文化环境背景下，延边在东北亚地区不仅具有地缘政治性，也有其文化的独特性和优越性。而作为跨境民族的朝鲜族，不仅是连接和斡旋朝鲜和韩国关系中的友好使者，搭建中韩、中朝之间的桥梁，也是东北亚和平环境的构筑者。作为“金三角”的珲春，不仅是东北亚图们江流域开发开放的窗口，而且是多元的国际化城市。仅在2014年，到珲春市的俄罗斯游客高达14.7万人，在这个常住人口仅为20万的边境小城，每年接待的俄罗斯游客就超过其人口的一半。在珲春市，各种商铺的牌匾都标有中、俄、朝3种语言文字，商业街的服务也多能使用俄语接待游客，几年间，有200多名俄罗斯人选择在珲春买房定居，孩子也进入珲春的校园。俄罗斯的商品也进入珲春的市场，尤其提拉米苏、啤酒、面粉等深受大家的欢迎。同样，与邻近的朝鲜也有更多的民间贸易，从朝鲜进口的海鲜输入全国各地，朝鲜同样派遣上千人参与珲春的经济建设，在文化交往上，有常驻珲春的文工团，每天都有各种精彩表演，

---

① 张之中．边远文化三论．东方论坛，2007（2）：11-14.

丰富着人们的文化生活。

延边地区随着经济、政治的发展，越来越体现出地缘的优势及文化的优势，已经成为东北亚文化交流的中心。延边多元文化伴随历史的变迁，在保持各自文化特质的基础上，相互吸收、相互影响，形成了杂居、复合、宽容的文化氛围，多元共存、多样共生、和谐发展，不仅促进人类社会的发展，更体现了当今社会，人们的思维方式、生活方式以及价值取向日益迈向多元化，而这种多元文化则代表着不同族群的利益诉求。因此，我们应以费孝通提出的“各美其美，美人之美，美美与共，天下大同”之境界，建构“和而不同”社会。

参考文献：

[1] RedfieldR, LintonR, HerskovitsM. Memorandum on the study of Acculturation. AmericanAnthropologist，1935，38

[2] 杨子慧．中国历代人口统计资料研究．北京：改革出版社，1996.

[3] 孙春日．延边多元与复合文化格局的形成及其人文特征．中南民族大学学报．2013（4）．

[4] 林耀华．民族学通论．中央民族大学出版社，1997.

[5] 王瑜卿．民族交往的多维审视．北京：中央民族大学出版社，2012.

[6] 张之中．边远文化三论．东方论坛，2007（2）．

朝鲜民族与满–通古斯诸民族民间叙事文学中的神树象征意蕴

车海锋*

摘　要：朝鲜民族和满–通古斯诸民族原始先民的神树崇拜以宇宙树信仰为起点，在漫长的原始氏族制社会中先后扮演了生命树、神灵树等角色，并逐渐演变成“高杆”“索莫杆”“托罗杆”等神杆以及“托若树”“祈年树”。它们是宇宙树、生命树和神灵树的复合体，祭祀的对象是天神、祖先神和自然界的神祇。

关键词：朝鲜民族；满–通古斯；叙事文学；神树

朝鲜民族和满–通古斯诸民族是中国古代东北濊貊、肃慎和东胡族系的后裔，其原始先民世代生活在高山林立、树木繁茂的东北亚森林之中，树木就成了他们崇拜的对象。吕大吉先生认为，人类最早的宗教观念是基于“灵魂”观念而产生的“万物有灵论”。由万物有灵而逐渐产生了对自然物和自然力的崇拜；随着原始社会体制进入以血缘为纽带的母系氏族制社会，产生了最早的图腾崇拜以及半人半图腾的女始祖崇拜，母系氏族社会后期出现了女性祖先崇拜、女阴崇拜和早期的自然崇拜；进入父系氏族社会祖先崇拜对象更替为男性祖先，自然崇拜以精灵崇拜和神灵崇拜为主；原始社会末期出现了氏族部落联盟和社会等级的分化，宗教世界也出现了兼具自然神和祖先神双重神性的天神崇拜和由此衍化出来的其他崇拜形式①。

朝鲜民族和满–通古斯诸民族原始先民最初“都转变为它的宗教”的神树，在漫长的岁月中扮演宇宙树、生命树、神灵树等角色，最终演变为“高杆（朝

---

*作者简介：车海锋，男，博士，四川大学中国语言文学专业博士后，研究方向为朝鲜民间文学比较研究。

［基金项目］2016年四川省博士后科研特别资助项目“朝鲜民族与满–通古斯诸民族神话比较研究”（项目编号：［2016］184 号）

① 吕大吉．原始社会氏族—部落宗教的形成和演变//孟慧英．原始宗教与萨满教卷．民族出版社，2008：5-6.

鲜语叫‘솟대’sostai）”“索莫（so-mo）杆”“托罗（toro）杆”以及“托若树”“祈年树”。本文以原始氏族制社会各阶段原始宗教的内容为经，以不同原始氏族社会体制阶段的神树象征意蕴为纬，考察分析朝鲜民族与满-通古斯诸民族的神树崇拜演变轨迹和神树象征意蕴的异同。

一、天地媒介之宇宙树

在原始先民尚未认识到生老病死的自然法则之前，他们认为天神掌管着人类的出生死亡、狩猎多寡，于是原始先民想到通过高大挺拔的树木到达天界祈求天神。满族神话《通天桥》中，阿布卡恩都里（天神）用霹雷击毁了通天桥后，造了一棵最高最大的树代替通天桥。天神铸造的“最高最大的”宇宙树不仅起到连接天界和地界的桥梁作用，而且还把人们的祈求传达给天界，天神则通过宇宙树把指令下传给地界的人们。

宇宙树是生活于森林中的原始先民用参天大树充当沟通天界和地界之媒介的原始思维的产物，列维·布留尔称之为“互渗律”。“在原始人那里，对现象的客观联系往往是不加考虑的原始意识，却特别关注现象之间各种虚虚实实的神秘联系。原始人的表象之间预先形成的关联不是从经验中得来的，而且经验也无力来反对这些关联。”①原始先民认为，爬上巍然耸立的大山就能够摸到天，然而爬上山顶才发现，比山更高的是长在山顶上的粗壮的大树。在原始“互渗”思维模式下，本来风马牛不相及的高山、大树、宇宙树三个事物神秘地联系在一起。古朝鲜观念中的宇宙树是长在山顶上的一棵檀树。《檀君神话》中，天帝之子桓雄携众神顺着神檀树降临至太白山顶。显然，在古朝鲜盛传的檀树连接天地的话题在融入建国神话时被淡化了其高大的宇宙树形象，只把檀树连接天界和地界的功能保留下来。另外，从《檀君神话》中的“熊女者无与为婚，故每于壇树下，咒愿有孕。雄乃假化而婚之，孕生子”看，檀树也像满族连接天地的最高最大的树一样，具备了把地界人们的愿望传达给天神，天神则通过树木下发指令的功能。

列维·布留尔的事物与事物、事物与现象之间神秘互渗的原则在鄂伦春族宇宙树神话中表现得淋漓尽致，其中最有趣的是宇宙树与鹿角神秘地联系在一起。《鹿角通天》的传说讲道：一头神鹿卧在兴安岭高高的山顶上，人们说它有一双多杈的鹿角，一直能伸到天上。人们能沿着鹿的巨角，攀登到天上去找恩

① [法] 列维·布留尔．原始思维．商务印书馆，1997：69.

都力（天神）寻求美好的生活。鹿角与宇宙树等同视之的观念虽匪夷所思，然而在原始思维中，事物之间的联系和影响不是客观呈现的，原始先民通常更为关注事物之间的神秘关系，而不是事物之间的客观关系。正如韩国学者金烈圭先生所说："大地养树，使其春天长芽，秋天落叶，鹿将像树一样的角养在头顶上，秋天成熟，春天发芽再生长，因此鹿与永恒的大地之母具有同样的属性，鹿角与大树的再生是一样的。"①鹿角与树木完美融合的有力证物是朝鲜半岛南部出土的新罗时期的金冠。金冠上装饰着两柱五杈鹿角，鹿角上有规则地点缀着用金丝吊挂的半月形曲玉和圆形金片，宛如一棵枝叶繁茂的大树。这也正好解开了朝鲜新罗时期金冠和满-通古斯诸民族萨满神帽上为什么装饰多杈鹿角之谜，是因为萨满通过神帽上的鹿角不仅能够"爬上"天界与天神沟通，而且像满族《通天桥》神话和古朝鲜《檀君神话》中收发信息的宇宙树一样，通过鹿角接收天神的指令，又能把地界人们的愿望传达给天神。萨满不仅利用像大树一样的鹿角与神沟通，在日常仪式中也常利用树木登高谒见天神。在鄂伦春族的萨满祭礼中，新萨满需要在老萨满的引荐下，通过刻有九道横杠的樟子松神树登高谒见居住在最高层的天神，并以此来证明已经具备担当神界与人间使者的能力。勇敢的新萨满攀爬宇宙树拜见天神的一幕在锡伯族的萨满主神图中表现得淋漓尽致。神图长约一米半，宽约一米二，绢帛彩绘，神图左侧画有长长的刀梯，连接着上中下三层，一个男性小萨满往上攀登。第三层下部中间是耸入云层的神树②。这幅萨满主神图中耸入云层的神树连接着天界和地界，而天界的三层由长长的刀梯连接着。刀梯是人类社会进入金属时代以后的产物，其前身是木梯，而木梯的原型就是宇宙树。

树木与朝鲜民族和满-通古斯诸民族的生活有着密切关联，所以高大挺拔的大树很自然地转变为了宗教崇拜的对象和解释自然现象的素材。然而，基于同一原始思维模式下形成的宇宙树，其形状、生长位置以及使用对象等方面在各民族中表现出一些差异，其中各民族具体的生存环境和生产方式的不同是最主要的原因之一。因为，原始宗教是在反映和适应着原始人群的物质生活需要的过程中发展自己的，所以各个时期原始宗教的内容，都与当时的物质生活条件分不开。

宇宙树是原始先民探索宇宙奥秘的最初尝试，然而浩瀚无垠的宇宙总是激发原始先民的无限遐想。随着原始先民生产力的发展和生活经验的积累，宇宙

---

① [韩] 金烈圭．一棵宇宙树与神话．韩国学术信息（株），2003：319.

② 孟慧英．中国北方民族萨满教．社会科学文献出版社，2000：191.

三界由一棵宇宙树连接的观念发展演变为“三界三棵树”，即相连的宇宙多棵树观念。在鄂伦春萨满祭礼中，樟子松神树上的九道横杠象征着宇宙树连接着九层天；锡伯族萨满神图中长长的刀梯连接着天界的上中下三层;《放牛娃与仙女》中的木梯则直通九层天界；满族也有“九天三界”说，如前文满族宇宙树神话中天界和地界由“一棵最高最大的树”相连，而满族《天宫大战》神话中，天界太阳河边还有一棵神树[①]；赫哲族观念中的宇宙三界则由三棵树构成：天上的一棵树住着天神和人类生前的灵魂，无数灵魂都以小雏鸟的形态聚居在树上，地上的一棵树供人和动物生活，地下的一棵树为地下魔鬼和死者鬼灵所使用的。

宇宙分为三界，天界和地界由檀树相连的观念在朝鲜民族意识观念中占主导地位，在朝鲜半岛南部金冠冢等遗址出土的朝鲜新罗时期的金冠上便可窥见一斑。新罗时期金冠的额头正中间和两个太阳穴部位各饰有“三个‘山’字或四个‘山’字叠加”的直立式装饰，金冠后面左侧和右侧各饰有一个五杈鹿角，直立式装饰和鹿角上有规则地点缀着用金丝吊挂的半月形曲玉和圆形金片[②]。上文已提及鹿角与宇宙树相通，是沟通天界和地界的媒介，而新罗金冠正面和两侧太阳穴位置装饰的三柱“直立式装饰”意味着图案所画的是代表宇宙三界的三棵树。每柱直立式装饰上的“三个‘山’或四个‘山’字”应该是各界的分层，也就是说，宇宙分为天界、地界、地下界，各界又分为三层或四层。

总之，宇宙树是朝鲜民族和满-通古斯诸民族原始先民用赖以生存的树木解释宇宙三界沟通渠道的产物。正如美国学者佩顿所言：“原始思维是人类的早期想象，是人类解释自然、生命、死亡这些未知的、令人惧怕、令人敬畏的力量的最初尝试。”[③] 原始先民通常不是用自然界的知识解释自己，而根据自己的知识解释自然界。原始先民不仅用这种独特的思维方式来解释复杂的自然现象，而且还用其来阐释人类来源等重大问题。

二、繁衍人类之生命树

苏联人类学家海通认为：“相信氏族起源于图腾是图腾崇拜的主要信

① 富育光，孟慧英．满族萨满教研究．北京大学出版社，1991：217.

② ［韩］韩国民族文化大百科词典编委会．韩国民族文化大百科词典（4）．韩国精神文化研究院，1996：190，192，234，187.

③ ［美］W.E.佩顿．阐释神圣：多视角的宗教研究．贵州人民出版社，2006：23.

仰。”[①] 纵观朝鲜民族和满-通古斯诸民族讲述生命起源的生命树神话，大致可分为：繁衍人类、哺育氏族、树木化身为女人与男人结合生育人类、树木化身为男人与女人媾合生育后代、死后化为树木等生命树神话。

满族树生人的神话富有哲理性。世间万物离不开水，神话中就指出最先有水，后在水中生出柳叶。柳叶越变越多，长成佛多毛（柳叶树），最后柳叶树生出万物和人类。除此之外，满族还有“天神阿布卡恩都里把围腰的细柳叶摘下了几片，柳叶上便长出了飞虫、爬虫和人，大地上从此才有了人烟”的神话。柳树叶酷似女人生殖器，由女人生殖器生出世间万物和人类的神话蕴藏着生殖崇拜，符合人类的生命法则。与柳树叶直接繁衍人类不同，鄂伦春族树生人神话中的老桦树作为原材料参与了天神创造人类的过程，由天神用老桦树皮制成了最初的人类。老桦树没有像“佛多毛”“细柳叶”一样直接生出人类，而是作为原材料经天神的力量才创造出人类。

树木不只是朝鲜民族和满-通古斯诸民族原始先民制造生活生产工具的重要材料，树木的汁液、果实还是原始先民重要的食物来源，因此他们认为树木是繁衍哺育氏族成员的祖先。内蒙古自治区根河市敖鲁古雅乡鄂温克人流传的生命树神话通过一系列遐想和夸张的话语，描述了鄂温克族神奇伟岸的宇宙树形象，认为树液有着神奇的功效，如果谁能饮到黄色泡状树液就能得到幸福。宇宙树是生命的源头和活力的象征，就像耸立在天地之间高大慈祥的母亲，她用甘甜的黄色泡状“乳汁”哺育着鄂温克族原始先民。无独有偶，至今韩国智异山周边的居民仍认为，初夏时节喝智异山神树上流淌的树汁就能预防疾病，延年益寿[②]。显然，这是宇宙树、生命树的汁液哺育人类观念遗留的产物。不仅宇宙树、生命树上的树汁恩及原始先民，其果实也是原始先民重要的食物来源。鄂温克族上述神话中宇宙树的果实像巨大的酒杯，树叶像张马皮，树干穿过了三层天，那么不难推断锡伯族神话《放牛娃和仙女》中结出“像花瓷瓶那么大桃子”的桃树树干应该不低于三层天，树叶应不比整张马皮小，更叫人称奇的是吃了花瓷瓶那么大的桃子就可以几个月不吃饭也不饿，粗壮高大的桃树俨然是一副宇宙树、生命树形象。提及宇宙树和生命树的完美结合，不得不再提及朝鲜新罗时期的金冠。金冠的“三个‘山’字或四个‘山’字叠加”的直立式装饰是图案化的宇宙树，上面用金丝有规则地吊挂的半月形曲玉和圆形金片则应该是图案化的果实和树叶。

---

① ［苏］Д.Е.海通．图腾崇拜．广西师范大学出版社，2004：214.
② ［韩］金烈圭．韩国的神话．一潮阁，1985：50.

树木有时还化作女人与世间的男人结合生育人类。满族神话流传，人间洪水泛滥时，阿布卡恩都里用柳枝将最后一个男子救出，男子和柳枝化成的美女成亲，繁育出众多的后代。其实满族柳枝化为美丽的姑娘与男人结合繁衍后代的神话传说是佛多毛、细柳叶繁衍人类神话的变异，从具体的女性生殖器崇拜演绎为整个伟大女性的崇拜，蕴藏着对女性始祖的崇拜。无独有偶，朝鲜民族《朱蒙传说》中，朱蒙的母亲是柳花。"柳花"按字意讲是柳树的花朵，也可理解为"柳树姑娘"，因为在朝鲜民族习俗中，给女孩儿起名时喜欢起一个带"花"字的名字，期望女儿像花朵一样美丽。无论"柳花"是柳树的花朵，还是柳树姑娘，都与柳树有着千丝万缕的关系。柳树喜欢长在水边，因此比喻其父为江河之神也是好的例证。柳花作为生育女神，曾一度受到高句丽人的祭拜。《周书·高句丽》载："有神庙二所：一曰夫余神，刻木作妇人之像；一曰登高神云，是其始祖夫余神之子，并置官司，遣人守护，盖河伯女与朱蒙云。"柳树作为一种生命力强、成活率高、萌发性强的树种，也被古代的锡伯族人搬进了信仰领域里，与自身的繁衍联系了起来，供立了柳树神翁（佛多霍玛法），把它当作生育之神灵供奉[①]。

树木有时也以男人的身份与女人媾合生育后代。朝鲜民族盛传的《목도령》（木道令，意为"树的儿子"）神话讲：古时候有一棵乔木，天上下凡的仙女受此神树之精，生下一个男孩[②]。这与满族洪水神话中的母系意象神柳大相径庭，《木道令》洪水神话中的神树以父系意象登场，着重强调男性在人类繁殖中的作用，这表明该神话中树生人的母题在原始社会发展到父系氏族社会或是部落联盟阶段被改造了。

人变成树的生命树神话在朝鲜民族和满-通古斯诸民族神话传说中有很多保留。在鄂伦春族《垂柳的故事》、鄂温克族《白桦树的故事》、赫哲族《苏苏》、锡伯族《后娘的故事》、满族《白云格格》、朝鲜民族《松风罗月》等神话故事中，虽然人死后化成的树木的种类不尽相同，但所表现的观念却是一致的，即人类与大自然和谐一体，人类来源于树木，最后也应该归于树木。对此，海通解释说："人在实践经验中确认，普通的动物和正常的人不具有任何变化的能力。但是，宗教观念是保守的，因此，图腾化身信仰仍被保留下来。不过，人们认为只有在过去才具有这种化身能力，或认为人死后化身为某种动物。"[③]

---

① 佟克力．锡伯族历史与文化．新疆人民出版社，1989：180-181.

② ［韩］孙晋泰．韩国民族说话的研究．乙酉文化社，1979：166.

③ ［苏］Д.Е.海通．图腾崇拜．广西师范大学出版社，2004：219.

总的来说，朝鲜民族和满-通古斯诸民族民间叙事文学中树生人、哺育人、人与树结合生人、人死化树的生命树观念是原始先民把氏族的祖先与自然物（树木）混为一谈并视为氏族群体的祖先，当作图腾的产物。图腾观念出现于母系氏族制时代，“图腾与地区有关，成为图腾的大多是群体成员所熟悉的自然界中的有生物或无生物”；“最初的图腾可能仅仅是人们生存所依赖的动物、植物和自然力”[①]。树木与朝鲜民族和满-通古斯诸民族原始先民的生活有着密不可分的关系，因此与生存极为密切的树木等需求物往往成为解释自然现象和追溯氏族来源的源头，当原始先民进入父系氏族社会，思考神灵的处所时，树木又理所当然地成为神灵的栖息之所。

三、神灵居所之神灵树

人类灵魂观念的发展历程，大体是从与形体相联系的物质性灵魂观念逐步发展为独立于形体的非物质性灵魂观念；从人自身的灵魂观念通过对象化，发展为超自然、超人间的神灵观念。神灵通常有两种：一是笃信自然内在的神格化的树木、山、日月星辰等神灵；二是人的灵，即人灵被神格化为神灵。神灵通过一些密切的联系与树木等某一具体物体结合在一起，但是它却可以根据自己的意愿远离它们，去过独立的生活。

朝鲜民族和满-通古斯诸民族认为奇异的大树之上必有树神。在朝鲜民族《小伙子找媳妇》的故事中，大松树变成一位白发苍苍的老头儿指点小伙子挖人参。在赫哲族的传说《青龙山与寒葱沟》中，老两口感动树神，老来得子。锡伯人视年代久远、叶茂干壮的大树为神树，并加以崇拜，认为它们保护着田野、庄稼和人们的生息。因此，人们不敢随意触动大树，否则会激怒树神惹祸上身。如鄂伦春人不敢随意砍伐粗大孤树或折其树枝，否则在他们看来就会触怒树神，甚至认为山上枯死的大树，经过多年就会变成鬼。

最初人们认为树木是树神的身体，后来逐渐认识到树木仅仅是无生命、无行动能力的物体，是一种可以在树木中自由来去、具有占有或支配树木权力的超自然的生命在一定时间内的寄居处所。这种超自然的生命已不再是树种，而成了森林之主——山神。鄂温克人认为，白那查（山神）是助人为乐的恩神，这种恩神隐居在森林里的怪树上。鄂温克族的《山神“白那查”的传说》中提到，鄂温克猎人每逢上山打猎，就在大粗树上面画一个山神“白那查”，然后用

---

① ［苏］Д.Е.海通．图腾崇拜．广西师范大学出版社，2004：220–221.

各种兽肉祭祀，祈求山神保佑能打到许多野物。在满族的《鲫鱼贝子》故事中，鲫鱼贝子在居住于岸边粗大树上的安斑玛尼神的帮助下变成了人。鄂伦春族《白嘎拉山的故事》讲述了大青松白那查救助善良的姐弟的故事。延边朝鲜族自治州和龙市勇化区集市村南侧的山脚下，有三棵大柞树，每年旧历八至九月份，村民们不分男女（除了来月经的女人）齐聚在这里举行山神祭祀。原始先民相信整座山有一个管理所有动物的山神，这位掌管狩猎成败的山神常居住在大树上，时刻关注着人们的言行，只要人们虔诚祭拜他，他就会提高狩猎的运气指数，帮助人们排忧解难。

不但树神和山神依附大树而存在，天神也常驻在大树上。在古朝鲜《檀君神话》中，天神桓雄滞留在檀树上，当熊女祈祷时，现身与其成婚。赫哲人最崇敬的天神称“恩都力”或“飞由合玛发”，祭祀时天神和神树（飞由合）常常合为一体，在神树靠近根的树干上刻出人面形，乞求神树告知天神。鄂温克人从不接近被雷击的树木，他们认为雷击的树木是雷神所在之地，如若触犯，将会受到雷神的惩处。满族郭合乐族认为他们供奉的断事神他拉伊罕妈妈居住在神树上，秋祭的第一天午前，他们会在大树下摆供，并在树上挂一个桦皮盒。弗雷泽在《金枝》中论述欧洲人供奉树神的缘由时指出，“树木是被看作有生命的精灵，它能够行云降雨，能使阳光普照，六畜兴旺，妇女多子”。[①]云雨、阳光、兴旺与多产都与农耕和畜牧业生产有关，显然弗雷泽是在考察了当时从事农耕和畜牧生产的欧洲人的神树崇拜后总结出上述神树崇拜的理由。因此这与从事渔猎、半农耕半游牧生产的朝鲜民族和满-通古斯诸民族祭祀神树的理由大相径庭。朝鲜民族和满-通古斯诸民族认为，树上居住着树神、山神以及天神等神灵，祭拜树木，他们祈求居住在树上的山神等众神灵保佑氏族部落无灾无病，多子多孙，多打猎物。

至于树神、山神、天神以及祖先神等众神灵为什么居住在树上的问题，笔者认为，这与朝鲜民族和满-通古斯诸民族的灵魂观及灵魂居住在宇宙树上的观念有密切的联系。赫哲人认为人存在三种灵魂，即“生命的灵魂”“思想的灵魂”“转生的灵魂”。灵魂能独立活动，而且它是不死的，即“灵魂是肉体的客人”。灵魂住在天界乌麦神的圣山上或星座里，它们在那儿被神灵滋育，并从那里被派往氏族；当人死亡时，灵魂仍要返回到天界乌麦神国度里的氏族灵魂树上，等待再次出生。朝鲜民族认为人有三个灵魂，人死后灵魂将回到天界。据《三国志·东夷传·弁辰》载：“以大鸟羽送死，其意欲使死者飞扬。”据考古发

① ［英］J.G.弗雷泽．金枝（上）．新世界出版社，2006：120.

现，韩国庆州皇南大冢出土银制冠饰，冠饰呈鸟翼形，由三张银板构成鸟的身体和双翼，身体的上方尖头形凸起，下部呈V字形，中间有似折叠留下的浅浅的印迹，沿线左右对称镶嵌曲玉，非常像鸟的双眼。皇南大冢南坟出土的银制冠，正面中央三个“山”字叠加的立饰为中心两侧粘有半月形银片，其银片的外围剪出规格长度一致的小银条，再二根或三根搓起来，与鸟的羽毛极为相似①。这些冠饰是专门送葬用的冠饰，充分体现了新罗时期死者灵魂飞回天界的观念。

飞回天界的灵魂居住在枝叶繁茂的宇宙树上。前面提到，朝鲜民族和满-通古斯诸民族观念中的宇宙“三界”由一棵大树或“三界三棵树”构成，在他们的观念之中，宇宙树的枝叶或者天界那棵树上住满了飞回天界等待再一次投胎的“转生魂”。赫哲人认为，天上生长着一棵巨大的神树，上面栖息了众多的“奥米亚嘎沙”，即形状似雀儿的“魂鸟”，在投胎到母腹之前，它们都栖息在“奥米亚莫尼”即“魂树”的枝杈上。他们还认为，周岁以内的婴儿相当于一种抽象之物，倘若不幸夭亡，他的“魂鸟”还会飞回到神树上，等待下一次降生。因此，赫哲人从不把死去的婴儿土葬，而是实行树葬。举行仪式时，要将系在其身上的丝线扯断，意味着死婴的灵魂中止了与母体的联系，重新变为鸟雀飞返氏族树上。黑龙江的满族在“送子娘娘”背后立一根柳枝，上面用草秸筑成鸟巢的形状，这就是小孩灵魂寄托的地方，向其礼拜，就能求子。韩国学者金烈圭于1976年出版的《韩国的神话》一书中记载道“韩国的一些地方仍保留了把夭折的婴儿挂在常绿树的习俗”②，隐含使夭折婴儿的灵魂飞回灵魂树重新投胎的愿望。弗雷泽在《金枝》中描述的有关朝鲜人祭祀非正常死者仪式证实了金烈圭研究的真实性。“在朝鲜，因瘟疫致死或死于道途的人，以及因难产而死的妇女，他们的灵魂都一律寄身树中。人们在这些树下垒起石头，拿出糕饼、酒肴，祭奠这些亡灵。”③

综上所述，朝鲜民族和满-通古斯诸民族树神、天神、山神等诸神灵居住在树上的观念与他们的灵魂栖息在宇宙树上的观念有着密切的关系，换句话说，“魂鸟”栖息在宇宙树上的观念派生出了树神、天神、山神等众神灵居住在神树

①［韩］韩国民族文化大百科词典编委会．韩国民族文化大百科词典（17）．韩国精神文化研究院，1996：393，369.

②［韩］金烈圭．韩国的神话．一潮阁，1985：50.

③［韩］韩国民族文化大百科词典编委会．韩国民族文化大百科词典（17）．韩国精神文化研究院，1996：118.

上的观念。

四、宇宙树、生命树、神灵树复合体之神杆

神树崇拜作为北方萨满教众神灵崇拜的一种类型，从刚开始的宇宙树崇拜发展为生命树崇拜，再到神灵树崇拜，这是神树崇拜在原始社会各阶段不断更新发展自身，努力适应社会的表现。正如孟慧英在谈萨满文化的演变时指出的那样，萨满教传统文化根据社会发展变化而丰富、更新和发展自身，唤起社会的需要，从而在社会的变化中实现自身的现实功能，获得新的价值。在长期的民族历史发展中，萨满文化的演变既离不开原先的传统，但又必然不断对之进行改造或重组，它会在原有形态和内涵的变更中寻求自身的发展[①]。致使北方民族萨满教文化不断变化发展的理由很多，诸如部落之间的战争、临近民族文化的影响、生存环境的变化和生产方式的改变等，其中生存环境变化和生产方式的改变对萨满教文化的影响较为深刻，迫使萨满教调整自身以适应变化了的环境和经济类型。

朝鲜民族和满-通古斯诸民族先民渐渐告别树林，定居山下平原或广阔的草原，从事农耕或半狩猎半游牧生产。新的生活环境使得朝鲜民族和满-通古斯诸民族先民无法像从前一样在森林中祭拜高大粗壮的神树，以致他们不得不重新回到森林挖取或砍来树木来替代粗大的神树，这一阶段称之为"神木"[②]阶段。居住在张广才岭的女真人后裔"巴拉人"，在院中栽一棵柳树作为索莫杆，祭拜的对象既有祖先神，又有路神、猎神、山神、喜神，似乎当初至高无上的天神已经居于次要位置。移栽的神柳是神树的象征，虽然其形象远没有原初的宇宙树、生命树、神灵树粗大雄伟，但神树的职能却被保留了下来，神柳是天界神灵来往于天地间的媒介，是生命树的象征，是神灵的居所。值得注意的是，从巴拉人"神柳下不许拴马""不许孩童攀爬神柳"等一系列禁忌中能够推断，充当神木的神柳应该是相对容易挖取且方便运输移栽的碗口粗大的树。

移栽碗口粗大的树木充当神木的事例在满-通古斯其他民族萨满祭祀中屡见不鲜。鄂伦春族在进行"萨满祭祀集会"时会连根挖取三棵樟松树，间隔两丈余，呈"一"字或浅弧形，栽立在选定的草地上。鄂温克族"奥米那楞"祭会从山林中选择一棵桦树移栽至老萨满家的院内，另选一棵杨树或柳树移栽在屋

---

① 孟慧英．论原始信仰与萨满文化．中国社会科学出版社，2014：263.

② 刘小萌，定宜庄．萨满教与东北民族．吉林教育出版社，1990：115.

内，称为立“托若”树（鄂温克语意为神圣树，即神树），之所以移栽两棵不同的树种，是因为山上的神喜欢桦树，河边的神喜欢杨树和柳树[①]。鄂伦春人和鄂温克人自从在山下定居之后，变化了的生活环境迫使他们重新回到山上挖来树木并移栽在祭祀、集会的场所以充当神木。神木作为神树的“替代品”，不仅充当天神、祖先神、自然界各神祇往来于天界和祭祀、集会场所的天梯，而且还是让众神灵停留在神木上与参加集会的民众同乐并满足他们祈求的临时居所。

移栽的神木和埋在祭祀场所的神木均为神树的象征，保留了原初神树的职能，但砍伐树木埋在祭祀场所充当神木的事例并不多见，据目前搜集的资料，鄂伦春族采用这种方法。鄂伦春族“五月祭神仪式”先请威望高的萨满选择祭日和场所，之后砍来三棵碗口粗的樟子松，并排埋在广场的北头，各位萨满带来的神偶和献给神灵的礼物挂在树枝上，仪式开始，人们在众萨满的带领下默默地祷告祈求。在这里，砍来的樟子松象征着神树，不仅是萨满登天的梯子，同时也是天神降临的渠道，又是祖先神灵等各种神灵栖附的地方。

需要指出的是，朝鲜民族和满-通古斯诸民族所崇拜的神树的种类不尽相同，这与他们生活的具体环境有关。满族所崇拜的神树中，柳树占重要的位置，这与他们生活的河流地区较多柳树有关；游猎于大兴安岭中、西部的鄂温克族，周围森林植被以桦树为多，所以鄂温克族的神树就是桦树；分布在大兴安岭北部偏东的鄂伦春族，周围落叶松和樟松最多见，所以鄂伦春族的神树就是落叶松和樟松。朝鲜民族对檀树、柳树等神树的崇拜，也与其生活在半岛并较早从事农耕生活有着密切的联系。换句话说，朝鲜民族和满-通古斯诸民族民间叙事文学中种类、形态各异的大树就是恩格斯所说的“生活于其中的特定自然条件和自然产物”。

五、结论

马克思、恩格斯认为，宗教的形式和形态是由社会的形态所决定的，并随着社会形态的变化而变化。原始宗教作为原始社会不同发展阶段的社会意识，总是与它所依存并服务于其中的社会形态相适应，然而原始社会不同发展阶段的原始宗教总是以前一阶段的宗教观念为基础，突出当时社会形态特点的“叠

① 吕大吉，何耀华．中国各民族原始宗教资料集成（鄂温克族卷）．中国社会科学出版社，1999：134，147.

加式”的发展更替，并不是毫无联系的“断链式”的取代覆盖。就拿朝鲜民族和满-通古斯诸民族的神树崇拜来讲，其信仰的起点是宇宙树，宇宙树是原始先民根据关于自己的知识解释自然现象的独特思维的产物；随着原始氏族社会进入以母系血统计算的阶段，本能地追溯氏族来源时，图腾祖先观念产生了，于是神树被赋予了哺育、繁衍氏族的生命树意象；随着跨入父系氏族社会“神灵”观念的产生，灵魂栖息在宇宙树上的观念派生了天神、山神、祖先神以及自然界的神灵亦居住在神树上的观念，于是原初崇拜的神树又被赋予了神灵树的意象。

朝鲜民族和满-通古斯诸民族均先后经历了从母系氏族社会到父系氏族社会或家庭公社、部落社会，乃至国家社会等发展阶段，然而受生存环境、生产方式、部落战争、邻近文化的渗透等诸多因素的影响，每个民族在原始社会各阶段经历的时间长短不一，而且通常原始社会发展某一阶段的滞后会影响民族发展的整个进程。如朝鲜民族和满族发展较快，较早地脱离了原始社会步入了阶级社会，然而赫哲族、鄂伦春族、鄂温克族等民族直到新中国成立以前仍处在原始社会的末期或从原始社会向阶级社会过渡的阶段。各民族之间社会形态发展的不平衡必然反映在宗教观念上，致使宗教发展参差不齐。以宇宙树信仰为起点的朝鲜民族和满-通古斯诸民族神树崇拜，先后叠加更替为生命树、神灵树，然而至部落及部落联盟时期开始因社会形态发展的不平衡，宗教观念亦呈现出错落不齐的状态。如朝鲜民族和满族、赫哲族原始先民初始崇拜的神树经移栽或砍伐树木充当神树的神木阶段，最终演变为高杆、索莫杆和托罗杆等特定形制的神杆，然而鄂伦春族、鄂温克族、锡伯族等原始先民最初崇拜的神树停留在了移栽或砍伐树木至祭祀场所充当神树的神木阶段，鄂温克族称之为“托若树”，锡伯族称为“祈年树”。

总之，朝鲜民族和满-通古斯诸民族所信奉的“高杆”“索莫杆”“托罗杆”等神杆以及“托若树”“祈年树”，它们是宇宙树、生命树和神灵树的复合体，祭祀的对象则是天神、祖先神和自然界的神祇。

参考文献：

[1] 吕大吉．原始社会氏族——部落宗教的形成和演变// 孟慧英．原始宗教与萨满教卷［M］．北京：民族出版社，2008.

[2]［法］列维·布留尔．原始思维［M］．北京：商务印书馆，1997.

[3]［韩］金烈圭．一棵宇宙树与神话［M］．汉城：韩国学术信息（株），2003.

[4] 孟慧英．中国北方民族萨满教［M］．北京：社会科学文献出版社，2000.

[5] 富育光，孟慧英．满族萨满教研究［M］．北京：北京大学出版社，1991.

[6]［韩］韩国民族文化大百科词典编委会．韩国民族文化大百科词典（4）［M］．首尔:韩国精神文化研究院，1996.

[7]［美］W. E. 佩顿．阐释神圣：多视角的宗教研究［M］．贵阳：贵州人民出版社，2006.

[8]［苏］Д. E. 海通．图腾崇拜［M］．桂林：广西师范大学出版社，2004.

[9]［韩］金烈圭．韩国的神话［M］．汉城：一潮阁，1985.

[10] 佟克力．锡伯族历史与文化［M］．乌鲁木齐：新疆人民出版社，1989.

[11]［韩］孙晋泰．韩国民族说话的研究［M］．汉城：乙酉文化社，1979.

[12]［英］J. G. 弗雷泽．金枝（上）［M］．北京：新世界出版社，2006.

[13]［韩］韩国民族文化大百科词典编委会．韩国民族文化大百科词典（17）［M］．汉城：韩国精神文化研究院，1996.

[14] 孟慧英．论原始信仰与萨满文化［M］．北京：中国社会科学出版社，2014.

[15] 刘小萌，定宜庄．萨满教与东北民族［M］．长春:吉林教育出版社，1990.

[16] 吕大吉，何耀华．中国各民族原始宗教资料集成（鄂温克族卷）［M］．北京：中国社会科学出版社，1999.

延边朝鲜族金达莱文化的历史演化

严秀英　王　雪*

摘　要： 采用意象心理分析方法，以延边朝鲜族的金达莱文化为主线，叙述了金达莱的植物特性意象与延边朝鲜族人民的民族情感及其历史渊源，探讨了延边朝鲜族的金达莱文化与朝鲜半岛的同源性、延边朝鲜族金达莱文化的独特性及其历史演化过程。

关键词： 延边朝鲜族；金达莱文化；历史演化过程

一、引言

意象是心理学的一个重要课题，它的研究重点是人类的想象与创造能力。早在古希腊时代，哲学家就研究过人类的想象，他们通过在公共场合的标志性事物，思考图腾与意象的关系及其对人类精神的影响。20世纪中叶，想象成为重要研究领域，其中，最有代表性的是弗洛伊德的自由联想、荣格的集体潜意识和维果斯基以想象为中心的人类认知过程的文化历史发展理论，他们通过解释人类的高级心理机能，为意象研究提供了理论依据。维果斯基认为，“人类用自己的双手创造的所有的一切和整个世界的文化区别于自然界的原因是因为它是人类想象力和创造力的产物，是基于想象的”；“物质生产的工具”导致在人类心理上出现“精神生产的工具”，即人类社会特有的语言和符号。生产工具和语言符号的类似性就在于它们使间接的心理活动得以产生和发展。不同的是，生产工具指向外部，引起客体的变化，而符号指向内部，影响人的行为的变化。对人类而言，控制自然和控制行为是相互联系的，因为人在改造自然的同

* 作者简介：严秀英，吉林和龙人，教育学博士，延边大学师范学院副教授；王雪，吉林和龙人，延边大学师范学院硕士研究生，研究方向为中国朝鲜族教育。

［基金项目］全国民族教育研究合作课题“少数民族心理健康和文化适应状况调查及对策研究”（MJZXHZ15003）［中图分类号］B84［文献标识码］A［文章编号］1000－5455（2016）01－0072－06

时也在改变着人的自身的性质[①]。意象就是这种“精神生产的工具”的形成过程，它可以说明人如何形成对某一具体对象的图像和联结。《牛津英语词典》对意象的解释有二：一是指关于某一对象的、个体内部形成的图像或无感觉陪伴的观念或想法，包括记忆对象、已有经验及其相关因素构建的精神联结或投影图像；二是指人类心理整合感知过程的感官数据的能力[②]。Pelaprat 和 Cole 认为，人类经验不可避免地存在零散性，这是因为人类心灵同时受到进化（生物）的、文化历史（社会）的和个体发育的因素影响，这些因素按照不同的时间尺度和变化机制运行，需要通过某一个链接来整合和整理[③]。意象就是解决和连接零散的、不协调的世界经验的过程，它在更多时候是“间隙填充”的过程。荣格认为：“原始意象或者原型是一种形象（无论这形象是魔鬼，是一个人还是一个过程），它在历史进程中不断发生并显现于创造性幻想得到自由表现的任何地方。因此，它在本质上是一种神话形象。当我们进一步考察这些意象时，我们发现，它们为我们祖先的无数类型的经验提供形式。可以这样说，它们是同一类型的无数经验的心理残迹。”[④]国内的意象研究可分为三类：（1）从美学角度研究诗歌的意象；（2）从文化角度分析“原型”意象，如申荷永认为，心理学的“原型”包含了一种深远的文化心理学意义，尽管它属于集体无意识范畴，但通过象征和意象性的表现，其意义能够被认知和理解[⑤]；（3）从社会学角度分析社会表征的意象，例如王世强对石头、铜、铁、火等事物在佛教的地狱意象的象征意义进行了意象分析[⑥]。总的来看，不管是在文学作品里，还是在历史和现实中，意象均在思维中形成，是有关认知客体的形象，是内化的图像，是在大脑里留下的记忆痕迹和整体结构关系，它影响着个体的心理行为模式。因此，文化意象研究对进一步了解不同民族的文化和历史，分析民族心理特质提供了新的方法论依据，同时它也丰富了民族心理学的理论研究。每一个民族都生活在特定的自然地域环境中，有着特定的经济状态、语言与生活方

---

① [俄] 维果斯基. 思维与语言. 李维，译. 北京：北京大学出版社，2015：13-16.

② E. PELAPRAT，M. COLE. “Minding the Gap”：Imagination，Creativity and Human Cognition. Integrative Psychological & Behavioral Science，2011（1）：397-418.

③ E. PELAPRAT，M. COLE. “Minding the Gap”：Imagination，Creativity and Human Cognition. Integrative Psychological & Behavioral Science，2011（1）：397-418.

④ [瑞] 荣格. 荣格文集. 冯川，苏克，译. 北京：改革出版社，1997：487-497

⑤ 申荷永. 中国文化心理学心要. 北京：人民出版社，2001：28-30

⑥ 王世强. 中国佛教文化中地狱观念的意象分析研究. 北京：北京林业大学硕士学位论文，2009：13-15

式，在历史发展中形成了与其他民族不同的民族文化，构成了该民族特有的心理特质。这种独特性决定了独特的内化图像，即意象和与其联结的不同记忆痕迹和结构关系，长期集聚或共同生活形成了民族自身的心理行为模式和传统。金达莱就融入了中国朝鲜族的生活空间、文学作品和社会意识中的心理意象，它具有历史的同源性和独特性，是延边朝鲜族文化的一部分，也有与朝鲜半岛朝鲜族文化相区别的特色，是研究意象发展的典型案例。我国是由56个民族聚集在一起的大家族，如何理解不同民族的文化心理发展，是提升民族认同、增强民族凝聚力的重要途径和方法。

二、延边朝鲜族金达莱文化的内涵

“金达莱”是朝鲜语“진달래”的音译，它是一种多年生落叶灌木植物，别名为“映山红”“尖叶杜鹃”“兴安杜鹃”。它生于山坡、草地和灌木丛等处，喜欢偏酸性的土壤，能够与土中的真菌共生，具有顽强的生命力和耀眼的魅力。金达莱的花期长久，是田野中开放的第一朵花，既暗示着迎春的喜悦，也代表着生命的激情。据历史记载，朝鲜族对于金达莱的特殊情感早在20万年前就开始了。考古学家在对旧石器时期的忠清北道青原君头乳峰的2号洞穴古迹的调查中发现，在洞穴7层中有143个金达莱花粉，占植物花粉的91%，还有很多金达莱花叶化石①。这说明，朝鲜族早在20万年前就已经开始喜欢金达莱，并把它移植到家中以供观赏。因此，朝鲜族对花的观赏习惯和审美情趣是从金达莱开始的。中国朝鲜族对金达莱的热爱不只停留在美的欣赏层面，而是将其应用到生活和文学作品中，不断地升华和发展，形成了中国朝鲜族独特的金达莱文化。金达莱文化既是朝鲜族人民对中国东北（特别是对延边）的依恋感和自豪感的升华，更是对朝鲜族的民族情感与中华民族大家庭的认同感的象征。金达莱花不仅在朝鲜半岛有，在中国东北地区也盛开。它们像20世纪20年代流行于朝鲜半岛的童谣《故乡之春》（고향의 봄）的歌词中所描写的那样，能够使移民他乡的延边朝鲜族人民的思乡情感得到替代的满足。此外，金达莱文化还是延边朝鲜族的独特文化。金达莱既是朝鲜族饮酒文化的重要材料，也是爱和热情的象征。对于延边朝鲜族同胞而言，红艳艳的金达莱花朵缀满枝头，火红一片，是对延边地区革命历史的真实写照，代表着中国朝鲜族同胞不屈的革命精神和无上的荣誉。中国朝鲜族同胞对金达莱花的特殊情感由来已久，但金达莱文化

① ［朝］张有晋．寻找远古时期的祖先．平壤：社会科学出版社，2009：4-15．

的命名却是从诗人贺敬之来延边地区视察时写下的一句诗开始的。1986年8月，贺敬之访问延边朝鲜族自治州，抚今追昔，感慨系之，遂题诗一首，其中有“山山金达莱，村村烈士碑”的诗句。这首诗颂扬在异常艰苦卓绝的抗日斗争中，中国朝鲜族战士出生入死，与兄弟民族的战士结下的深厚友谊。金达莱花是用战士的鲜血凝成的，是比任何情感和友谊都深厚的同胞情和大无畏革命精神的象征。

三、延边朝鲜族金达莱文化的历史演化过程

在中国朝鲜族文化中，深刻蕴含着中国朝鲜民族在不同历史时期、不同环境下演变的历史足迹。

（一）延边朝鲜族金达莱文化与半岛文化的同源性

尽管在历史上朝鲜族的生活时空有所改变，文化的物质表层有所变化，但深层的文化心理依然同源。在文化总体上，生活在不同地域的朝鲜族会显现出鲜明的民族性。春天鲜红的金达莱不仅对朝鲜半岛的韩国和朝鲜来说是民族精神的象征，对于移居中国的朝鲜族人民来说，也是其民族精神和历史荣誉的象征。不管是生活在朝鲜半岛还是生活在中国的延边，朝鲜族都将金达莱视为春天的使者，是坚贞、美好、吉祥、幸福的象征，它是朝鲜民主主义人民共和国的国花，也是延边朝鲜族自治州的州花、延吉市的市花。作为抒发民族情感的素材，金达莱亦出现在不同时期的韩国、朝鲜和中国作家和诗人笔下描述朝鲜族社会生活的文艺作品中，由此呈现出的同源性可见一斑。研究表明，在文学作品中，朝鲜族人的金达莱情感早在公元8世纪中叶就开始了。在新罗后期的《献花歌》中，记载了一位老翁为了唱一首动听的歌曲爬到峭壁上摘一束金达莱花献给太守夫人的故事[①]。到了近代，韩国诗歌《金达莱》是朝鲜现代诗歌的奠基人金素月（1902—1934）写下的。这首诗产生于20世纪20年代，描写了当时的婚姻和感情生活，传达出封建时代朝鲜族女性的心声，表达了作者对她们的不幸命运的深刻同情。金素月选择盛开在朝鲜漫山遍野的金达莱花来颂扬民族情感。朝鲜抒情诗歌《金达莱》在朝鲜民间也广为流传。在今天的朝鲜，金达莱仍被视为春天的先行者，象征着时代的先驱。例如，20世纪70年代，朝鲜电

---

① ［朝］光明百科辞典（20卷）·三国游史第一期．平壤：百科辞典出版社，2000：1010-1019．

影《卖花姑娘》牵动了无数中国观众的心，主人公花妮、顺姬的悲惨命运及其优美的旋律、哀婉动听的歌声使得无数的中国观众泪湿衣襟。其中，金达莱花是卖花姑娘在乱世生存的主要经济来源，也是在日寇统治下两姐妹的生存资料和美好希望的信物，它代表着在日寇压迫下朝鲜人民的顽强生命力。中国的延边朝鲜族对于金达莱的特殊感情不仅源于朝鲜半岛的金达莱情感，更多地来自他们对日夜守护和耕耘的土地的热爱，这种情感不论在抗日战争时期还是在改革开放后的今天，都始终未曾改变过。1963年，长春电影制片厂拍摄了《冰雪金达莱》，描述了20世纪初期流亡到东北的朝鲜族女孩儿淑子在中国共产党的帮助下成长为一名抗日游击队员的过程。金达莱就如同其颜色一样，代表着像淑子一样投身于抗战的爱国者的革命精神。2008年，一部讲述延边一个家庭中母女四人故事的电视剧《金达莱》，生动描述了改革开放后中国朝鲜族同胞的生活经历，讴歌了朝鲜族人坚韧不拔的意志和善良乐观的精神。而谭晶演唱的《金达莱花》，唱出了朝鲜族人民对长白山下这块土地的热爱和金达莱花不畏严寒、不惧冰雪、坚韧不拔的精神。一个民族之所以成为民族，最根本的莫过于形成本民族的文化。金达莱花以有形的或无形的方式，影响着朝鲜族人民生活的方方面面。它不仅体现在跨国界的朝鲜族的实际生活中，也体现在朝鲜族的物质产物和精神产物上，影响着朝鲜族人的认知与行为。虽然延边朝鲜族人民对金达莱的依恋源于朝鲜半岛，但是延边朝鲜族的金达莱文化则是几代延边朝鲜族人民智慧的象征，也是这块土地上生活过的人们共同洒热血耕耘出来的延边朝鲜族文化。

（二）延边朝鲜族金达莱文化发展的历史

社会文化发展制约与影响着一个民族的认知及其结构，影响一个民族认识客观事物时对于特征的取舍。作为从朝鲜半岛移来的跨境民族，自然因素与社会环境因素对于中国朝鲜族的认知结构及特性有极大的影响。金达莱文化的历史性主要表现在朝鲜族文化的发展体现了金达莱的植物特性，即选择山坡成长的顽强的生命力、与真菌共生的能力、映山红的感染力和长久开花的激情。首先，中国朝鲜族对于居住地的自然环境的适应是生存的基础，也是中国朝鲜族的生命力所在，它对于朝鲜族社会及其民族认知结构取向有着不容忽视的制约作用。朝鲜族是农耕民族，水稻种植是朝鲜族的主要经济来源，因此，他们对于土地和家乡有着独特的依恋情感。移居中国之后，由于生存的需要，在无法获得土地所有权的情况下，朝鲜族对于土地的依恋没有在半岛生活时那么强烈。为了寻找更好的生存条件和农耕环境，他们长期辗转于不同的地域，这既锻炼了他们的生存能力，也培育了他们对于环境的适应力和迁徙性。顽强的适应力和迁徙性代替了土地依恋心理，成为中国朝鲜族与朝鲜半岛朝鲜族相互区别的心理特征。尽管如此，中国朝鲜族始终继承和延续着民族的传统生活习惯和习俗，即便流动的范围不断扩大，他们仍然保持着民族共同体的集聚意识，通过节日、串门等方式延续着血缘、地缘和族缘，形成了不同方式的互助生产模式。特别是对于水稻种植的技术经验与生产优势，使朝鲜族在社会经济、文化和教育上有了较快的发展，增强了朝鲜族聚集地的社会适应力。中国朝鲜族在不同的社会历史阶段中保持了强大的生命力和民族共同特质，就如同金达莱花的植物特质一样，顽强和始终如一。其次，朝鲜族在与自然环境和社会环境的相互作用中形成的民族共同体意识就像金达莱与真菌的共生特质一样，向往着和谐与融合；像漫山遍野的鲜红的金达莱花一样，影响着朝鲜族的自我意识和情感，使他们为了实现共同理想不断地作正义的斗争。民族认知作为民族传统文化的一部分，已经融入民族成员的意识与行为中，内化为无意识行为。从朝鲜族移民的历史资料中，可以看出生存地的自然环境和社会环境对朝鲜族认知客观事物的影响。如移民初期，中国朝鲜族被视为“犯禁潜越”者，随时会受到清朝政府的驱逐和惩处，因此他们形成了很强的民族共同体意识，对本民族与民族成员有很强的情感依赖。为了摆脱日寇的侵略，延边朝鲜族人民提出了“复兴教育”“教育救国”等主张，倡导新文化与民族文化的发展，使得民族情感得到了升华，民族意识由觉醒转向了行动，民族自觉性得到了快速发展，越来越多的民族成员参与到民族解放斗争中来。针对日寇的民族同化政策和文化摧残，朝鲜族人民在进行武装斗争的同时，也不忘记启发朝鲜族人民的民族意识和反日思想。在解放战争时期，朝鲜族身份获得了国家的法律认同，朝鲜族人民和其他民族一道平等地被赋予参政的权利和义务，并参加了中华人民共和国成立后的中国政治经济文化等各方面建设。在延边，设立了民族报纸和民族出版社，建立了全国第一所少数民族的综合大学——延边大学，初步形成了从幼儿园到大学的民族教育体系，促进了民族意志、民族情感和民族自觉意识的形成和发展，加强了民族认同和国家认同。最后，任何一个民族的文化发展都是在继承前人、顺应族群认知的基础上开始其创新和发展历程的。延边朝鲜族对民族文化的继承与顺应不是无选择的，而是把具有稳定性、传统性和民族性的结构继承下来，作为继承的出发点、创新的着眼点和新认知结构的生长点。中华人民共和国成立以后，虽然经历了10年“文化大革命”，文化的传承出现了一定断裂，但中国朝鲜族60多年的发展历史足以证明，中国朝鲜族是富有激情的民族和展望未来的民族。改革开放以来，延边朝鲜族地区在政治、经济、文化、教育等领域都发生了翻天覆地的变化，取得了巨大的成就。中国朝鲜族在发展自身文化的同时，也积极地借鉴吸收先进文化，使民族精神、民族情感、民族意志得到了空前的加强。朝鲜族教育的全面普及，提高了朝鲜族成员的素质与能力，促进了朝鲜族成员的心理健康发展，加强了民族自信心与民族凝聚力，在社会主义建设中取得了辉煌的成绩。研究显示，朝鲜族流动人口总体社会适应良好，但流动性会增加社会适应的不确定性。在认同方面，朝鲜族人的中国国家认同明显，民族认同明显。朝鲜族作为文化边缘群体，群内团结、群外排斥明显；适应策略上注重民族团结，生活聚居化、行业集群化，以血缘、地缘、业缘、族缘、教缘、朋辈群体为纽带，编织起密集的社会关系网络；重视教育、人力资本和社会资本的提升；个体极具坚韧、独立、奋斗的精神品质[①]。

（三）延边朝鲜族金达莱文化心理的独特性

文化的心理层面是文化的核心，是文化的灵魂。一种文化区别于另一种文化的关键在于文化的心理层面的区别[②]。民族认知及其结构与组织是心理层面的核心内容。民族文化在历史发展中，无不受到民族认知特点的影响，而长期形成的民族文化及文化模式又作用于民族认知及其结构，使其认知结构与组织的发展更具有民族性与文化性。经过100多年的发展，中国朝鲜族形成了不同于朝鲜半岛朝鲜族的具有中国特色的朝鲜族文化，在政治、经济、社会等方面都深深地打上了中华民族的烙印。金达莱文化就是中国朝鲜族自己的文化，她既表现在长期革命斗争中朝鲜族人民赋予自然环境中成长的植物的人为情感，也代表着朝鲜族人民大无畏的革命精神和爱国主义情怀。首先，延边金达莱文化是成千上万名革命先烈用鲜血染成的革命精神的象征。在抗日战争时期，延边地区是东满根据地；在解放战争时期，延边地区是解放战争的可靠后方；在抗美援朝时期，延边地区靠近前沿阵地。在抗日战争期间，每3至5名抗联战士中就有1名朝鲜族战士。据文献记载，在东北，有62942 名朝鲜族青壮年参军，先后参加过抗日战争和解放战争，牺牲3万多名，仅延边地区就有13450名烈士。在解放战争中，几十万朝鲜族战士和群众参加了解放全中国的战斗。1949年以后，这些老战士的回忆被搬上银幕、小说、连环画，20世纪五六十年代出生的

① 徐芳．中国朝鲜族流动人口社会适应研究．北京：中央民族大学博士学位论文，2013：7-13.

② 李静．民族心理学．北京：民族出版社，2009：244-259.

人至今还记得那些感人的电影和连环画，如《冰雪金达莱》《金玉姬》《中华女儿》《八女投江》《生死缘》等。其次，金达莱文化与民族教育是朝鲜族民族凝聚力的象征。中国朝鲜族作为跨境民族，自越境迁入后，所处的社会环境不断地发生变化，所面临的社会经济条件也在不断地改变，因此，中国朝鲜族的民族心理发展经历了中华人民共和国成立前的五个时期与中华人民共和国成立后的三个时段。从16世纪中叶开始，朝鲜人就越过边境来到中国东北地区垦居。从迁入初期、新文化思想过渡时期、反日运动时期、反对日本奴化时期一直到解放战争时期，朝鲜族民族心理在每一个阶段都有不同的特点。新中国成立后，朝鲜族的各项事业进入发展的“黄金时期”，民族区域自治政策为民族地区的发展奠定了基础。在“文革”期间，在极左思想的影响下，民族文化的发展受到了一定程度的损伤。改革开放以后，朝鲜族在发展自身文化的同时积极借鉴和吸收先进文化，民族精神、民族情感和民族意志得到空前的加强。教育全面普及提高了朝鲜族人民的素质和能力，促进了朝鲜族人民的心理健康发展[①]。由于朝鲜族缺乏全民族统一崇尚的权威民族宗教，因此，在每一历史时期，民族教育始终引领和鼓舞着朝鲜族的民族精神，培养了众多的有识之士和革命者，成为不同时期朝鲜族社会凝聚力的核心，推动着朝鲜族的主流思想和民族精神。这种民族精神和革命意识及荣誉感传承的最好象征，就是漫山遍野的金达莱花和村村建立的烈士纪念碑。如果说纪念碑是一个民族的荣耀和光荣历史，那么，作为有生命的金达莱花就代表着欣欣向荣的朝鲜族的民族情感和民族社会变化。民族教育把传承和发展金达莱文化作为已任，并以此为教育内容培养更多的民族人才，这些接受金达莱文化教育的人又通过自己的行动去丰富和提升金达莱文化的价值。这种意识和情感始终鼓励着不同时期的朝鲜族人民，使得他们在100 多年的历史发展中，不但没有发生过任何民族之间的冲突，而且还能够以纪念碑的荣耀和金达莱的精神鼓舞朝鲜族人民积极投入到社会主义现代化建设中，去建设伟大祖国的边疆。最后，金达莱文化是朝鲜族人民在100 多年的移民生活中形成的生活智慧的结晶，它包括了与大自然共存、与不同民族共生且积极主动发展的智慧和经验。中国朝鲜族同胞建立了金达莱饮食文化、金达莱旅游节、金达莱民俗村，推动着金达莱文化的继续发展。从2003 年开始，和龙市金达莱村金达莱花园开始建设，截至目前，已栽种了金达莱花6.1 万余株。和龙市在金达莱花园举办了12届“金达莱文化旅游节”，建立了“全国文明村”——和龙市西城镇金达莱村。金达莱民俗村是延边地区为数

① 严秀英. 朝鲜族民族心理的历史演变. 中国社会科学报，2015-09-24.

不多的全部由朝鲜族构成的村落，至今已有100多年的历史，仍然保存了非常完整的朝鲜族生活习俗和文化传统。延吉金达莱民族餐饮有限责任公司始建于20世纪50 年代，经过1989年和1998年两次改革，如今已拥有了中国烹饪协会命名的中华名小吃——金达莱冷面品牌。

四、金达莱文化的本质

象征是人类的重要认知方式。象征就是用有形事物去表现抽象意念。每一个民族都有自己的价值观念、行为方式和文化心理，这些抽象观念无法用语言来表达清楚，因而借助于象征。某些事物或属性由于具有与该民族精神相契合的特性，成为被广泛接受和运用的文化符号，因而具有独特的表情达义功能[①②]。例如，在原始社会，不同民族往往具有不同的图腾，这些图腾就是他们崇拜的事物，如彝族崇拜黑虎和火，蒙古族崇拜长生天（即苍天，蒙古语为“腾格里”）。随着人类的进化，虽然理论思维成为人类主要的思维方式，但象征的认知方式在人类思维中仍然起着非常重要的作用，尤其是在文化领域和宗教领域。例如，Whitehouse将宗教的传播模式分为两种：教义式（doctrinal）和意象式（imagistic）[③]。教义式的传播方式是指进行严格的知识编码，由传教者去传播教义，传播意识层面的宗教知识和宗教文化。意象式的传播方式是传播仪式的集合，这些仪式具有特殊的纪念意义。意象式的传播方式传播内隐的、潜意识层面的宗教知识和文化。在宗教仪式中，信徒获得了浓烈而华丽的感官刺激和强烈的感染力。在意象式的传播方式中，信徒获得了内隐的宗教知识和宗教文化，形成了独特的宗教认知[④]。毫无疑问，延边朝鲜族的金达莱文化用意象式的传播方式来传播文化，正像用红色、黄色的镰刀与斧头组成的党旗一样。然而，任何一个民族都不可能毫无根据地去选择象征物。事物或属性被选择为象征物的认知根据在于，具体事物的性质能够与所要象征的事物特性契合。他们会根据本民族发展的需要、本民族所处的自然环境、社会环境、宗

① 郑剑．试析民族服饰色彩与宗教文化．西北第二民族学院学报，2005（1）．

② L. GAO，H. Y. SHEN. The Beauty of Angels in Sandplay：Image and Symbol in the Garden of the Heart and Soul. Journal of Sandplay Therapy，2012（1）：141~146.

③ L. MARTIN. Cognition，Society and Religion：A New Approachto the Study of Culture. Culture & Religion An Interdisciplinary Journal，2003，4（2）：207-231.

④ L. MARTIN. Cognition，Society and Religion：A New Approachto the Study of Culture. Culture & Religion An Interdisciplinary Journal，2003，4（2）：207-231.

教、文化等，合理地选择认知对象、安排认知能力的投入。人类认知的这种选择性取向，就形成了各民族的不同的心理意象。中国朝鲜族对金达莱文化的认知取向是与金达莱的植物特性分不开的，它是中国朝鲜民族在不同社会环境下对事物及其特性自主选择的结果，与其民族发展的需要分不开。不同时期的民族发展需要会影响文化的发展，中国朝鲜族的金达莱文化也不例外。

中国朝鲜族的历史发展造就了金达莱文化，金达莱文化的发展也需要中国朝鲜族去继续建构和传承。然而，急剧发展的国内外环境既给中国朝鲜族的金达莱文化的发展带来了机会，也提出了挑战。目前，朝鲜族有涉外关系的人口比重很大，尤其是与韩国交往特别频繁。改革开放以后，特别是在全球化浪潮的推动下，延边地区的人口流失远远高于吉林省乃至东北三省其他地区。在中国不到200万的朝鲜族人口中，生活在韩国或关内的朝鲜族达76万之多，占38%①。此外，有研究表明，延边朝鲜族在家庭中出现了架构性的变化和观念的变迁，表现在单亲家庭的增长趋势明显，家庭关系的伦理轴心由亲子关系转为夫妻关系，由孝敬老人转为养育子女以及责任意识的缺失等，从而影响着朝鲜族的传统家庭观念和文化传统②③。民族共同体的经济模式、民族成员的价值标准、民族人口流失、民族家庭结构变化和民族文化资源的缺失对中国朝鲜族金达莱文化的传承提出了新的挑战，需要朝鲜族社会成员的继续努力和探索。

参考文献：

[1]［俄］维果斯基．思维与语言．李维，译．北京：北京大学出版社，2015.

[2] E. PELAPRAT, M. COLE. "Minding the Gap": Imagination, Creativity and Human Cognition. Integrative Psychological & Behavioral Science, 2011 (1).

[3]［瑞］荣格．荣格文集．冯川，苏克，译．北京：改革出版社，1997.

[4] 申荷永．中国文化心理学心要．北京：人民出版社，2001.

[5] 王世强．中国佛教文化中地狱观念的意象分析研究．北京林业大学硕士学位论文，2009.

[6]［朝］张有晋．寻找远古时期的祖先．平壤：社会科学出版社，2009.

[7]［朝］光明百科辞典（20卷）·三国游史第一期．平壤：百科辞典出版社，2000

① 庄丽月，杨群，张积家．宗教对信徒颜色认知的影响及作用机制：以台湾宗教徒为例．心理科学，2016（2）．

② 孙春日．中朝边境地区人口流失及对策——以延边朝鲜族自治州为例．北方民族大学学报（哲学社会科学版），2010（5）．

③ 金香兰．朝鲜族婚姻家庭及其伦理嬗变．延边大学学报（社会科学版），2006（12）．

[8] 徐芳．中国朝鲜族流动人口社会适应研究．中央民族大学博士学位论文，2013．
[9] 李静．民族心理学．北京：民族出版社，2009．
[10] 严秀英．朝鲜族民族心理的历史演变．中国社会科学报，2015-09-24．
[11] 郑剑．试析民族服饰色彩与宗教文化．西北第二民族学院学报，2005（1）．
[12] L. GAO，H. Y. SHEN. The Beauty of Angels in Sandplay: Image and Symbol in the Garden of the Heart and Soul. Journal of Sandplay Therapy，2012（1）．
[13] L. MARTIN. Cognition，Society and Religion: A New Approachto the Study of Culture. Culture & Religion An Interdisciplinary Journal，2003，4（2）．
[14] 庄丽月，杨群，张积家．宗教对信徒颜色认知的影响及作用机制：以台湾宗教徒为例．心理科学，2016（2）．
[15] 孙春日．中朝边境地区人口流失及对策——以延边朝鲜族自治州为例．北方民族大学学报（哲学社会科学版），2010（5）．
[16] 金香兰．朝鲜族婚姻家庭及其伦理嬗变．延边大学学报（社会科学版），2006（12）．

论中国朝鲜族传统民俗图案中体现的朝鲜民族生活形态及精神文化

徐美灵*

摘　要：朝鲜族作为迁入民族，它在100多年的历史发展过程中形成了自己独有的文化习俗和审美心理，其传统图案内容丰富、形式多样，具有质朴的生活情趣和独特的艺术魅力。

关键词：朝鲜族；传统图案；民族性

图案是人类意识的反映和精神活动的产物，同时也是创造性审美活动的结果。从这一点上我们可以这么说，图案内含着造型艺术的一般原理，它与款式、色彩一同构成了造型艺术的审美表现因素，一般表现在建筑、雕塑、工艺、设计等日常生活所需的造型物的表面，具有民族特有的象征意义。朝鲜族传统民俗图案是博大的中国民族文化的一个缩影，通过解读朝鲜族传统民俗图案，可以体会到朝鲜族生活和文化的变化发展，让更多的人关注并研究朝鲜族传统民俗图案，从而有利于朝鲜族民俗文化的发展和传承。

一、传统民俗图案种类和特性

朝鲜族通过图案表达感情的形式使朝鲜族民俗文化被烙上了艺术气质，体现了朝鲜族审美情趣和生活品质。朝鲜族传统图案内容极其广泛，从题材上可分为：祥禽瑞兽题材、花卉果木题材、文字符号题材等。其中祥禽瑞兽题材主要包括龙、乌龟、麒麟、鹿、兔、蝙蝠、虎、狮子、凤凰、孔雀、鹤、鸳鸯等；花卉果木题材主要包括木兰花、莲花、松树、梅花、兰草、菊花、石榴、灵芝、唐草、葡萄等；文字符号题材主要包括“卍”字纹、“寿”“福”字纹、“亚”字纹、“囍”字纹、“雷”字纹、云纹等。

*作者简介：徐美灵，女，吉林省延边博物馆社会教育部馆员。

1. 几何线条组成的图案

朝鲜族使用的几何线条图案以简洁为主特征，在主体装饰中，利用几何线条图案进行复杂、交织的大面积装饰手段出现较少。以服饰为例，衣着讲究朴素简洁，只有在传统婚礼服上织有金圆形无爪龙补、云纹、凤纹等，以显示雍容华贵，象征高升和如意。朝鲜族日常服饰的图案一般通过在袖口和衣襟处绣上几何纹样图案或色彩鲜艳的绸缎边进行表现，朝鲜族女装还会利用红紫蓝等颜色组成的飘带进行装饰。朝鲜族被称作“白衣民族”，他们不仅喜爱白色，利用多种色彩进行组合的装饰手法也较为常见，这种靠多种颜色组合形成的整体图案效果，给人以明亮的视觉感受和艺术美感，通过色彩的组合搭配突出简洁、大方，毫无繁缛、庸俗之感，如朝鲜族童装采用粉、绿、黄、蓝等色彩鲜艳的锦缎，袖筒处再用“七色缎”（即7种颜色相配的绸缎）进行装饰，穿在身上好像身披彩虹一样，这种衣服又被人们称作“彩虹袄”，彩虹图案象征如彩虹般光明美好，朝鲜族年轻女子也会在节庆时穿着这种衣服。朝鲜族还会利用几何线条在建筑上进行装饰，如朝鲜族民居的门窗花格样式和排列方式十分讲究，门窗花格的样式种类丰富，常见的有方格纹、卍字纹、亚字纹、用字纹和田字纹。朝鲜族多使用圆形图案，象征圆满、完整，这种由“寿”字纹样文字演变而成的圆形线条，在朝鲜族的家具、服饰和糕点上较多出现。

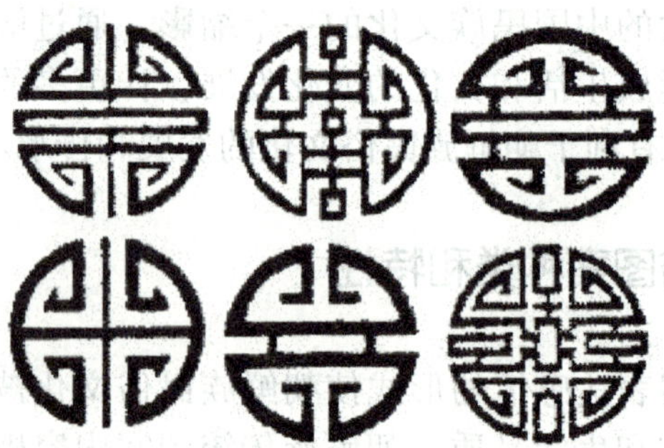

2. 动植物和自然图案

朝鲜族作为农耕民族，长期从事耕作和采集活动受自然气候的影响，因此对自然具有期盼和敬畏，朝鲜族对自然的崇拜，并将“天人合一”的理念贯穿于日常民俗图案中。如在朝鲜族建筑的瓦当上常刻有莲花、菊花、太极、云纹等图样，屋脊的两端还立有火苗状的旺瓦，旺瓦象征居家过日子像火苗一样红火，希望家庭兴旺富裕，云纹和火苗图案就是有代表性的象征美好的自然图案。

在植物图案方面，朝鲜族较多使用梅兰竹菊等花卉，以象征贞洁高贵，比如民俗糕点上较多采用花的图案，有时也会用红、蓝的斑点加以点缀。金达莱花作为延边朝鲜族的州花、延吉市的市花出现较多，金达莱的花语是“长久开放的花”，它育蕾在三九严寒中，有北国报春花、冰雪金达莱的美誉，已作为朝鲜族的民族象征进行广泛的装饰应用，例如延边博物馆内的石柱、壁画中均使用金达莱图案进行装饰。朝鲜族还会在日常民俗图案中使用农作物，如他们擅长种植水稻，不仅在岁时节日和人生礼仪中使用水稻，还制造了大量水稻制品，如蓑衣、草鞋、稻草器具、草房等，形成了极具特点的水稻文化，另外石榴、辣椒具有籽粒丰满的特征，象征多子多孙，桃形代表长寿吉祥，葫芦代表福禄，这些农作物图案有时直接出现在日常生活中，有时也会以衍变或抽象的形式出现。除花卉和农作物外，朝鲜族还会使用松树图案，主要代表延年长寿。

动物图案方面，龙、凤、麒麟、虎、龟等图案有驱邪、避祸、祈福作用，护佑人们平安；鹤、蝙蝠、鸳鸯、喜鹊、牛、孔雀、鱼、鸡都具有美好寓意，其中鹤、牛、鸡、鱼等图案的使用具有一定的民族特色。朝鲜族对仙鹤图案十分推崇，仙鹤人称“一品鸟”，仙鹤在我国明清时期赋予了忠贞清正、品德高尚的文化内涵，朝鲜族传统民俗则略有不同，他们将鹤视为长寿、幸福的象征，朝鲜族服饰上常可以看到鹤的图案。朝鲜族对牛十分重视，古时禁止随便杀牛，他们将牛舍设在住宅内，依赖牛进行农耕生产活动。朝鲜族有谚语：“没有爹能活，没有牛活不了”，反映了朝鲜族爱惜牛的风俗，因此牛的图案受到了朝鲜族的推崇。鸡有谐音“吉”，其体态丰满、神采奕奕的造型作为吉祥如意的象征被民间广泛应用，朝鲜族还视鸡为多子多孙的象征，在朝鲜族人生礼仪摆大桌时，将熟鸡叼住红辣椒，象征早生贵子，值得一提的是在朝鲜族人生礼仪中还会摆设鱼或鱼形糕点，鱼形的谐音是“余”，代表年年有余，鱼也产籽进行繁殖，代表家庭多子多孙，鱼还有鲤鱼跳龙门的典故，象征科举高中、飞黄腾达。朝鲜族有时也会将动植物图案组合在一起，“十长生”图案就是其中的典型代表。

3. 其他图案

朝鲜族有些传统民俗图案具有一定的宗教色彩，如莲花、卐、太极图案，这些图案富含深刻的哲学理念。信仰方面，朝鲜族村落的村口处立有鸟杆，鸟是往返于天界与人世间的使者，朝鲜族对鸟的崇拜实际是对天的崇拜，鸟杆是极具代表性的朝鲜族民族文化图腾和图案符号。文字图案方面，朝鲜族有时有直接用中文、朝鲜文字组成图案，较常见的有德育内容的“孝”“悌”“礼”“义”“廉”“耻”和祝福意义的“福”“禄”“寿”“囍”等，延边博物馆保存的一件1958年朝鲜民主主义人民共和国赠送的半回装则羔利，“则羔利”在朝语中即短衣的意思，这件“则羔利”不仅在领口和袖口处绣有烫金铂菊花纹图案，还在飘带上印有“囍”“福”“寿”图案字样，目前文字图案已被广泛应用在日常生活中，有时朝鲜族长鼓等器具上也会印有“福”“寿”图案。随着时代的发展，在朝鲜族的工艺品上还出现了具有民族特色的彩带、长鼓、伽倻琴、象帽等图案。

二、传统图案体现的文化内涵

在漫长的历史积淀中，“天人合一”“万物有灵论”“吉祥文化观念”“崇尚自然”“浪漫主义”等观念已根植于朝鲜族心中，受这些观念影响，最终形成了朝鲜族共性的思维逻辑、共同的文化圈和生活环境，使他们创造的图案大同小异，并一代代相对稳定地传承下来，形成了特色民族图案。这些日常民俗图案虽然简单，但是内涵却极为丰富，表达着朝鲜族内心向往美好生活和质朴情趣，彰显着朝鲜族的民族个性。

1. 朴实性和实用性。延边地区朝鲜族最初从朝鲜半岛带来的风俗，基本延续了朝鲜王朝时期庶民阶层的民俗，其特点是简单、朴实，这种特点同繁杂、奢华的两班阶层的风俗形成鲜明对照。这种“下层文化”贴近生活，过去的朝鲜族庶民阶层可利用的资源是极为匮乏的，因此制造物品也以简洁实用为主，并影响至今。但朝鲜族图案的选择往往不是随性而为，背后蕴藏着生产生活中总结出的智慧，或是代表某种含义，或是方便区分，或是烘托节日氛围，或是礼仪和宗教场景需要，在生产生活中具有一定实用性，并服务着人们的生产生活。如朝鲜族椴木淘米盆，在内壁旋制17道圆形凸弦纹，在清洗大米的过程中，将大米摩擦这些凸弦纹，有利于高效清洗大米并且筛除杂质，还起到美观装饰作用。

2. 心存希望的精神寄托。吉祥图案不单单是和平年代造型优美的装饰纹样，艰难时期的朝鲜族需要图案作为向往美好生活和消灾避祸的精神依托，而古人早已将种种具体的观念注入图案中，正是“图必含意，意必吉祥”。在近代史上朝鲜族长期受日本侵略者压迫，进行着艰难反抗，展现了顽强不屈的民族精神，延边有着“山山金达莱，村村烈士碑”之说，一座座烈士碑就是那段艰难时期的真实写照，在趋吉心理的支配下，朝鲜族更加利用寓意吉祥、驱邪避恶为主图案表达内心向往，民俗图案就是民族的符号，符号在就是民族在，朝鲜族妇女缝制趋吉图案作为彼此的祝福和精神寄托，使人们在一段段艰难的岁月中坚强生活着，因此有着深刻的民族精神内涵。

3. 受不同文化影响。日常民俗图案的发展是由原始社会的简单图案，经历奴隶社会简洁、粗犷风格，到了封建社会出现了精美华丽的图案，朝鲜族的起源和世代发展与中国有着血脉联系，因此朝鲜族日常民俗图案既受中华文化影响，又有着朝鲜半岛文化的特色，并且与朝鲜族其所处的农耕、手工业环境息息相关。随着近代朝鲜族迁入我国东北，朝鲜族文化又一次接收了其他民族的优秀文化，形成了不同于当代朝鲜半岛文化的特色文化，特色文化也使延边朝鲜族的日常民俗图案的创作有着独特视角，这些日常民俗图案承载着民族文化，随着科技手段进步革新和少数民族地区发展的需要，焕发着勃勃生机。

现代社会的时尚变幻无常，但是民俗文化最具有生命力。朝鲜族的传统图案，作为图形与吉祥寓意完美结合的一种吉祥文化形式，综合反映了包括原始文化、宗教信仰、哲学思想、传统民族风俗习惯等诸多要素在内的朝鲜族传统文化的整体性，展现着朝鲜族的民族形象和审美情趣，朝鲜族的日常民俗图案应世代相传，并不断发展，为当代人所用。

参考文献：

[1] 宋春雪．朝鲜族传统民居建筑装饰研究．中南林业科技大学硕士论文．

[2] 沈鹏．浙江民俗印花糕板图案形态与设计应用研究．硕士论文．

[3] 千寿山．朝鲜族风俗．延边人民出版社，2003.

[4] 常征．中国服饰图案中的民俗内涵与特征分析．时代文学，2009（15）．

[5] ［韩］许均．传统图案．大元社，2000（3）．

[6] 林永周．韩国传统图案．韩国图案社，1980.

延边农村历史文化资源开发研究

金松兰*

摘　要：在市场经济体制下，延边农村朝鲜族历史文化作为一种民间文化传统，对于延边农村建设不仅具有文化价值，更具有经济、生态、社会等价值。以延边农村社会有形和无形资源为基础，特别是积极保护和充分开发延边农村历史文化资源，使其经济、生态、社会等价值充分体现在实现农产品高附加值和提高农民经济收入上，这不仅可以有效弥补现代化农业大生产对农村生态环境的破坏和污染等不足和弊病，还可以有力推进农村地区生态文明建设和可持续发展。

关键词：延边农村；历史文化资源；开发

延边农村历史文化资源开发，是新时期延边地区农村社会发展的新要求和新趋势。在市场经济体制下，延边农村历史文化作为一种少数民族民间文化传统，不仅具有鲜明的文化价值，对于延边新农村建设来讲，更具有经济、生态、社会等价值。以农业为“中心事业”组建起来的农村社会，其发展面临的最大挑战就是如何让广大农村在保护好自身生态资源的前提之下，开发和利用好其自身的传统优势，为社会和市场提供优质的绿色农产品和特色服务。延边农村历史文化资源的开发，不仅要做到新时期对延边农耕文化的有效保护，更要实现对农村历史文化资源的科学、合理化开发，促进延边农村经济“品牌化”发展，推动延边农业“绿色”转型。

一、延边农村历史文化资源的现实价值

延边农村历史文化是以人为核心，以技艺、经验、精神为主要形式的中国非物质文化的重要组成部分，是以人为本的活态文化遗产，其特点就是活态流

*作者简介：金松兰，女，博士，延边大学马克思主义学院，研究方向：社会治理及农村社会发展研究。

变。在漫长的历史长河中，随着与自然界的关系变化和历史、人文条件的转变，延边农村历史文化自然生成又不断得到创新和发展。先辈在漫长的日常生活和生产劳动中创造并留存至今的历史文化中，凡是具有历史、科学和艺术价值的，均具有文化、社会、生态、经济等诸多方面的价值。文化本身固有的文化价值除外，以下是现阶段文化具有的社会、生态、经济价值。

（一）社会价值

延边农村历史文化资源的社会价值，主要体现在构建和维系延边农村社会和治理方面。延边农村社会是水稻种植为“事业中心”、传承和保护朝鲜族农耕文化的重要阵地，延边农村历史文化传统不仅使广大延边农村地区与现代化城市文明区别开来，而且延边农村传统的“乡约”和“礼治”思想对延边农村和谐社会构建和治理方面具有积极的作用。农村社会的维系和发展离不开农业的发展，但更为重要的是在农业生产过程中世世代代传下来的民俗、民风等农村历史文化传统对农业和农村生活的影响和作用。

（二）生态价值

延边农村历史文化资源对延边生态文明建设具有独一无二的重要价值，是实现人与自然和谐相处重要思想的来源。尊重自然、顺应自然、依赖和敬畏自然是传统的农耕文化区别于征服自然、改造自然为主要特征的工业文明的主要特征。农村是我们人类社会中拥有最多自然生态资源的地区，因此，与延边农村地区生产和生活相关的历史文化资源具有生态保护和恢复的重要价值。

（三）经济价值

把延边农村历史文化资源中抽象因素转化为生产力要素，使这些要素在不同产业中以不同样态发挥作用，实现其经济价值，有助于延边农村经济多样化发展。延边农村历史文化要素可以借助具体载体，如农产品、土特产、农村绿色生态旅游业等形成崭新而又独特的物化形态，可呈现出其文化自身具有的经济价值。英国当代著名学者雷蒙德·威廉斯认为，文化不仅仅从属于意识形态范畴，还可以作为一种生产力要素与经济结合，促进经济形态多元化。文化与经济之间是相辅相成的辩证关系，在相互融合过程中趋于“文化经济化”和“文化产业化”。但是，延边农村朝鲜族历史文化资源的经济化、产业化发展，不是简单地把经济效益依附于文化之上，而是把两者融合在一起达到一体化。

二、延边农村历史文化资源开发的可行性与必要性

在农村社会现代化进程中，如何让延边农村历史文化继续发挥作用、如何避免被现代性所同化，是开发延边农村历史文化资源时必须面对和注意的问题。任何事物都有着产生、成长、延续、消亡的过程，因此，对延边农村历史文化资源的合理开发和运用是对其进行保护和传承的最好路径和方式。延边农村历史文化资源的开发需要在一个动态的社会发展进程中接受各种挑战，并通过自身价值的物质体现证明其存在和发展的客观必要性和意义。如果“延边农村朝鲜族历史文化”自身没有足够的生命力和价值，那么我们对延边农村朝鲜族历史文化的开发只能是出于对文化保护和传承的一种关怀。

（一）开发的可行性

延边农村历史文化资源开发对于我们来讲，并不是陌生而又遥远的事情，而是既现实又实际的一件事。延边农村历史文化资源开发利用的可行性出于时代对文化的产业化发展需求。延边农村历史文化资源的开发即产业化既是一个“过程”，又是一个“结果”，一切文化资源必须遵循市场运作规律，通过商业化、市场化等再生产和运行方式进入消费市场，完成其自身的产业化。文化资源产业化的必要性和可行性，我们可以通过对文化资本理论得到答案。戴维·思罗斯比（David Throsby）曾指出：“文化资源，即文化资本，是继物质资本、人力资本、自然资本之后的第四种资本，是文化产业继承和发展的源头活水。”①文化资本的存在形式可分为有形的和无形的，延边农村历史文化资源属于无形文化资本，它可以通过产业开发、服务或流通产生新的文化资本，文化资本是一种经济现象。因而，延边农村历史文化资源的文化价值可以产生经济价值，但是要充分体现其经济价值，还需人们把农村社会风俗、信仰、语言、音乐等形式的无形文化资本，即农村非物质文化资源有意识地开发和广泛地应用于农产品品牌、农村绿色生态旅游、地域宣传和广告等方面，由此创造出商品化的新物质产品和精神文化。

文化资源产业化，即文化产业化是以文化遗产古迹、文化艺术和休闲娱乐为主体而引发的一系列创造、生产、销售和服务活动的产业群形成和发展。联

---

① ［澳］戴维·思罗斯比．潘飞，译．什么是文化资本［J］．马克思主义与现实，2004（1）：50-55.

合国教科文组织在1982年把文化产业（Culture Industry）定义为，是以艺术创造表达形式、遗产古迹等为基础而引起的各种活动和产出。2000年10月，中国共产党十五届五中全会通过的《中共中央关于制定国民经济和社会发展第十个五年计划的建议》中，第一次在中央正式文件中使用“文化产业”这一概念。在党的十六大，还对“文化产业”和“文化事业”作了概念上的明确区分：文化产业是在社会效益第一的前提下，通过创造文化产品、提供文化服务，以追求利润的最大化，而文化事业发展是依靠财政投入和社会捐赠来支撑的，有浓厚的公益性色彩。如果某种农村历史文化资源属于“文化事业”资源，国家从政策和法律条文上就会禁止对其进行产业化开发和经营，如不属于“文化事业”资源的，但特色并不突出、文化市场需求较小、开发潜力不大的农村历史文化资源而言，该文化资源也不适宜作为产业化对象开发出来。农村历史文化资源开发不能盲目进行，要重点打造那些民族文化特色强、市场潜力较大的，对于那些介于“文化事业”与“文化产业”之间的，可在保护基础上适度开发与经营。同时，文化产业具有追求利润最大化的内在要求，因此，对农村历史文化资源进行开发时需防止一切文化事业向产业化靠拢的弊端，避免民族文化产业化的误区，走向文化资源市场化的极端。

（二）开发的必要性

目前，延边农村社会和农业发展所面临的困境，客观地向我们揭示着延边农村历史文化资源开发的必要性。延边农村社会面临的最大问题就是，农村人口大量外流导致的劳动力极缺以及农业部门收入普遍较低的问题。延边农村和农业所面临的主要问题如下：

第一，劳务输出导致延边农村地区空洞化，即青壮年劳动力和营农人才大量流失，农村地区人口老龄化趋势明显，农村社会逐步失去活力。随着改革开放和对外经济交流的步伐，延边地区绝大多数青壮年纷纷离农进城或劳务输出，延边地区农村开始出现劳动力和人才缺乏的现象，尤其是1992年中韩建交以后，延边地区的朝鲜族利用自身的语言优势纷纷出国务工，因此，水稻产业失去了大量的种植高手和劳动力。延边农村经济的主要收入来源也逐步从农业生产转换为劳务输出挣来的外汇。并且，在城市化发展的驱使下，有一定经济基础的农民更愿意居住在城市里，不愿“归农归村”。挣钱之后回国的朝鲜族农民，大多数都是在城市里买住房，不愿回到农村务农和生活。以上原因引发了延边地区农村年龄结构的不平衡发展，导致了结构性变化，农村留守的多是老年人，导致延边地区农村老龄化现象成为普遍现象。而留守在农村的老年人大部分都是因为健康状况不允许他们继续劳作而留在农村，多是靠土地租赁费用或政府救济来维持生活的贫困人口，对水稻种植产业发展来看，他们只能是心有余而力不足的群体，难以成为农村建设的生命军和主力军。

第二，土地流转及农业的机械化、产业化大生产，未能改善大部分农民的经济生活状况，反而破坏了延边农村自然生态环境，对农村地区的可持续发展造成了很大风险。土地流转现象自发地在延边地区各个农村蔓延，这种形势发展迅速，势不可挡，最终影响了延边地区农业发展的整体趋势。以龙井市东盛涌镇龙山村为例，全村原先共有170多家农户，耕种耕地面积达100多公顷，但目前实际打理自家耕地的农户仅为20户左右，其余的耕地都以土地流转的方式租赁出去。2008年末开始，延边朝鲜族自治州为了克服农村地区“劳力荒”，提高农业经营的经济效益，提出了培育专业农场、扶持新型经营主体的发展战略，之后短短几年间，延边地区专业农场迅速增至450个左右，经营土地面积占全州耕地面积的9.7%①。据统计，2014年延边州专业农场总数超过840个，专业农场经营土地面积达6万多公顷，土地流转总面积超过农地经营总面积的80%，涉及农户也多达2.7万户②。以延吉市朝阳川镇“吉利专业综合农场”为例，农户郎连江把自家的1.8公顷农地流转给吉利农场，专心养牛赚了3万多元，再加上土地流转收入5400元，家里的生活水平逐年提高。但是，与农场经营主体的收入相比相差甚远，与城市居民的收入相比也存在相当大的差距。延边位于中国东北边疆，地形复杂，呈现出“八山一水半草半分山”的特点，耕地面积少且居于山岭地带，从地理条件来看机械化大生产不太适合延边地区农业发展。延边地区的气候特征，也时常让延边农业遭受洪涝、干旱、冰雹等自然灾害，这也一定程度上对延边地区农业发展造成了负面影响。再加上农业科学技术的发展程度有限，延边地区农业产值不高，农户收入低下，这也严重影响了延边地区水稻种植为主的农业发展③。农民收入低而农业种植成本高的局面，导致农民无法投入足够的资金提高农业生产技能和机械设备更新，这种无法扩大再生产的恶性循环也让延边地区农业面临困境，直接导致了农村地区的贫困。农民小规模经营主要靠国家的资金扶持和贷款支持，因而进行粗放型经营较为普

① 岳富荣，刘文波，祝大伟.专业农场，搞活了延边农村［N］.人民日报（新农村周刊）2013-9-8.

② 冯树伟.我州专业农场总数达845家［N］.延边日报，2014-5-6.

③ 夏炎，金松兰，沈万根.关于延边朝鲜族自治州农村贫困问题的成因分析.农业与技术，2014.

遍，农民种地大多数只注重成本的压低和产量的提高，并不重视农产品品质的提高和高品质农产品带来的经济收益。因此，化肥的滥用逐步破坏农地的品质，污染了自然生态环境。

第三，农产品的附加值较低，未能形成种、收、加工、销售“一体化”的产业链。延边农业发展仍呈现出规模小的特点，在市场化体系下，农产品的销售更是农民面临的一大挑战，很多时候任由市场摆布。农民为了自身利益追求，必须团结起来形成集体的力量，因为，开放的市场体系中，单个农民的话语权很有限。但是，延边地区农民的组织化程度还较低、组织化意识不强，这也是制约延边农业及水稻种植产业发展的不容忽视的因素。农民为了更好地实现、维护和促进自身利益，必须联合起来形成种、收、加工、销售“一体化”的农业生产产业链，开发和利用地域特色和资源，让农产品的附加值得到提升，如具有地域特色的土特产品的开发和地产地销模式的运用等，也可以帮助农民实现经济效益的提高。

延边农村面临的困境既具有区域性发展特点，又具有普遍性。因此，思考解决问题的路径时，我们可以参考从历史、地缘、文化、社会等诸多方面与延边农村相同的韩国农村建设的宝贵经验，并且也可以借鉴日本农村社会建设的先进经验。而韩国和日本的经验告诉我们，农村地区历史文化资源开发是实现农业经营多元化与农业综合产业化发展的必然要求，这也是目前韩国和日本等国家农村·农业6次产业化（第一、第二、第三产业=6次产业化）发展的客观要求。农业·农村6次产业化与工农商联带、食品产业聚集地（food industry cluster）、地产抵消（local food system）、一村一品运动、社区商业（community business）等一同成为日本农村·农业开发的重要政策和措施。

而农村·农业6次产业化最为基础和核心的内容就是“开发和利用农渔村有形和无形地域资源”，而这里所提出的农渔村有形和无形地域资源指的就是农村地区自然生态资源与历史文化资源。因此，新形势下农村社会建设中历史文化资源开发势在必行。因为，按照消费者的需求（Needs），积极开发和利用农村地区有形的和无形的地域资源（Seeds）[①]，实现农产品品牌化和区别化（区别于其他地区生产的同一类农产品），提高农产品的附加值，推动农村经济已经成为发达和不发达国家农村社会建设中普遍追求的目标。一句话，以农村社会有形

① Seeds是英语中种子seed的复数形式，还包含“根本”或“根源”之意，但是在此所指的具体含义是作为推动6次产业化所需要的原动力，即农村地区的环境要素（如地域历史或文化资源）、自然生态环境要素等。

无形资源为基础把农业（第一产业）、食品·特产品制造·加工（第二产业）、流通·销售、文化·体验·观光服务（第三产业）结合在一起，创造出更大附加值是农村建设的关键，这也是韩国农林畜牧食品部对“6次产业化”的具体定义。

三、延边农村朝鲜族历史文化资源开发与保护的案例介绍

延边地区历史文化资源开发与保护的案例中，较为突出和典型的是，多年以来一直在龙井市开山屯镇光昭村举办的御粮田“农夫节”和“御粮田文化大米”的生产和销售。延边地区“农夫节”历史悠久，每年农历七月十五日，是朝鲜族农民祭奠农神“百种”的特殊日子，称之为“百种节”，按照朝鲜族民族的风俗习惯，每年这一天，农民们通过丰收祭奠仪式、“农乐舞”表演等方式开展以迎丰收为主题的庆祝活动。同时，由于开山屯镇光昭村大米曾经是清末皇帝溥仪的御用贡品，因此“御粮田”是当地农民最为自豪的历史文化资源，这就是龙井市开山屯镇光昭村举办的御粮田“农夫节”的由来。

在延边朝鲜族自治州委宣传部、文联、广电局及龙井市委宣传部的大力支持下，自2007年起，龙井市御粮田旅游产品开发有限公司已成功举办了八届“农夫节”，引起国内外人士的广泛关注。2009年，龙井市开山屯镇御粮田“农夫节”和“丰收祭”仪式被列入吉林省非物质文化遗产名录，“农夫节”上展演的朝鲜族“农乐舞”更是被列入世界非物质文化遗产名录。吉林省非物质文化遗产专家组组长曹保明高度评价其成果，说“农乐舞”填补了中国在世界级非物质文化遗产领域中农耕文化这一部分的空白。“农夫节”是保护和传承朝鲜族文化遗产——“农乐舞”的最好方式，这种经验值得推广。在龙井市御粮田旅游产品开发有限公司的带领和龙井市开山屯镇光昭村农民们的持续努力下，御粮田“农夫节”已经开始成为带动民俗旅游、生态旅游、农业观光旅游和提升“御粮田”大米知名度的重要民俗活动。2014年御粮田“农夫节”活动还选出了种田能手、种田好手，评选“农夫状元”1名、“优秀农民”2名，并向为御粮田历史文化开发和保护做出卓越贡献的吴正默老先生赠送了感谢牌。龙井市开山屯镇副镇长李永学介绍：“以前举办活动都是聘请专业表演者演出，而今年有70%以上的节目都是由农民和当地居民来表演，更好地体现了‘农夫节’的意义。”[①]

① 吉林日报，2014-8-11.（http://www.jl.xinhuanet.com/2012jlpd/2014-08/11/c_1112012627.htm.）

龙井市开山屯镇光昭村的“御粮田”牌大米，是开发延边地区悠久的水稻种植历史资源的成功典范，已经成功实现了从“皇帝贡米”到旅游观光品牌产品的转型，成了体现高附加值的“文化大米”。曾为末代皇帝御膳贡米和特供中南海的辉煌历史被开发成“御粮田”品牌大米之前，龙井市开山屯镇光昭村生产的大米虽然品质卓越，但却因缺乏知名度而其价格与一般延边大米无任何区别，更是谈不上打开国内外市场成为知名的旅游观光产品。为了让“御粮田”大米走出延边，成为知名品牌的大米，一心热爱本民族文化的延边名医吴正默先生于2006年组建成立了“龙井市御粮田旅游产品开发有限公司”，并通过反复实验和品种改良，再加上对御粮田生产基地生态环境的保护，确保“御粮田”大米的独一无二的生长环境。在延边州农委的技术指导和帮助下，水稻种植专家和专业技术人员深入农户，对“御粮田”水稻培育过程中出现的问题给予技术上的扶持，帮助农户及时解答和处理问题，为农户提供先进的增产技术，帮助农户防治病虫害等，这些都保障了“御粮田”大米的优质性。御粮田旅游产品开发有限公司还引进了先进的韩国生产设备和日本生产工艺，在水稻收割之后的24小时之内完成烘干入库，实现了国内少见的“不落地大米”生产程序，避免了传统加工过程中出现的诸多问题，提高了大米的品质，延长了其保质期，“御粮田”大米的生产加工过程真正实现了全程机械化。在销售这一重要环节上，御粮田旅游产品开发有限公司精心设计和用心推广其品牌形象，树立了“御粮田大米”绿色品牌形象，推行“健康饮食，幸福人生”品牌文化的宣传。在2009年和2010年，长春第七届、第八届全国农业博览会上，“御粮田”吸引了不少国内厂家商家及消费者的关注，还引起了日本米业集团的重视。“御粮田”系列大米还被授予“中国产品质量过硬、信誉保证放心品牌”称号[①]。在旅游商品开发与宣传方面，御粮田旅游产品开发有限公司与长春伪满皇宫博物院合作，在伪皇宫内展室中摆放“御粮田”大米，还展出有关“御粮田”的历史资料、图片及相关文物，聘请专业讲解员向游客介绍和宣传“御粮田”大米的由来和卓越品质，并通过特设的销售专柜，提供两款精致礼品包装的御粮田大米供游客购买。这不仅扩大了“御粮田”大米的销售途径，更提升了品牌知名度，让“御粮田”大米跃升为“文化大米”。御粮田旅游产品开发有限公司构建的电子商务平台，为该公司网上招商引资、实现销售范围的进一步扩大提供了契机。该公司还与中国邮政合作，构建了邮政礼品大米销售平台，实现了进入大城市超市销售的梦想，这些促销措施为“御粮田”品牌推广和经济效益的提

① 吉林日报，2011-8-2.（http://www.chinaneast.gov.cn/dbly/2011-08/02/c_131024482.htm.）

高提供了更为广阔的空间。上述的御粮田“农夫节”的举办，同样也是该公司为了传承民俗文化、依托朝鲜族民族文化，增加品牌的文化内涵、扩大品牌影响力的措施之一。

四、延边农村历史文化资源开发的现实意义与启示

（一）现实意义

第一，能够满足农村、农业、农民自身发展的需求。推动农村经济、提高农民的收入、改善农村的面貌，如果是以破坏和污染农村生态系统和资源为代价，即便有了较高的经济效益那也是不可取的，最终给农村和农民带来的是生产和生存空间的毁灭性破坏。对农村社会历史文化资源，如农村传统景观资源等进行开发与保护，不仅能够促进农村地区经济发展，而且还会对农村地区生态资源保护起到积极的作用。具有地域特色的土特产品的开发和地产地销模式等，也可以帮助农村地区实现经济效益的提高和环境保护两个层面的发展要求。

第二，能够满足城市居民的特殊需求。在延边，农业·农村的作用和重要性一直受到重视，农村地区开发也正迎来新的契机，广大城市居民对回归大自然的传统生活方式和有利于身心健康的绿色农产品的需求越来越加大，诸如农村传统景观资源和生活环境（rural amenities）、地域特产品、地产地销食品（local food）等，现已成为延边城市居民消费的重要产品。市场体制下城市消费者群体的实际需求，也在催促延边农村“绿色·环保”农业的发展和农村历史文化资源的合理开发。御粮田“文化大米”这样的具有文化含义和高品质农产品，越来越得到追求差别化和多样化消费需求的城市居民的青睐。

（二）“御粮田文化大米”的启示

“御粮田文化大米”对延边地区农村发展的启示如下：

第一，农村社会转型过程中，御粮田旅游产品开发有限公司这样的农民为主要经营体的农村企业要起到带头作用。单个农民的力量是有限的，但是有组织的农业经营主体之间的合作团体的力量是不能忽视的。“公司+农户”模式或“公司+合作社+农户”模式是农村地区6次产业化过程中比较普遍的发展模式和类型。

第二，农业作为第一产业，在农村6次产业化发展过程中发挥其自身的基础功能是最为重要的一环，农业的消亡直接导致农村社会的灭亡。农村在划时代

的大转型中，农业的基础性作用不容忽视，商品经济越发达、市场化和产业化发展越明显，农业和农村社会在国民经济中的地位越应受到重视，因为经济全球化和信息产业化发展的时代背景下，“粮食储备”将成为各国今后发展战略上的又一重点。

第三，提高农产品的附加值、实现农民收入的提高、改善农村地区面貌，实现农村地区第一、二、三产业“一体化”发展，形成“种植、加工、销售”为一体的农业生产产业链是关键。农产品的品牌化、农产品直卖场、土特产直销店、生态旅游观光业等都是农村6次产业化过程中可以借鉴并利用的好经验。

五、结语

经济全球化、信息化发展的时代背景下，农业·农村生存和发展的重点在于“绿色·环保”为主体的自然生态资源和历史文化资源的开发与保护，让农村不同于大城市的独特价值在现实生活中得到最大化。如果充分开发并保护好独具特色的延边朝鲜族历史文化资源，并以此为出发点和出彩点，把延边地区农业生产向第二、三产业延伸，通过第一、第二和第三产业相互融合，形成集生产、加工、销售和服务为一体的农村经济产业链，定能克服现阶段面临的诸多问题，把延边农村建设推向新高度。能够帮助延边地区农村实现从外生型逐步转向内外混合型发展模式，最终实现内生型发展模式。

参考文献：

[1]［澳］戴维·思罗斯比．潘飞，译．什么是文化资本［J］．马克思主义与现实，2004（1）．

[2] 岳富荣，刘文波，祝大伟．专业农场，搞活了延边农村［N］．人民日报（新农村周刊），2013-9-8.

[3] 冯树伟．我州专业农场总数达845家［N］．延边日报，2014-5-6.

[4] 夏炎，金松兰，沈万根．关于延边朝鲜族自治州农村贫困问题的成因分析．农业与技术，2014.

研究生论文

流走还是留守：朝鲜族农村女性在人口流动浪潮下的选择

——以延边朝鲜族自治州珲春市哈达门乡新兴村为例

范妍妍*

摘　要： 伴随着时代的发展，社会经济体制的变革，朝鲜族女性开始逐渐走出家庭，登上社会的舞台。改革开放以来，浩浩荡荡的人口流动大军从农村转战到城市，从内陆地区转战到沿海口岸，甚至跨境转战到国门之外。凭借着优越的语言优势和跨界民族的身份，朝鲜族人民开始了大规模的人口流动，其中朝鲜族女性在这场浪潮下的角色扮演不再仅仅局限于家庭，是留守还是流走，这项选择题充斥着每一个朝鲜族女性的脑海中。本文将以延边朝鲜族自治州珲春市哈达门乡新兴村为例，重点分析当前朝鲜族农村女性选择的现状，影响选择的因素，以及这种选择潜在的未来发展趋势。

关键词： 人口流动；朝鲜族女性；流走；留守

自改革开放之风吹遍祖国的大江南北，人口流动成为一种普遍的社会现象占据着人们的视野，作为现象中的主体——流动人口也备受各界人士关注。其中这场流动大军中的女性成员也因其在社会、经济、文化等各领域的参与度增加，社会地位的不断提升而成为不可忽视的团体。在我国的少数民族妇女流动中，朝鲜族女性因其独特的自身优势和同源异流①的历史背景，不仅具备少数民族女性流动的共性，还具有特性。本文以延边朝鲜族自治州珲春市哈达门乡新兴村为例，简要概述朝鲜族农村女性当前的流动现状和留守现状，进一步分析这两种选择背后的支撑因素及未来的发展趋势。

---

*作者简介：范妍妍，延边大学马克思主义理论与政策2016级硕士研究生，研究少数民族文化。

① 同源异流：本意指起始、发端相同而趋向、终结不同。这里指我国的朝鲜族是从朝鲜半岛迁入过来的，与现在的朝鲜、韩国属于同一个民族，但是其发展方向是不一样的。

一、流走：时代的召唤

进入20世纪90年代以来，经济全球化成为时代最强音。对我国来说，改革开放之后劳动力市场逐步形成，吸引着大批朝鲜族农民迈向劳动力市场，特别是1992年中韩建交之后。从调查的数据显示来看，尽管有部分朝鲜族女性选择留守家园，但比起流走的数量则黯然失色，时代的蓬勃发展召唤越来越多的年轻人走向新世界。

（一）现状——数据下的事实

随着市场经济的不断发展，少数民族地区的道路交通、信息渠道、生活条件也逐渐改善，农村开始出现了大量剩余的劳动力。此外，国外的就业前景乐观，高报酬、高福利等诱惑使朝鲜族妇女也走出了家门，走出了农村，加入流动人口的队伍中来。珲春市哈达门乡坐落于吉林省延边朝鲜族自治州珲春市东部15公里，属于山区、半山区地形，人口4028户12580人，其中农业人口9596人，是一个典型的汉、朝、满等几个民族聚居地。其中新兴村就是典型的朝鲜族村落，2017年全村总人口232人，实际现留村人口65人，在当地乡镇府和村委会的帮助下，我们对新兴村2005年以后的女性流动进行了数据统计，如表1所示。

表1　2005—2015年新兴村女性流动统计表

年份	2005年	2010年	2015年
总人口	212	219	221
女性总人口	105	104	103
女性流动人口	36	42	57

从表1中我们可以看出2005年至2015年期间新兴村的女性总人口数量一直处于递减的趋势，但是女性流动数量却在逐年增加，特别是2015年女性总人口中有55.3%是流动人口，其余的44.7%基本上属于丧失劳动力的人。

（二）流动——形式的多样化

1. 劳务输出

劳务输出是劳动力在空间流动的一种形式，就目前而言，延边地区的劳动力跨国流动具体表现形式为劳务输入和输出，其中国际劳务输出的主要方式为对外承包工程和对外劳务合作。朝鲜族的国际劳务输出在起步阶段时期发展并不明显，当时的延边州各地经济发展受限，人们对国际劳务输出的探索也并不深入。从1992年到1998年，这段时间是朝鲜族劳务输出的最佳发展阶段，许多劳务人员选择到韩国打工，他们将挣得的外汇存入银行带动延边地区的居民消费和存储金额。当延边地区的国际劳务形成规模时，此时的劳务输出人数已逐步稳定，每年人数的增加使劳务输出的市场更加壮大。在劳务输出的发展史上，不仅中韩两国有着广泛的合作输出关系，就连中国周边的许多国家也参与了进来，比如朝鲜、日本、俄罗斯等20多个国家。他们从事的行业也由最初简单的餐饮业、建筑业扩展到复杂的服装业、农副业、运输业、机械加工业等等。当然除了正规的签署合同的劳务输出之外，还存在着通过中介公司到韩国务工的人员。

2. 出国探亲

1984年中韩两国关系开始逐渐缓解，我国朝鲜族开始了到韩国的探亲之路。中韩建交后，探亲热潮急剧升温，在此过程中朝鲜族探亲人员发现了一条新的致富途径，即将携带的国内中草药高价售卖给韩国人。起初这些中草药和补品是作为礼物携带出国送给亲属的，后期因感受到两国之间的生活水平的巨大差异，加之汇率比较高，越来越多的人步入到以探亲、寻亲为由，增加收入为主要目的售卖的人口流动。朝鲜族在韩商人数量激增，随之而来的就是假药的风波，探亲热潮也因此而告一段落。探亲者为了能够在韩国挣得更多收入，部分人选择非法滞留，由药材商人的角色转变为打工者。

3. 跨国通婚

朝鲜族人口流动，女性扮演了先行者的角色。相比较于其他少数民族地区的女性，有其独特的特点。她们不单单是以劳务输出型流动，以婚姻迁移的方式流动也是其手段之一。我国的朝鲜族是一个跨界民族，独特的历史身份和语言条件使跨国流动成为一种可能，而朝鲜族女性比男性拥有一条更加便捷的途径——通婚。社会交流的扩大冲破了人们传统的婚姻观念，韩国人性化的福利条件，同属一个民族的认同意识，天壤之别的中韩收入差距催促着朝鲜族女性对跨国婚姻的向往。赴韩热潮始于1992年以后，由于赴韩朝鲜族人数的增多，出现了超期滞留等现象，韩国政府开始提高了准入门槛，这一时间段人们开始想方设法动用各种手段以实现赴韩目的。朝鲜族女性则自然而然地利用自身优势，和韩国人结婚拿到合法签证，以实现到韩国务工的目的。如表1，新兴村的57名外流女性中，有4名已和韩国男性结婚。自2007年韩国调整了政策之后，这种通婚的渠道不再成为主流，朝鲜族农村女性的流动更加崇尚向上流动，但是并不代表此种方式已经消失殆尽。

（三）缘由——多因素共同助力

1. 经济的“推力”和“拉力”

唐纳德·J·博格认为“迁移者受到原住地的推力或排斥力以及迁入地的拉力或吸引力交互作用”，这种理论被称为“推拉理论”。追逐利益是人的本质和天性，人们大规模地流入到发达地区其根本目的就是为了获得更高的经济收入，改善生活质量。经济的发展需要充足的劳动力，城市经济的二元结构及其内生的劳动力需求使人们产生了迁移的动机[①]。中韩建交的时间点正值韩国因国内劳动力费用的上升导致各产业竞争力下滑时期，为摆脱这一困境，韩国一方面想把劳动密集型产业转移到人力费用低廉的国家，另一方面想引进更为廉价的外籍劳动力。在城市和发达国家，那些工资待遇低、环境差的次要部门对本地居民没有吸引力，则不得不需要外地劳动力进行补充，这无疑是一种“拉力”。20世纪90年代的我国东北，经济发展相对滞后，国企改革步履维艰，农村存在大量剩余劳动力，也迫切需要转移劳动力。这种外因的“拉力”和内因的“推力”相互影响，把朝鲜族推向了国际劳动力市场。

个案一：崔女士（51岁）

我是2000年去的韩国，2006年回来的，在韩国饭店工作每天差不多12个小时，虽然累但是工资特别高，一个月能挣6000多块钱，你想几年前的6000块钱和现在可不是一个等级的。本来家里就没钱，只靠种地很难维持，还得供孩子上学呢，想干点什么也没有资金啊。

自身经济资本的薄弱、就业机会的增多、经济收入的悬殊、立竿见影的经济效益等，这一系列经济因素产生的“推拉力”，鼓舞了朝鲜族女性勇敢地走出去。

2. 社会地位提升和攀比心理

中华人民共和国成立前朝鲜族女性本没有什么地位可言，在封建礼教的束

① 迈克尔·皮奥里“二元劳动力市场理论”。

缚下扮演者贤妻良母的角色，中华人民共和国成立后她们同男人一样争取到了选举权与被选举权，国家也制定了《中华人民共和国妇女权益保障法》等男女平等、同工同酬的一系列法律，政治上的保障为朝鲜族女性地位的提升提供了一个基石。改革开放后，朝鲜族农村女性凭借着勤劳、能吃苦、不屈不挠的特点，先后在政治、经济、文化方面取得了显著的成就，可以说朝鲜族女性的地位发生了翻天覆地的变化。个案四中崔女士的老公现在在家里开始承担了部分家务劳动，他自己也坦言老婆挣的钱比自己多，思想观念变化了，再也不是做甩手掌柜的时代了。

据调查发现，留守的朝鲜族女性并不是完全与外界隔绝的状态，她们的家人不仅寄回来了钱，还包括各种商品、信息甚至是文化和消费观念。在农村，当第一个“万元户”出现的时候，多少人羡慕得红了眼。村里女性偶尔会彼此谈论家里的谁谁带回来了多么漂亮的服饰，挣了多少钱，大城市有多么的热闹繁华，传呼机或是手机这种高科技产物有多么的炫酷，并不时地炫耀一番。在这个范围有限的地区，对外界的憧憬和追赶潮流的攀比心理已经再也无法抑制住那颗蠢蠢欲动的心，渐渐地将她们从农村抽离。

3. 自我向上的理想

抛开外界的客观因素，朝鲜族农村女性的自身变化在选择流走这一决定上就是一剂催化剂，加速了进程，加快了效果。尼采说过：“聪明的人只要能认识自己，便什么都不会失去。”生理学家和心理学家用大量事实证明在生理结构上女性具有更强的生命力，比男性拥有更强的耐受力；在心理结构上女性比男性更富有爱心，对待事情细腻认真，善于倾听，当然这些曾一度被认为是女性的缺点，但其在某种程度却是优点。朝鲜族历来是个重视教育的民族，朝鲜族女性在接受教育的这条路上一直不懈追求着，她们通过自身的学习和看到周围人在思想精神上的焕然一新，逐渐认识到与外界加强沟通和联系才是跟上时代步伐的主旋律。改革开放为朝鲜族农村女性提供了发展的空间，由被动型、依赖型、满足型转变为主体型、奋斗型、自主型，努力实现自我价值，在社会中立足的自我向上理想是新时代朝鲜族女性的追求。

个案二：高女士（33岁）：

我2008年毕业于吉林财经大学，毕业后直接去了青岛工作，从来没有想过回来的问题，大城市的发展前景更广阔，我不想让自己所学的知识荒废掉，做个新时代的女性很好，事实上也证明了我当初选择的正确性。

思想态度的转变，自我意识的觉醒，无所畏惧地迎接社会上未知的风险，认为世界不再仅仅是男人的战场，这一切的想法都标志着朝鲜族农村女性在自我向上的路上会越走越远。

二、留守：权衡后的抉择

人口流动的浪潮席卷着每一个朝鲜族村落的同时，仍有一部分人员选择留守在养育自己的这一方净土，当然在这些留守人员中女性占据着很大一部分，如表2所示。

表2：2005—2015年新兴村留守女性频率表

年份	2005年	2010年	2015年
留守总人口	103	100	98
留守女性总人口	69	62	46

从表2中我们可以看出朝鲜族女性是留守人群中的主体，但是近年来农村女性留守的数量呈现出递减的趋势，则表明有越来越多的朝鲜族农村女性选择外出。

（一）客观因素

1. 家庭责任的牵绊

女性和家庭之间有着不解之缘，而家务劳动又是一件琐碎、耗时的事情。据《第二期中国妇女社会地位抽样调查主要数据报告》统计数据显示，与1990年相比，男女两性每天用于家务劳动的时间均有不同，而且程度降低，但是由女性为主承担家务劳动的格局仍未改变。家庭日常做饭、洗衣服、打扫卫生等家务劳动85%以上由女性承担，每天用于家务劳动时间长达4小时14分，比男性多2小时41分钟。由此可见繁重的家务劳动已经占据了女性的大部分时间，她们没有过多的精力去应对其他事情。在朝鲜族农村许多家庭，家务劳动仍是女人的专利。除此之外朝鲜族农村女性还有承担着照顾子女、赡养老人的职责。人口流动导致的家庭结构也发生着明显变化，这一点在朝鲜族农村地区尤为常见，基本上每家每户至少有一人外出打工，那么就需要有人留下来承担家庭的责任，维系家庭的稳定，这个时候朝鲜族女性就顾全大局、权衡轻重，做出了自我牺牲的选择——留守。

个案三：张女士（42岁）：

本来我也想和老公一起去韩国的，但是家里面有两个孩子，那个时候大女儿上高中，小儿子才上幼儿园，想走也走不开呀，我就只好留下来照顾孩子和公公婆婆。现在女儿在上大学，儿子在上小学，还是走不了。如果出去了，我也不放心，还是以家庭为重吧。

2. 传统观念的束缚

从追寻人类的历史记忆开始，传统社会的性别观念是以父权制为中心的等级制建立起来的，主要核心观念有“男尊女卑”“未嫁从父，既嫁从夫，夫死从子”“女子无才便是德”和“男主外女主内”等封建思想。在朝鲜族社会中，男人通常被认定为勇敢、独立、坚强的象征，而女人则是软弱、体贴、依赖的代名词。人们认为女人天生的职责就是相夫教子、操持家务，挣钱和社交活动似乎永远和女人联系不到一起去，“朝鲜族大男子主义”就这样祖祖辈辈影响了一代又一代人，根深蒂固。

个案四：村子里的李女士（66岁）：

我们那个时候是家里的老人和丈夫不允许女人出去挣钱的，更别提跑到那么远的地方了，也没有什么地位，反正大家都是这么过日子的，外面的事就交给男人好了。

其实在走访中我们能深切地感受到她们的内心也曾经渴望走出家门，感受外面的世界的，无奈传统观念还束缚着部分人的思想，同时代的影响也更加容易使人随波逐流，即便是现在朝鲜族农村女性的地位有了极大的提升，人们对性别的认识也更加清晰了，但是毕竟那些被旧思想包围的妇女如今的年龄也不允许了，心有余而力不足。

（二）主观因素

1. 自身能力素质的限制

恩格斯曾把人的心理活动誉为“地球上最美的花朵”，而女性的心理活动则是花中之冠。女性的心理特征最突出表现就是比男性更细腻、敏感，“女人心海底针”的说法大概就是这个意思吧。延边州朝鲜族聚居地位于祖国边境地区，曾经的交通闭塞使这里与祖国其他内陆城市的交流并不是十分快捷迅速，人们往往对少数民族的认知存在片面或者狭隘的理解，在一定程度上影响着少数民族自我认知能力。自卑心理和依赖心理就像是一个毒瘤阻碍着女性的进步和发展。汉语能力水平的高低直接影响走入国内其他城市以后的适应程度，虽然去韩国务工使用的是民族语言，但因地域的隔阂和价值观的不同，交流起来还是有很多障碍，正所谓“十里不同乡，百里不同音”。外来务工者身份带来了自卑感，陌生环境的恐惧感，强大的功能负荷以及背井离乡的失落感一次次考验着朝鲜族农村女性的心理承受能力，自身能力素质低下的主观因素让留守成了最佳选择。因为她们不必承担任何心理风险，像往常一样安静地生活，还能收到亲人在外面的汇款改善生活条件。

个案五：李女士（66岁）：

我是从附近的村子嫁过来的，可以说从小就没有离开过这个地方，突然之间让我到外面去打工我害怕，老公说让我跟他一起去，我怕我干不好，身边也没有亲戚朋友，留在家里挺好的。

由此可以看出，离开原居住地去融入一个新的环境，重新建立社会网络对朝鲜族女性来说，特别是对已婚妇女来说更加具有挑战性。

2. 自主创业，实现价值

留守并不意味着无所事事，不思进取，相反，朝鲜族女性更加勤劳，耐吃苦。纵观朝鲜族的人口流动，女性比例远远大于男性。村内留守的朝鲜族女性一方面承担着家庭责任，另一方面积极探索新的创收模式，农业生产已经不能满足人们的生活需求，养殖户开始出现。她们利用亲属的汇款，一家出资或者几家合资购买小牛并养殖，建造牛舍，流动放养，养牛所得的收入投入到新的养殖中或者其他项目。通过走访发现，有不少女性选择在城市里创业，开设餐馆、服装店等。

个案六：张女士（42岁）：

留在家里没什么不好的，前几年用老公寄回来的钱买了几头牛，公公婆婆没事帮着养牛。现在他们年纪大了，我自己忙不过来就不养牛了，想用这些年攒下来的钱开个韩餐馆。这个时代和以前不一样了，女人也能有自己的事业，身边的其他朋友干得都很不错。

三、对策：打造双向流动平台

根据目前笔者对朝鲜族农村女性的留守和流走的现状调查来看，任何事物的发展都具有两面性，人口流动在带来经济增长的同时也会带来一定的负效应，例如留守儿童的教育问题、空巢老人的抚养问题、边疆地区的和谐稳定等等。

（一）因地制宜，整合资源

人口的流动问题追根溯源是经济问题，因此如何提高居民收入，发展经济是当地政府的首要出发点。延边朝鲜族自治州位于我国的吉林省东部，地处中、俄、朝三国交界地带，地理位置优越，拥有独特的自然和人文景观，悠久的历史文化和浓厚的民族文化传统使延边地区在改革开放的春风下迸发强劲的势头。“一带一路”倡议部署使延边的经济发展更上一个新高度，把握好经济全球化和区域经济一体化时代潮流，积极拓展与周边国家的合作关系，适当地调整产业结构，充分发挥口岸优势，将食品业、旅游业等第三产业做大做强。同时增加岗位利用率，采取相应的优惠政策鼓励留守妇女自主创业或再就业，积极鼓励外来务工人员返乡经商，一方面使她们能够不必远走他乡就能丰衣足食，另一方面也提高了当地财政收入。

加快朝鲜族农村的经济发展，要根据每个村落的资源状况、经济收入，因地制宜形成特色产业，例如珲春市哈达门乡新兴村盛产无花果和奇异果等农产品，再结合朝鲜族特色村落建设和采摘园的概念发展出一条旅游线路不是没有可能。或者政府利用与韩国的亲属关系，招商引资，经办企业，利用村内剩余劳动力将特色农产品加工出口到国外，开辟一新的道路。朝鲜族人口流动存在长期性，仅仅依靠回流无法满足生产发展的需求，因此可将城镇中富裕的人员扩充到农村队伍中来，利用政策来吸引更多有才能的人员投入到现代化农业生产中来，切实解决因人口空洞而导致发展缓慢的现象。

（二）储备人才，完善政策

人口的流动带来了人才短缺的问题，要打破以往常规的人才任用制度，在农村外出打工人员和退役军人中挑选年轻有能力的“土专家”“田秀才”补充后备人才库。调整相关政策使其更加具有可操作性，打造跨国流动返乡创业平台，将市场信息和工作行情及时传递给广大创业人员，也可以通过咨询热线或者网页推送的方式提供相关创业技术。提高政府效能，简化复杂手续的办理，在保证合法的简化过程中，降低办理手续的时间和成本，以促进更多资金注入和企业加盟。

针对人口流动而引发的农村空洞化、生育率低下、“空巢”老人、民族教育等一系列社会问题，朝鲜族农村地区的主管党政部门和朝鲜族社会的有关团体和各界人士应全力配合，发展地方农村经济，鼓励适龄青年生育二胎，保证农村朝鲜族学校生源，创建养老保障机制等等。同时对于边外人民和我国居民非法通婚及所生子女给予适当的特殊照顾，放宽政策，落实户口。现如今非法所生子女的“黑户”身份使其在教育、医疗、就业等问题上面临着困难和挫折，这难免会成为潜在的社会危险。

总之，我们在应对朝鲜族农村女性流走还是留守的问题上要正确引导，从而使朝鲜族跟上社会主义经济的步伐，既保持民族性又具有时代性。朝鲜族农村女性一定要成为树，而不能是根藤。即使是一棵小树，它也是独立的，不像藤，哪怕是一根缠绕参天大树的祖藤，也总要依附于大树。

参考文献：

[1] 段成荣，迟松剑．我国少数民族流动人口状况研究 [J]．人口学刊，2011（3）．

[2] 王慧敏．延边地区朝鲜族女性人口迁移的影响因素分析．

[3] 姜善，朴今海．朝鲜族农村妇女流动及其社会影响 [J]．满族研究，2011（3）．

[4] 刘伟江，丁一．延边朝鲜族地区女性劳动力流动与留守研究 [J]．西北人，2015（2）．

[5] 朴今海，王春荣．流动的困惑——朝鲜族跨国流动与边疆地区社会稳定 [J]．中南民族大学学报，2015（2）．

[6] 金才平．延边劳务输出现状与对策研究．2014.

[7] 李梅花．中韩建交以来朝鲜族跨界迁移与发展研究评述 [J]．北方民族大学学报，2012（5）．

少数民族传统村落发展路径研究
——以延边水南村、百年部落、金达莱村为例

殷方舟*

摘 要：近几年，民俗文化旅游的不断开展也带动了延边民族村落的发展，但是，很多传统村落的历史价值和文化内涵并未被人们所熟知，村落也并没有真正发挥文化传承和保护的功能。鉴于此，本文选取延边地区3个各具特色的传统村落，通过对其发展路径的比较，进一步探析现阶段少数民族村落在文化传承和保护中存在的问题。

关键词：朝鲜族；传统村落；民俗旅游；文化传承

一、研究背景与问题的提出

中国是传统农业大国，数千年农耕文明孕育了中华民族博大精深的传统文化。村落是人们从事农耕生产和开展农耕活动的基本单元，也是传统文化的根基所在，是传承传统文化的重要载体①。同时，我国传统民族村落保留着多种多样、丰富多彩的少数民族文化，也承载了中国的乡土文化、农耕文明。不同的少数民族村落承载了各具特色的文化遗产，蕴含着丰富的文化资源，是地域特色文化鲜活的标本，也展现了特色文化的独特魅力②。2012年下发的《中共中央国务院关于加快发展现代农业活力的若干意见》中强调："制定专门规划，启动专项工程，加大力度保护有历史文化价值和民族、地域元素的传统村落和民居。"这是传统村落概念第一次出现在党和国家的重要文件中。保护传统村落之所以能够得到如此高的重视，就在于传统村落拥有深刻的文化内涵，承载着农

---

*作者简介：殷方舟，女，在读硕士，延边大学人文社会科学学院，研究方向为民族学。

① 鲁可荣，金菁．基于文化自觉的传统村落文化传承路径分析——以月山村为例［J］．福建农林大学学报（哲学社会科学版），2016（3）：6-13.

② 丁智才．新型城镇化背景下传统村落特色文化的保护与传承——基于缸瓦窑村的考察［J］．中国海洋大学学报（社会科学版），2014（6）：93-98.

耕文明，事关传承文脉、实现中华民族的伟大复兴。

少数民族村落因其所处的环境和文化的独特魅力显得更为珍贵稀有，更加值得我们去重视和研究。然而，当代很多传统少数民族村落正面临重重困难，失去了原有的文化特色，并直接影响了民族文化的传承和保护。少数民族地区经济发展处于相对滞后的状态，是各级政府精准脱贫的主战场。就广大少数民族地区而言，特色村落是脱贫攻坚的重要战场。在特色村落的脱贫攻坚过程中，民族文化将会充分发挥积极作用，特色村落也会起到带动和示范作用。建设好少数民族村落，让村民尽快致富，对加快民族地区的整体脱贫有着重要意义。在这种情况下，对于少数民族村落而言，传统文化保护与村落经济发展成为同等重要的两个方面。保护是为了保护人类共有的自然文化遗产，而发展则是当地民众的迫切需求以及构建和谐社会的必然选择。如何实现保护和发展，成为许多少数民族村落的首要问题。

近年来，随着“民俗文化游”“乡村游”的兴起，旅游业成为破解这一难题的手段，并在少数民族村落的保护与发展中扮演着重要角色[①]。随着国家对民族开发力度的加大、可进入性的增强，民族文化旅游已经成为旅游开发中的重要组成部分[②]。由此，旅游成为很多民族村落谋求发展的主要路径之一。不可否认的是，旅游对于少数民族地区的经济发展起到了积极作用，但基于旅游开发的功利性也造成了一些问题，一些迎合游客心态而造成的民族文化表面化行为阻碍了少数民族文化的传承和保护[③]。另外，在全球化、现代化的冲击下，少数民族村落传统文化的生存环境也饱受影响。

延边朝鲜族自治州位于吉林省东部，是我国最大的朝鲜族聚居区。在100多年的迁入、开发历程中，朝鲜族人民不仅保存了传统的民族文化，也在不断吸收其他民族优秀文化的同时创造了特色的地域文化。延边特殊的地理位置，使不同的经济形态、不同的文化在这里碰撞、融合，留下了丰富的文化遗产和文物古迹，形成了具有地方特色的特殊文化内涵[④]，也使延边成为朝鲜族民俗旅游资源集中分布地。朝鲜族传统村落所承载的非物质文化丰富多彩，其民族服

---

① 周政旭．旅游先导发展与民族文化自觉——贵州少数民族村落保护发展思考［J］．小城镇建设，2012（2）：98-104.

② 孙永龙，王生鹏．民族村落文化的旅游价值及开发利用［J］．资源开发与市场，2015（3）：375-377.

③ 周政旭．旅游先导发展与民族文化自觉——贵州少数民族村落保护发展思考［J］．小城镇设，2012（2）：98-104.

④ 李峰．延边旅游资源的开发与朝鲜族传统文化的传承［D］．延边大学，2010.

饰、语言文化、饮食习惯、建筑艺术以及风俗习惯等构成了独具特色的传统文化体系。2014年9月23日，国家民委发布《关于命名首批中国少数民族特色村寨的通知》，全国共有340个村寨被作为首批“中国少数民族特色村寨”予以命名挂牌，其中包含延边地区的白龙村、防川村、金达莱村、茶条村、奶头山村。2017年3月3日，在国家民委发布的《关于命名第二批中国少数民族特色村寨的通知》中，延边地区的春兴村、河龙村、水南村、孟岭村、密江村、仁化村、光东村、红旗村也都名列其中。近几年，民俗文化旅游的不断开展也带动了延边民族村落的发展，但很多传统村落的历史价值和文化内涵并未被人们所熟知，村落也并没有真正发挥文化传承和保护的功能。鉴于此，本文选取延边地区3个各具特色的传统村落，通过对其发展路径的比较，进一步探析现阶段少数民族村落在文化传承和保护中存在的问题。

二、朝鲜族特色村寨发展模式及其困境

（一）三个特色朝鲜族村寨

水南村，位于图们市石岘镇，距图们市区约7公里，全村面积25.54平方公里。水南村是典型的朝鲜族聚居村，全村分为4个自然屯，总户数254户，总人口672人。水南村先后获得国家级传统村落、吉林省文明村、吉林省旅游名村、省新农村先进单位、省级美丽乡村、延边十佳美丽乡村称号。在这里，曾举办过全国朝鲜族象棋研讨会，“晴开地”古村落座谈会等大型文化研讨活动。

百年部落，位于图们市月晴镇白龙村，白龙村距离图们市区18.5公里，东临图们江，与朝鲜民主主义人民共和国隔江相望，西、南与延吉市、龙井市相邻。白龙村是典型的朝鲜族聚居村，全村户籍人口从建村至今一直都是朝鲜族，是延边朝鲜族自治州两个国家级传统村落之一[①]。1887—1890年，朝鲜族人朴如根历时3年，在白龙村建造了一座朝鲜族式老宅。2005年，从韩国劳务归来的金京南及其家人修缮了这座百年老宅，并以此为中心，收购了古物、修建古屋、草房、展览馆、餐馆，建造了百年部落。2010年9月16日，百年部落正式揭牌对外开放。

金达莱村，位于和龙市西城镇，距离和龙市区21公里，至今已经有100多

① 吕静，张浩．吉林省朝鲜族传统村落保护策略探究——以月晴镇白龙村为例［J］．绿色环保建材，2016（11）：234-235.

年历史，是延边地区为数不多的大部分由朝鲜族构成的村落，因而保持了较为完整的朝鲜族生活习俗、文化传统等[①]。金达莱民俗村是2010年水灾后全部按照朝鲜族特色房屋重新建造的村落，现有人口511户1322人，其中朝鲜族占96%。重建以来，先后建设了房屋120余座，其中农家旅馆88家，兴建了朝鲜族地窖辣白菜文化体验园、金达莱村旅游服务接待中心、金达莱花卉园等项目。目前，金达莱村已由传统的种植业转型为以民俗旅游、田园观光、农家旅馆等为一体的新农村旅游产业。金达莱村先后被评为"全国少数民族特色村寨""全国休闲农业与乡村旅游示范点""中国十佳最有魅力休闲乡村""中国美丽田园""全国文明村"、国家AAA级旅游景区和吉林省AAAAA级乡村旅游经营单位。

（二）朝鲜族村落发展模式

1. 明确定位、旅游开发

水南村、百年部落和金达莱村，都是对当地的朝鲜族文化进行开发，打造特色村落、美丽乡村，通过民族建筑、节庆娱乐、传统风俗以及饮食等多方面展示民俗风情，凭借民俗旅游的方式传承和保护民族文化。但是，这3个村落的发展在主导模式和开发方式上存在差异。

水南村是由村党支部主导进行管理，政府引导开发为辅。首先，政府组织完善了村落基础设施，带动村民开发朝鲜族特色民俗旅游，充分发挥了村民的主观能动性。例如，水南村党支部筹集资金，先后累计投入980余万元，实施了农房修葺、排水沟改造、村居环境美化等民心工程，解决了道路硬化、小河流域治理、农田水利灌溉、人畜饮水等老大难问题，种植各色花卉、修建艺术栅栏、民俗彩绘围墙和民俗文化广场。另外，水南村还组织民俗文艺表演队伍，组织圆鼓舞队、象棋协会等10余个朝鲜族民俗文化组织，开展朝鲜族民俗娱乐竞技、民俗礼仪活动。该村秉承"有文化的村，有未来"的发展理念，成功举办了全国朝鲜族象棋研讨会等文化活动，积极地宣传朝鲜族村落的特色文化，也吸引了国内外大量的游客前来观光。

"百年部落"是以个人管理和开发为主，由从韩国劳务归来的金京男及其家人建造。金京南一家人修缮百年老宅，并以此为核心，修建草房、展览馆、餐馆，自主经营和开发村落民俗旅游。由于资金管理问题，百年部落的经营人正在筹划开办图们市民俗文化旅游有限公司，打造集民俗饮食、农耕生活、民俗

---

① 韩春龙. 延边地区民族村落发展研究［D］. 延边大学，2016.

表演娱乐为一体的农家乐旅游区。在这里，游客不仅可以体验到丰富多彩的农家乐活动，还可以观赏到朝鲜族原生态的农乐舞等。

金达莱民俗村是和龙市政府主导管理和开发的，政府集投资筹资、规划开发于一身，主导村落的发展方向。同时，和龙市政府指定商贸公司进行具体的经营和管理，公司提供人力、技术的投入和支持，充分整合村落的各项资源，结合地理位置和人文环境，将金达莱村打造成以休闲观光、餐饮娱乐为主的朝鲜族特色旅游度假村。近几年，和龙市政府将新建的民俗园、花卉园交付和龙的商贸公司进行旅游开发①。金达莱村依托朝鲜族民俗文化资源，开发民俗旅游项目，开办朝鲜族特色餐馆、家庭旅馆、民俗展览馆，建设民俗表演中心，演出欢快的歌舞和传统的朝鲜族婚礼，人们可以尽情地欣赏并参与其中，与朝鲜族同胞互动和交流，充分体验朝鲜族民俗风情。

2. 突出特色、品牌打造

3个村落的开发都是结合地理位置、实际发展情况，突出村落自身的特色，打造民俗旅游的品牌。但是，由于各个村落的历史背景、地理位置不同，其主打的特色和品牌也不同。

水南村所在地石岘镇具有光荣的革命传统，早在1927年至1932年，石岘镇人民在中国共产党汪清县第五区委员会的领导下，在凤梧沟一带开辟了游击根据地，开展了抗日游击斗争，立下了不可磨灭的功绩。借此，水南村致力于打造红色文化阵地，申报了国家级传统村落保护工程，争取到资金470万元，建成了水南村“凤梧洞抗日斗争战迹地遗址”“村史展示厅”“民俗大院”等，充分展示水南村的红色历史沿革、民族村落文化和民俗风情。

百年部落的特色品牌主要体现在朝鲜族传统建筑文化。在百年部落，我们可以看到13座风格各异、用途别样的朝鲜族房屋，供游客参观居住。“百年老宅”，是“百年部落”中最古老的一座民居，是典型的朝鲜族风格房屋，保留着较为原生态的民居特点，其外观舒展、平稳、亲切，为东北亚地区所罕见。百年部落凭借百年老宅独特传统的朝鲜族建筑文化吸引了大量游客。

金达莱民俗村计划将整个村庄划分为历史、民俗、生态、文化四个主题，打造成为名副其实的中国朝鲜族民俗第一村。另外，还积极利用渤海国中京显德府遗址、车厂子抗日红色旅游资源，来着力体现朝鲜族的历史文化和民俗风情。金达莱村最大的特色是和龙市政府主导的金达莱文化旅游节，主要开展金达莱花为主题的大型朝鲜族民俗文化活动。从2006年开办第一届金达莱文化旅

① 韩春龙．延边地区民族村落发展研究［D］．延边大学，2016.

游节，直到2017年共举办了9届。在2017年第九届长白山金达莱国际文化旅游节，联合了分会场光东朝鲜族民俗村、城南村、青龙渔业生态旅游园区以及和龙市各个景点，竭力打造最美中朝边境线。

（三）发展困境

1. 主体缺失。自1992年中韩建交以来，大量韩资企业入驻我国沿海城市。成千上万的朝鲜族借助语言和文化的显著优势流动到沿海城市，而更多的朝鲜族向韩国、日本、美国等发达国家和地区流动。由于同源同族，加上中韩两国收入悬殊，韩国成为朝鲜族出国劳务的首选。随着韩国政府访问就业制度的出台，延边地区朝鲜族跨国流动的规模也随之扩大。在延边农村，越来越多的青壮年选择去大城市或者国外劳务，留在村落中的常住人口越来越少。通过对3个村落的调查发现，水南村由原来的254户672人减少为现在的常住人口61户103人，青壮年人口比例非常少，村里甚至没有多少孩子，村民大都搬到图们市居住，孩子们也都安排在图们市上学，村里常住人口基本上都是六七十岁的老人。在对百年部落的管理者进行访谈的过程中，我们发现，参与村落的管理人员基本上都是年老的村民。百年部落的管理者告诉我们，以往百年部落组织表演活动只能去附近的白龙村请一些六七十岁的老人，但随着年迈老人的增多，村落表演跳舞和民俗活动的人不容易找到。村落的空心化使少数民族村落失去了生活气息和人气，即使有再多的特色、古老建筑，有再多的珍贵历史价值，也失去了少数民族文化传承和保护的意义。

2. 专业人才缺乏。人口流失也造成少数民族村落缺乏专业、科学的管理人才。在对百年部落进行调查的过程中，发现管理层次人员稀少且不具备专业的能力。访谈时，管理者反映，现在即使有一些管理资金，他和儿子也没有那么多的能力和精力进行详细的规划和管理。实现村落的可持续发展，更好地保护和传承少数民族文化，还需要更多专业人才的支持。

3. 模式单一。不同少数民族村落的发展模式趋同，也是现阶段存在的突出问题。很多少数民族村落，虽然立足少数民族文化旅游的定位，但是文化保护与传承的理念却十分落后，仅仅组织一些浅层次的“参观式”“体验式”模式，民族文化只是作为其中的展览品展示给旅游者。在这个过程中，很多少数民族村落的发展模式较为单一、僵化，并没有体现各自的特色和优势。为了满足旅游者的需求，村落规整、村落建造，外表的光鲜亮丽带来了统一与规范，但是也造成了传统建筑的破坏与消失。在调查过程中，一些游客反映，村落缺乏少数民族的生活气息。在水南村发展模式中，游客可以选择参与到村民的家庭中，可以与少数民族村民吃、住在一起。百年部落和金达莱民俗村是类似旅馆的居住模式，很多游客反映，他们没有体验到特色的日常生活活动。

三、对策及建议

1. “引人归土、留人居乡”。朝鲜族村落在文化传承和保护上所存在的问题，很大程度上归因于当地人口的流失。因此，扭转困境的首要举措就是“引人归土、留人居乡”，最终目标是重建乡土繁荣，实现朝鲜族传统文化的复兴和可持续发展①。政府应当出台鼓励外流人口返乡创业的扶助性政策，实现朝鲜族村落传统文化的可持续传承，吸引人口回流。人口回流的突破口在于经济吸引。对返乡创业人才帮扶政策的出台和完善，不仅可以推动人口回流，而且可以为朝鲜族文化传承和保护提供智力支持，推动少数民族地区的经济发展。

2. 政府加大对村落发展的资金支持。经济支持是民族文化传承和保护的重要基础，可以加快扶贫开发的步伐，改变少数民族村落发展缓慢的现状。加快少数民族地区第二、第三产业的发展步伐，扩大本地就业，大力发展农村产业经营和当地乡镇企业，积极引导少数民族村落的村民创业，减少人口流失，从而更好地推动村民在少数民族文化传承和保护中的主体作用②。

3. 挖掘少数民族文化内涵，凝练村落文化主题，体现不同的地域特色。民族村落的开发，应当保持民族村落的特色，保持浓郁和真实的少数民族传统文化，增强旅游魅力。在对村落进行民俗旅游开发过程中，要对各个村落所具有的传统文化资源进行调查，对可以挖掘利用的文化资源进行内涵化，进而准确把握相应的文化主题、品牌，从实际出发，扬长避短，整合资源，带动民族村落的快速、全面、可持续发展，避免千篇一律的村落发展模式③。深入挖掘民族文化内涵，增强少数民族村落的竞争力，打造少数民族村落的文化品牌，不仅可以增强少数民族村落旅游的吸引力，提高市场竞争力，也有利于少数民族文化的传承和保护。

4. 开拓边境风光旅游产品。延边州作为边境地区，口岸、边境沿线、图们江沿岸风光以及历史遗留下来的各种遗址都是可以开发的旅游资源。村落旅游开发可以同边境旅游充分结合，组织联合的旅游线路、丰富民俗旅游的产品内

---

① 朴丽娜. 人口流动视域下朝鲜族农村地区传统文化传承研究［D］. 延边大学，2016.

② 张亮. 黔东南民族村落社会发展的有效途径［D］. 西北农林科技大学，2012.

③ 朴丽娜. 人口流动视域下朝鲜族农村地区传统文化传承研究［D］. 延边大学，2016.

容。同时，村落可以充分利用现有的历史遗迹，建造博物馆、展览馆，配合相关的特色商品、民俗食品，提高村落旅游的品质与形象。

参考文献：

[1] 鲁可荣，金菁．基于文化自觉的传统村落文化传承路径分析——以月山村为例［J］．福建农林大学学报（哲学社会科学版），2016（3）．

[2] 丁智才．新型城镇化背景下传统村落特色文化的保护与传承——基于缸瓦窑村的考察［J］．中国海洋大学学报（社会科学版），2014（6）．

[3] 周政旭．旅游先导发展与民族文化自觉——贵州少数民族村落保护发展思考［J］．小城镇建设，2012（2）．

[4] 孙永龙，王生鹏．民族村落文化的旅游价值及开发利用［J］．资源开发与市场，2015（3）．

[5] 李峰．延边旅游资源的开发与朝鲜族传统文化的传承［D］．延边大学，2010.

[6] 吕静，张浩．吉林省朝鲜族传统村落保护策略探究——以月晴镇白龙村为例［J］．绿色环保建材，2016（11）．

[7] 韩春龙．延边地区民族村落发展研究［D］．延边大学，2016.

[8] 张亮．黔东南民族村落社会发展的有效途径［D］．西北农林科技大学，2012.

[9] 朴丽娜．人口流动视域下朝鲜族农村地区传统文化传承研究［D］．延边大学，2016.

试论延边地区侨情变化与侨务可持续发展前景及对策

孙云彤*

摘　要： 延边朝鲜族自治州作为东北地区的唯一一个重点侨乡，拥有众多侨胞侨眷，这些涉侨力量在延边地区的经济建设和社会发展中凸显了独特优势，也做出了重大贡献。同时延边地区侨务部门充分落实党的侨务政策，切实保障侨胞利益，不断提升侨务工作的管理和服务水平，体现出延边对侨胞群体的重视。本文在分析延边地区侨情现状的基础上，展现延边侨情变化与侨务工作发展在互动中呈现出的协同关系，指出延边地区侨力对社会建设的贡献，是推动侨务部门发展工作的重要动力，同时侨务工作的执行成效也会在很大程度上导致延边侨力资源的发挥。

关键词： 延边地区；华侨华人；归侨侨眷；侨务工作

延边朝鲜族自治州地处东北边疆近海地区，位于吉林省东部中朝边境，是我国最大的朝鲜族聚居区，同时也是国务院侨办确认的东北地区重点侨乡，是朝鲜归侨最集中的地方。近年来，延边地区广大侨胞侨眷利用其侨力优势，对当地的经济建设和社会发展产生巨大推动力，同时其自身的事业也得到了发展，与延边乃至全国取得了双向的良性互动。这种局面的出现是多种因素促成的结果，其中延边地区侨务部门对党的侨务政策的落实和对地区侨务工作的谋划是非常重要的原因。

一、延边地区侨情现状

延边朝鲜族自治州是一个拥有众多华侨华人和归侨侨眷的地区，该地区的侨胞侨眷具有人数多、分布广、作用大的特点。

首先是人数多。谈及侨胞侨眷人口数量，就必须先明确侨胞侨眷的界定问

*作者简介：孙云彤，女，在读硕士，延边大学人文社会科学学院，研究方向为中国少数民族史。

题，对此我国相关法律法规早已有明确的阐释。《中华人民共和国归侨侨眷权益保护法》第二条规定："归侨是指回国定居的华侨；华侨是指定居在国外的中国公民；侨眷是指华侨、归侨在国内的眷属，包括华侨、归侨的配偶，父母，子女及其配偶，兄弟姐妹，祖父母、外祖父母，孙子女、外孙子女，以及同华侨、归侨有长期扶养关系的其他亲属。"[①]此外，《关于界定华侨外籍华人归侨侨眷身份的规定》规定，"外籍华人在中国境内的具有中国国籍的眷属视为侨眷"[②]。以这些规定为延边地区侨胞侨眷人口数量的鉴别原则，据有关部门统计，延边现有老归侨2923人，新华侨近40万人，其中华人537人[③]。延边的新华侨华人群体有如下几个特征：第一，朝鲜族居多，总人数的九成左右为朝鲜族；第二，出国方式主要为务工、留学、探亲等；第三，侨居地重点集中在东北亚和欧盟等地区，其中在韩人数占总数的75%左右[④]；第四，工作领域主要分布在服务业、餐饮业、建筑业、科研、贸易等行业。

其次是分布广。延边地区的新华侨华人分布在韩国、日本、俄罗斯、美国、新加坡、加拿大、澳大利亚、巴林、爱尔兰、德国、马来西亚、卢旺达等国家和地区，其中有大约30万的海外侨胞在韩国工作和生活，有5—6万在日本，俄罗斯近2万，欧美等其他地区2万左右[⑤]。归侨分布于延边地区各个县市，主要集中于延吉市、龙井市、和龙市等地（延吉市：1007人、龙井市：564人、和龙市402人、安图县340人、敦化市237人、图们市223人、珲春市108人、汪清县42人）[⑥]。

再次是作用大。很多海外侨胞和归侨侨眷经过在国外多年的创业发展和资本积累，拥有数量相当可观的资金，延边地区在一定程度上对其实现有效回流

---

① 引自《中华人民共和国归侨侨眷权益保护法》第二条。该法案于1990年9月7日第七届全国人民代表大会常务委员会第十五次会议通过，自1991年1月1日起施行，于2000年10月31日第九届全国人民代表大会常务委员会第十八次会议《关于修改〈中华人民共和国归侨侨眷权益保护法〉的决定》修正。

② 引自《关于界定华侨外籍华人归侨侨眷身份的规定》。2009年4月24日，国务院侨务办公室印发《国务院侨务办公室关于印发〈关于界定华侨外籍华人归侨侨眷身份的规定〉的通知》（国侨发［2009］5号）至各省、自治区、直辖市侨办，新疆生产建设兵团侨办，各副省级城市侨办。

③ 截至2017年7月，延边州归国华侨联合会统计数据结果。（延边州侨联资料室馆藏）

④ 同上。

⑤ 同上。

⑥ 引自《2014年8月延边州各县（市）五年工作汇报》。

和利用，进而加快延边的经济发展。因此，可以说侨胞侨眷是延边的独特优势和重要资源，对该地区政治、经济、文化方面的发展起到重要的作用。

二、延边地区侨力资源的贡献

延边地区部分涉侨力量根据自身实际状况，利用自己独特的优势和视角，通过积极参政议政、助力地区经济建设、促进中外文化交流等方式参与到延边地区的社会建设之中，融入当地社会，以主人翁的心态推动延边各方面的发展。

（一）助力延边经济发展

部分海外侨胞经过在国外多年的创业和发展，形成了资本积累，他们通过多种渠道参与延边州的经济建设。

首先，侨务部门通过招商，助推地方经济发展。延边地区秉持“立足国内，面向海外”的方针，加强与外地归侨、侨商和国外华侨、华人和侨商的联系，把招商引资工作寓于广泛的对外联谊活动之中。“图洽会”作为促进经济发展、广聚发展资源的重要载体，为广大国内外侨商来延边寻找商机、投资兴业提供服务。第十届“图洽会”期间，延边州侨联作为成员单位，通过中国侨商会邀请了国内知名客商80多人来到延边参加会议，并到县市参观考察[①]。2017年，新西兰安发国际控股集团董事局主席高益槐先生投资安发长白山生物科技园项目20亿元人民币。通过全州侨联组织和归侨侨眷的引荐介绍，州内有关单位与海外侨商、新华侨华人专业人士共签订引进人才、技术、资金项目10余个[②]。

其次，侨资侨属企业，带来了大量的就业机会。和龙市杨敏庆成立延边泰达建设集团，总投资额达1亿元人民币；延吉市王根平投资6000万元人民币成立天园房地产开发公司；延吉市于治海出资5000万元人民币，成立盛海贸易有限公司用于进出口贸易；汪清县薛秀云在农副产品加工业行业建成吉林省中华参加工有限公司，共投资1000万元；敦化市李洪发投资580万元人民币用于粮油食品加工行业，并成立敦化市广晟油脂生物科技有限公司[③]。除上述外，延边

① 延边朝鲜族自治州地方志编纂委员会．延边年鉴2015［M］．延边人民出版社，2015：122.

② 延边州归国华侨联合会提供数据，2017年7月。

③ 引自《全州侨资侨属企业汇总表》。

地区共有侨资侨属企业61户，其中固定资产超亿元的有2户，超千万元的有4户[①]。这些企业在为延边带来经济效益的同时，对城镇和农村劳动力的就业问题也提供了更多的出路，为政府分担就业压力。因此，充分挖掘侨胞侨眷的资金优势，吸引华侨华人回国进行投资创业，对加快延边经济发展的意义重大。

再次，归侨侨眷积极捐款捐物。在汶川地震、贫困归侨子女上学等慈善救助方面，延边广大归侨侨眷积极奉献爱心，累计捐款捐物折合人民币90多万元[②]。

最后，在海外形成资金积累后回国进行贸易。由于延边地区地处三国交界，本地居民去朝鲜和韩国、俄罗斯十分方便，同时朝鲜族在语言上也与朝鲜和韩国相通，因此相当一部分当地居民外出务工，在国外资金积累稳妥后再度回到家乡，这在一定程度上使延边形成了外向型经济的趋势。

（二）加速智力资源回归

根据国内外科学技术发展的形势和侨胞的具体特点，我国支持高层次高水平高技术人才走出国门在当地汲取知识、发挥才能、实现理想。同时基于血缘关系，虽然他们以个体的身份在海外发展，但是这也代表着中华民族对世界的贡献。我国政府关于留学的指导政策是“支持留学，鼓励回国，来去自由”，我国热情欢迎想要回国的留学人才。因为他们通过在海外的长期学习，掌握了大量所在国的科学技术信息和生产生活信息，熟悉了现代化企业的运行和管理模式，了解了国际学术动态和市场行情，并且拥有国际化的视野，这是我国现阶段发展中急需的复合型人才。延边地区也不例外，也需要这种人才来进行社会建设，因此延边地区的侨务工作非常重视招贤引智和智力资源的回流。近年来，随着祖国的强大，越来越多的高素质高技术高竞争力的华侨回国定居，并进入学界、商界甚至政界，利用自己的才能为延边的发展和提升做贡献，使得延边在教育、物流、金融、旅游等很多方面都有了新的建树。

（三）积极主动参政议政

一方面是延边地区侨界对社会建设的建言献策。延边各级侨界人大代表、

---

① 延边朝鲜族自治州地方志编纂委员会. 延边年鉴2015［M］. 延边人民出版社，2015：113.

② 李静. 凝聚侨心、汇集侨智、发挥侨力，为建设五个延边发挥独特作用. 延边州第五次归侨侨眷代表大会工作报告，2014-12-16.

政协委员紧紧围绕州委、州政府的中心工作，积极为地方经济建设和社会发展提供建议对策。据统计，2014年侨界代表共提出人大建议、政协提案340多件，内容涉及经济、科技、民生、教育、环保等各个方面，很多建议、提案受到有关部门的重视和采纳[①]。各级侨务部门也通过对议案、提案的督办落实，使广大侨胞的合法权益得到了有效维护，侨务工作的社会效益日益凸显。其中州侨联提出的《充分发挥新华侨、新移民的优势为我州经济建设服务》被州政协汇编到《政协委员建言献策》中。

另一方面是侨界人员在人大代表和政协委员队伍中的扩大。侨务部门把政治素质过硬、参政议政能力强、热心为侨服务的侨界优秀人才推荐到各级人大代表和政协委员队伍中来，从而进一步畅通反映侨界群众诉求渠道。2012年省州两级人大、政协换届，州侨联推荐省级人大代表1人，州人大代表7人、政协委员15人。全州现有县（市）级人大代表16人、政协委员81人[②]，充分保障了侨界的代表性和话语权，归侨侨眷和侨联组织在国家政治生活中的地位得到进一步提高。

（四）促使中外人民友好往来

侨胞侨眷是中国和平统一的积极力量，是中国走向世界的重要资源，是促进中外文化交流的使者。延边地区的新华侨华人分布在世界50多个国家和地区，一部分海外侨胞进入了当地的主流产业和主流社会，进入当地教育界、商界和政界，成为侨居国华侨华人中的重要力量，在进行民间友好往来中发挥着桥梁的作用。近年来，延边地区侨务部门以弘扬中华文化和朝鲜族民族文化为己任，大力开展海外联谊工作，以丰富的文化联谊活动凝聚和团结广大侨界群众。侨胞侨眷在联谊中以地缘、业缘、血缘为纽带，积极开展文化传播和交流活动，为增进与海外友好往来、传播中华优秀文化贡献力量。

三、延边地区侨务工作执行成效

侨务工作作为涉及外交和统战工作的重要工作，一直是党和政府极为重视

① 李静．凝聚侨心、汇集侨智、发挥侨力，为建设五个延边发挥独特作用．延边州第五次归侨侨眷代表大会工作报告，2014-12-16.

② 李静．凝聚侨心、汇集侨智、发挥侨力，为建设五个延边发挥独特作用．延边州第五次归侨侨眷代表大会工作报告，2014-12-16.

的关键一环。我国国家领导人的侨务思想和相关论述充分体现了对侨胞侨眷的关心和重视。面对其特殊地位和作用，我国在抗战初期就十分重视这股力量。1936年中国共产党在延安成立了海外工作领导小组，1940年9月，爱国归侨在陕甘宁根据地成立华侨救国委员会，也就是后来全国侨联的前身。这些侨务组织的主要任务，一方面是为了便于开展海外宣传活动，联络海内外华侨，并动员华侨参与中共领导的抗日民族统一战线，另一方面是为了鼓励华侨捐助侨资，并组织归侨支援边区建设。

新中国成立后，党和政府通过设立侨务机构和制定侨务政策来联络海外侨胞侨眷，使其在祖国建设中发挥作用。党的十一届三中全会以来，党的工作重心从政治建设转为经济建设，党的侨务政策也日趋完善，从邓小平为海外关系正名的“特殊机遇论”和“重大贡献论”，到江泽民的“优势论”和“资源论”，到胡锦涛的“凝聚人心”和“汇集侨智”理念，再到习近平的“根魂梦”和“中国梦”思想，党对侨力资源的认识进入了一个新的发展阶段。

秉持着落实党的侨务政策的理念，延边地区侨务部门从税务、教育、生育等方面维护侨胞权益，通过起草文件、筹集资金等方式帮扶困难归侨，利用联谊活动、侨心工程等手段促进价值认同，可以说延边地区侨务工作的执行成效为侨胞侨眷更快更好地回国奉献力量提供了支持。

（一）维护华侨权益，促进华侨回国创业

一方面搞好侨务工作以维护华侨利益。延边地区各级侨务部门以爱侨、为侨为宗旨，以《归侨侨眷权益保护法》为依据，主动维权，依法维权，不断完善维权机制，畅通信访渠道，为侨胞侨属协调解决了有关上学就业、医疗扶贫、房屋拆迁补偿、侨房政策落实、投资权益受损、人身财产权益被侵害等方面信访案件，有力地维护了侨界一方平安。2016年4月10日，为落实吉林省侨联“侨联系统法制宣传年”活动，邀请中共大连市委党校教授杨青山为侨务部门干部做专题讲座①。为保障侨胞侨属的合法权益，编写《涉侨法律服务手册》并发放给归侨侨眷。

另一方面发展侨务工作，为推动实体经济发展积极作为。围绕“返乡创业回引”工程，开展侨界“助新侨返乡创业”活动，下发《关于印发〈开展侨界“助创业”活动实施方案〉的通知》，要求各县市侨务部门切实做好牵线搭桥工

① 延边朝鲜族自治州地方志编纂委员会．延边年鉴2016［M］．延边人民出版社，2016：140.

作，积极引导海外侨胞关心、支持延边发展，吸引新侨返乡创业，拓宽招商引资渠道[①]；加大“筑巢引凤”工作力度，积极倡导在有条件的地方设立留学生创业园区和新侨创业示范基地建设；鼓励引导归侨侨眷和海外侨胞宣传延边朝鲜族自治州改革发展取得的伟大成就，不断提升延边朝鲜族自治州在海外的知名度和影响力。

（二）帮扶难侨群体，提供社会保障

难侨属于现代社会中的弱势群体，他们的生活通常很难维持。对此党和国家高度重视，采取了一系列扶贫帮困措施。主要体现在，一是建立最低生活保障制度，将符合低保条件及有特殊困难的归侨纳入低保范围，给予相应的生活补贴与救助；二是将符合条件的农村散居归侨和侨眷纳入当地的扶贫项目中；三是切实帮助城镇贫困归侨和侨眷职工实现就业与再就业。

延边地区困难归侨人数众多，主要原因有：第一，历史原因。延边归侨大多数为20世纪五六十年代从朝鲜回国定居的人员，这些归侨是由于朝鲜战争和我国“文化大革命”等原因大批回国。大部分没有正常手续，家产也没能带回来。难侨还有老龄化的特点，多数无专业特长，自主创业的基础比较差，致使生活长期处于困难之中。第二，下岗失业。近年来，延边归侨中下岗失业人员逐年增多，又因年龄偏大，文化素质低，技能单一，导致再就业困难，因此只能靠找零工维持家用，没有稳定的经济收入，部分难侨又面临着子女上学、就业的压力。第三，因病致困。20世纪四五十年代回国的华侨，如今已进入老年，且孤寡老人居多。第四，住房压力。目前延边地区困难归侨大都年事已高，且住房多为20世纪六七十年代所建，大部分是简易的土木、草泥结构平房，经过几十年时间，不少房屋出现屋面裂缝、屋顶渗水、门窗腐蚀等状况，成为危房。为帮助贫困归侨解决住房问题，在延边州政协的推动下，延边州与河仁慈善基金会合作，争取基金418万元，县市政府为受益人配套泥草房、棚户区改造资金，加上项目受益人自筹部分资金，为全州86户农村乡镇贫困归桥解决住房问题[②]。在河仁慈善基金会的资助下，这些归侨老人摆脱了危房阴影，得以安居乐业。同时，延边州委、州政府为改善贫困归侨生活状况，联合出台了

① 延边朝鲜族自治州地方志编纂委员会. 延边年鉴2016［M］. 延边人民出版社，2016：140.

② 河仁慈善基金会捐助延边州贫困归侨住房建设项目启动. 延边新闻网，http://www.yb-news.cn/news/local/201307/192835.html.

《关于解决当前我州贫困归侨若干问题的实施意见》。《实施意见》中财政、卫生、广电等部门的部分条款也体现出了对贫困归侨的“适当照顾”。

（三）传播中华优秀传统，促进归侨文化认同

归侨侨眷是否认同国内主流文化并且能否融入国内主流社会，是检验归侨安置政策最重要的标准。然而对归侨群体而言，由于其所受教育程度、家庭背景、社会地位等存在很大差异，同时也可能受到侨居国文化不同程度的影响，导致他们在融入国内环境的过程中，所需的时间和外界力量有所不同。知识分子型或提前对国内情况有所了解的归侨会比较容易产生文化认同，而被动回国的归侨（大部分是难侨），就很难与国内文化产生情感共鸣，再加上这部分难侨回国后基本被安置在体力劳动场所，因此更不容易融入当地环境。

针对以上问题，延边地区侨务部门从以下几个方向展开侨务工作：积极开展以“亲情侨联”为主题的品牌系列服务活动，满足侨界群众的物质需要和精神需求；把工作着力点放在调动侨界群众参与社会管理和公共服务的积极性上，放在支持鼓励侨界群众热心慈善事业、参与公益活动上，让归侨侨眷对延边产生更强的心理归属感，更好地融入当地生活。州侨联还在侨界群众聚集较多的社区开展“侨联示范社区创建”活动，为侨界群众提供良好的生产生活环境；广泛宣传党的侨务政策，把侨界群众紧紧团结在党的周围；积极开展“情暖侨心”关爱活动，精心打造“侨爱心工程”，针对分布在社区、农村的留守儿童、“空巢”老人，不断创新为侨服务新形式，提供温情关爱帮助，为他们在海外的亲属解除后顾之忧。总之，就是加大与归侨的沟通力度，了解其需求，解决其问题，对其传播优秀的中华传统文化，使其对祖国产生更强的信赖感。

综上所述，延边地区侨务工作做出了很大的努力，也取得了很大的成效，但是在思想认识和侨资侨智回流方面还是存在一些不足和挑战。在思想认识方面，延边地区多年来的侨务工作以帮扶朝鲜老侨为主，在华侨华人作用的发挥、侨乡魅力的开发等方面还需要进一步提高思想认识。在侨资侨智回流方面，目前延边州引进侨资侨智的力度还不够大，侨资侨智回流现象不多，甚至出现了外流现象，目前很多祖籍延边的侨胞在山东的韩企中工作，在丹东开展对朝贸易的部分侨胞祖籍也是延边。对此，笔者认为一方面要提高认识，明确侨务工作的地位和作用，侨胞侨眷对于中国实现科学和谐发展、全面建成小康社会的宏伟目标具有不可替代的独特地位，对于增强中国同世界各国各地区的政治交往、经济投资与合作、文化传播与交流等发挥着十分有效的桥梁与纽带作用。侨胞侨眷是延边地区的重要组成部分，要有针对性地引进海外资本和智

力资源，并且提供其发展的空间和条件，以利于充分发挥他们的价值和效用，要将这些侨力资源优势转化为人才优势和竞争优势。另一方面，可以通过定期开展交流推介活动，聘请有影响、有成就的侨界人士为延边地区相应领域的顾问，或是将有一定成绩的华侨安排到政协、侨联、青联或科协中担任一定职务，还可以制定切实可行的人才引流计划从而促使海外侨胞的回流，调动其积极性。

四、结语

延边州作为重点侨乡，侨胞侨眷是其重要的组成部分。在全球化的今天，他们在整个国际大环境中也处于被重视的位置。从人口的社会流动意义来讲，侨胞侨眷作为祖国（籍）与侨居国之间的枢纽，其在两国政治、经济、文化、社会方面的角色对两国之间的关系意义重大。处理得当，将有利于国家间的外交关系，若是处理不当，甚至会导致排华流血事件。海外华侨回国定居之后被称为归侨，归侨群体因为长时间生活在不同社会制度的国家或地区中，刚回国定居时可能无法适应国内主流的思想和行为模式，这也成为其生存和发展的桎梏。若是能有效地对其心理进行调整，侨胞群体会利用其身份的优势参与到地方社会建设和经济发展之中。侨务工作会视侨情的变化而调整，侨情也会因为国内对侨态度和侨务工作的管理和服务能力而产生心理变化。两者之间是一种相辅相成、相互依赖的关系。只有更好地促进侨情与侨务工作之间的双向融合，才能有利于侨类群体的发展，才能对地方建设乃至我国社会主义建设发挥更大的作用。

参考文献：

[1] 2014年8月延边州各县（市）五年工作汇报.

[2] 李静. 凝聚侨心、汇集侨智、发挥侨力，为建设五个延边发挥独特作用.延边州第五次归侨侨眷代表大会工作报告，2014-12-16.

[3] 延边朝鲜族自治州地方志编纂委员会. 延边年鉴2015［M］. 延边人民出版社，2015.

[4] 延边朝鲜族自治州地方志编纂委员会. 延边年鉴2016［M］. 延边人民出版社，2016.

[5] 全州侨资侨属企业汇总表.

[6] 杨宏建. 建国以来中国共产党侨务政策的演变［D］.华中师范大学硕士论文，2008.

［7］刘进. 习近平“根、魂、梦”论述与“中国梦”思想的内在联系［J］. 五邑大学学报（社会科学版），2015（1）.

［8］河仁慈善基金会捐助延边州贫困归侨住房建设项目启动. 延边新闻网，http://www.ybnews.cn/news/local/201307/192835.html.